当代中国 管理科学优秀研究成果丛书

中国城市工业用地利用效率研究

吴群 陈伟 / 著

科学出版社
北京

内 容 简 介

土地要素是支撑我国工业化、城镇化十分重要的资源与资产，但"高投入、高增长、高消耗"一直是我国经济社会快速发展进程中的一个显著特征，尽管我国实施了土地节约集约利用的战略，但长期以来形成的工业用地粗放、低效利用的方式仍未得到有效解决。因而，工业用地效率的提升与能力建设已成为促进产业转型升级，倒逼经济发展方式转型的重要抓手。

基于上述研究背景，本书在对已有文献回顾的基础上，对工业用地利用效率的理论内涵进行了深入探析，选择科学的测度方法对我国工业用地利用效率及其影响因素进行系统的分析和验证，从区域和行业两个层面全面深入地分析了我国工业用地利用效率、特征及其差异，建立了我国工业用地利用效率提升能力建设的理论框架，并提出了我国工业用地利用效率提升能力建设的对策建议。

本书适合国土资源管理、城市经济与管理、产业经济等领域的学者及决策者阅读和参考。

图书在版编目（CIP）数据

中国城市工业用地利用效率研究 / 吴群，陈伟著. —北京：科学出版社，2015

ISBN 978-7-03-046722-5

（当代中国管理科学优秀研究成果丛书）

I. ①中… II. ①吴… ②陈… III. ①城市-工业用地-土地利用-效率-研究-中国 IV. ①F429.9

中国版本图书馆 CIP 数据核字（2015）第 303749 号

责任编辑：魏如萍 / 责任校对：李 影
责任印制：霍 兵 / 封面设计：蓝正设计

科学出版社 出版
北京东黄城根北街 16 号
邮政编码：100717
http://www.sciencep.com

北京通州皇家印刷厂 印刷

科学出版社发行 各地新华书店经销
*

2016 年 6 月第 一 版 开本：720×1000 1/16
2016 年 6 月第一次印刷 印张：16 1/4
字数：328 000
定价：98.00 元
（如有印装质量问题，我社负责调换）

总　序

　　管理科学是促进经济发展与社会进步的重要因素之一，作为一门独立的学科，它主要在 20 世纪发展起来。在 20 世纪的前半叶，从泰勒式的管理科学发展到以运筹学为代表的着重于数据分析的管理科学；而在 20 世纪下半叶，管理科学与信息技术和行为科学共同演化，从一棵孤立的管理科学大树发展成为管理科学丛林。

　　现代管理科学在中国得到迅速发展得益于改革开放后管理实践的强烈需求。从 20 世纪 80 年代开始，管理科学与工程学科得到广泛关注并在管理实践中得到普及应用；随着市场经济"看不见的手"的作用逐渐增强，市场的不确定性增加，作为市场经济细胞的企业，想要更好地生存和发展就要掌握市场经济发展的规律，对工商管理学科的需求随之增加，从而推动了企业管理相关领域的研究。进入 21 世纪，公共管理与公共政策领域成为管理科学的后起之秀，而对它们的社会需求也越来越大。

　　"管理科学，兴国之道"。在转型期的中国，管理科学的研究成果对于国家富强、社会进步、经济繁荣等具有重要的推动作用。《当代中国管理科学优秀研究成果丛书》选录了国家自然科学基金委员会近几年来资助的管理科学领域研究项目的优秀成果，本丛书的出版对于推动管理科学研究成果的宣传和普及、促进管理科学研究的学术交流具有积极的意义；对应用管理科学的最新研究成果服务于国家需求、促进管理科学的发展也有积极的推动作用。

　　本丛书的作者分别是国家杰出青年科学基金的获得者和国家自然科学基金重点项目的主持人，他们了解学术研究的前沿和学科的发展方向，应该说其研究成果基本代表了该领域国内的最高水平。丛书所关注的金融资产定价、大宗期货与经济安全、公共管理与公共政策、企业家成长机制与环境、电子商务系统的管理技术及其应用等，是国内当前和今后一段时期需要着力解决的管理问题，也关系到国计民生的长远发展。

希望通过本丛书的出版，能够推出一批优秀的学者和优秀的研究成果。相信通过几代中国管理科学研究者的共同努力，未来的管理科学丛林中必有中国学者所培育的参天大树。

国家自然科学基金委员会

管理科学部

前　言

　　工业是我国国民经济的主导产业，工业用地是支撑工业经济发展最重要的资源要素。改革开放 30 多年来，我国实现了由农业大国到工业大国的历史性转变，已整体上进入了工业化的中后期。工业化极大地带动了我国社会经济的发展，但长期以来支撑我国工业化快速发展的却是低廉的工业地价和粗放的用地方式。然而，我国快速城镇化和工业化还将持续较长时期，土地外延扩张式粗放利用难以持续拓展工业发展空间，资源稀缺已制约社会经济的发展。不断提高土地利用效率，推进土地节约集约利用，将成为土地利用的主要目标和转变经济发展方式的重要手段。

　　本书以"配置方向—效率差异—效率提升"为分析主线，在选择与完善工业用地利用效率的测度方法后，客观判断了工业用地配置的区域和行业差异状况，全面系统地测度了不同区域、不同行业的工业用地利用效率，并分析了其差异与变化，然后从宏观因素和微观因素两个层面深入探讨了工业用地利用效率的影响因素与影响机理，最后探讨了工业用地利用效率提升能力建设与对策，以期为提高土地利用效率、抑制建设用地无序扩张提供科学的理论依据，促进产业转型升级与土地利用方式转变。本书受国家自然科学基金重点项目"我国土地资源效率提升能力与系统建设研究：基于转变经济发展方式的视角"（编号：71233004）资助。

　　本书在深入剖析工业用地利用效率内涵的基础上，首先介绍工业用地利用效率的测度方法，并着重介绍无差异研究的思路和方法。作为本书的主要创新点，无差异研究以实现工业用地面积无差异比较为目的，试图完善当前土地利用比较的方法体系。选择土地利用强度作为消除工业结构不同造成工业用地面积差异的有效工具，在探讨土地利用强度差异对工业用地利用的影响，阐释工业用地利用无差异比较的基本原理之后，从工业行业层面着手构建了工业用地投入损失的测算方法，并建立"标准用地面积"指标，以反映不同工业行业在无差异比较时的用地规模变化，从而得到行业间可比的工业用地面积。通过构建"容积率指数"来反映不同区域以工业产出表征的土地利用强度差异，并借助其测算区域间可比的工业用地面积，实现区域间工业用地利用的无差异比较。

　　工业用地在区域和行业两个方向上配置的布局和规模差异是工业用地利用效率不同的原始动因，为了理清我国工业用地在不同区域和不同行业的配置差异，梳理了工业经济发展的基本条件和我国不同时期的工业用地配置方式，将工业行业进行归并划分后分析工业经济发展的区域与行业差异，并分析市场经济不同时期和不同工业化阶段工业用地的区域配置特征。

我国工业产业分布极不均衡，不同区域资源禀赋、产业层次、产业规模等存在较大差异，为了从区域层面掌握不同区域工业用地利用的充分程度，首先基于有差异角度，以全国 30 个省份作为工业用地利用效率的宏观决策单元，利用 2001～2011 年省域层面的工业用地投入产出数据，使用 DEA 和 SFA 方法测算了各省份的工业用地利用效率，并进一步利用聚类分析方法对区域差异情况进行了研究。然后，基于无差异角度分析了容积率指数的区域差异，以及面积修正前后工业用地利用效率的变化。随后，采用空间计量经济方法检验了区域经济、产业发展水平、产权结构、企业规模等宏观因素对工业用地利用效率的影响。

不同工业行业由于具有不同的生产特性，会表现出相异的土地利用行为，区域倾向性的产业发展政策也对工业用地利用产生一定影响，为了从行业层面掌握不同工业产业土地利用的充分程度，在深入分析江苏省工业用地利用现状、特点、效益的基础上，首先基于有差异视角，选择 1092 家工业企业作为工业用地利用效率的微观决策单元，利用 2011 年各企业投入产出数据，使用 DEA 和 SFA 方法测算了江苏省各行业工业用地利用效率。然后，基于无差异视角探讨工业行业间土地利用强度差异对工业用地投入和工业用地利用效率的影响。随后，采用计量经济方法检验了影响不同行业工业用地利用效率的区域因素和企业因素。另外，本书第六章有关江苏省工业行业用地效益与成本方面的研究成果由博士研究生杨兴典提供。

工业用地利用效率提升能力是经济学研究的重要内容，土地资源既具有准公共物品属性又是重要的市场要素，因此政府与市场的耦合成为土地资源效率提升能力的关键，而供给保障和需求驱动对土地资源效率提升能力产生重要的影响。本书基于政府管理视角，解析了工业用地利用效率提升能力建设的对象和影响因素，剖析了工业用地利用效率提升能力建设的原理，并从"供给-需求"双向调节和"开源-节流"互动调节两个层面构建了建设路径。

最后，本书在综合前述分析的基础上，从土地利用管理和区域产业发展两个角度提出对策建议。

本书可能的创新主要体现在以下四个方面：一是基于有差异和无差异两种视角，从区域和工业行业两个层次对工业用地利用效率进行全面深入的系统研究；二是阐述和分析工业行业结构差异在工业用地利用强度上的表现，初步建立工业用地利用无差异比较的思路；三是尝试构建工业用地投入损失核算方法、工业用地面积修正方法、容积率指数测算方法，并利用这些方法进一步研究工业用地利用效率的区域差异和行业差异；四是探讨工业用地利用效率提升能力建设的影响因素与路径，为工业用地利用效率提升提供理论框架。

目　录

第一章 绪 论

第一节 工业用地利用效率问题的提出

中国改革开放 30 余年的高速工业化进程，取得了令世人瞩目的成就，实现了由农业大国向工业大国的转变，2012 年人均 GDP 超过 6000 美元，整体上进入了工业化的中后期。然而，囿于粗放型经济增长模式，在经济飞速增长的同时也付出了巨大的资源和环境代价。当前，我国以世界 20% 的人口，消耗世界 30% 的资源，生产了世界 10% 的商品和服务。据中国科学院虚拟经济与数据科学中心石敏俊等的研究，尚处于工业化中期阶段的 2005 年，我国经济增长的资源环境代价总额为 27 511 亿元，占当年 GDP 的 13.9%，东、中、西部地区的资源环境成本分别为 8721 亿元、11752 亿元、7074 亿元，分别占当年 GDP 的 7.2%、23.4% 和 27.6%，其中，我国京津冀地区资源消耗损失占总损失的 71.4%，长江三角洲和珠江三角洲地区以环境污染损失为主，分别占总损失的 67.1% 和 61.2%。中国科学院发布的《2006 中国可持续发展战略报告》中，对世界 59 个主要国家的资源绩效水平进行排序，中国仅排在第 56 位，位于资源绩效最差的国家行列。因此，从总体上看，我国经济发展依然没有摆脱工业革命以来高投入、高消耗、高污染的传统粗放发展模式，在资源利用管理上"高代价、低效率"的特征十分显著。

在我国工业化快速发展和工业化水平迅速提升的同时，全国大量城市的工业发展都处于一种粗放型模式，在经济发展的重压下，片面追求总量的飞跃，忽视了效率的提升，工业用地激剧扩张，土地资源被大量消耗（张源和周丽亚，2007）。2010 年，全国城市建成区面积达到 40 058 平方千米，比 2000 年增加了 78.52%，城市规模的扩张与工业用地规模膨胀、粗放利用有直接关系。尽管从 1991~2011 年，我国城市用地结构中工业与仓储用地的比例有所下降，从 31% 下降到 25%，2000 年以后基本维持在 25% 的水平，但与其他国家相比，我国城市工业用地面积占比仍远高于国外 15% 的水平。2004~2010 年，我国年均供应工矿仓储地 10.7 万公顷左右，约为住宅用地的 1.7 倍，工矿仓储用地占全年土地供应量的比例尽管也呈下降趋势，从 51.4% 下降到 35.7%（刘云中和许超诣，2014），但仍高于住宅用地及其他各类用地的供应量，更超过发达国家工业用地供应占非农用地 20% 的平均水平（周翔宇，2013）。

　　国务院发展研究中心刘守英指出，当前我国工业用地利用极不合理，工业用地项目容积率只有 0.3～0.6，而发达国家一般是 1.0（车娜，2012）。2011 年 341 个国家级开发区工业用地综合容积率仅为 0.83，其中，51 个开发区工业用地综合容积率在 0.5 以下（郑凌志等，2013）。在工业化水平领先的上海市，2011 年全市开发区的容积率仅有 0.64，其中国家级开发区为 1.03，市级开发区为 0.55，而日本规定的工业区容积率为 2.0～4.0（陈基伟，2013）。从用地效益来看，2009 年上海市建设用地平均 GDP 为 5.32 亿元/km²，工业用地产出强度为 30.77 亿元/km²，与新加坡（2007 年，23.29 亿美元/km²）、伦敦（2005 年，工商业用地，38.64 亿美元/km²）、东京（2007 年，2489 亿日元/km²）、中国香港（2007 年，119.26 亿港元/km²）等发达国家大城市和地区相比，上海市工业用地产出效益只有它们的几分之一或十几分之一（石忆邵等，2010a；2010b）。中国城市和小城镇改革发展中心副主任乔润令表示，我国城市普遍存在土地利用率低下问题，工业用地集约高效利用是提高我国土地利用效率的关键。

　　毋庸置疑，工业化极大地带动了我国社会经济的快速发展，但长期以来支撑我国工业化发展的却是低廉的工业用地价格和粗放的用地方式。特别是 20 世纪 90 年代中期以来，我国城镇化、工业化进程明显加快，建设用地需求剧增，全国各地工业用地大量供给，工业园区不断扩张，大量耕地被侵占，严守 18 亿亩耕地保护红线已成为全社会的共同责任。然而，我国的快速城镇化和工业化进程还将持续较长一段时期，据预测，到 2020 年我国城镇化率将达 58%，可见，建设用地供需矛盾的严峻形势在短期内将难以改变（陈立定，2013），而工业用地仍将是推动城镇化和工业化发展的车轮。如果不破解工业用地供需矛盾，实现保障经济发展与保护耕地资源，将严重制约我国经济长期的持续健康发展和全面建设小康社会目标的顺利实现。

　　随着转变经济发展方式和经济体制改革的深化，节约集约土地资源、提高土地资源利用效率已成为我国土地资源配置使用的基本要求。党的第十八次全国代表大会报告强调"以科学发展为主题，以加快转变经济发展方式为主线，是关系我国发展全局的战略抉择"。转变经济发展方式是我国经济社会领域的一场深刻变革，是"十二五"时期改革与发展的主线，必须贯穿到经济社会发展的全过程和各领域。不断提高土地利用效率，提升土地对经济社会发展的保障能力，努力建设资源节约型、环境友好型社会是转变经济发展方式的重要内容。党的十八届三中全会报告中再次强调要"从严合理供给城市建设用地，提高城市土地利用率，健全土地节约集约使用制度"。从依靠增加生产要素投入数量来实现经济增长，逐步转变到依靠提高生产要素使用效率来实现经济增长，必须加快土地利用管理转型和制度创新，严格落实节约优先战略，以较少的土地资源消耗支撑更大规模的经济增长，实现经济增长由粗放向集约的转变，提升土地资源利用效率已成为今后一段时期土地资源管理工作的重要任务。工业是我国国民经济的主导产业，工业用地是土地资源的重中之重，不断提升工业用地利用效率，就能为我国经济持续发展提供源源不断的动力，能有效抑制城市快速扩张造成的耕地占用，是解决"保护耕地与保障发展"两难问题、实践科学发展观的重要举措。

本书的理论意义主要体现在，紧密结合转变经济发展方式和土地管理方式的时代背景，通过分析工业用地利用的区域和行业差异，揭示经济发展与技术创新促进下工业用地要素变化规律，为研究工业用地利用效率变化提供一个逻辑演绎的理论命题；界定工业用地利用效率的理论内涵，科学选择并构建工业用地利用效率的测度方法，扩展和深化土地利用研究的内容，完善土地利用比较研究的方法体系；有效结合产业经济学与土地经济学、土地政策学的相关知识，提高工业用地研究的深度。

本书的实践意义主要体现在，通过分析工业用地配置的区域与行业差异，科学测度不同区域、不同行业工业用地利用效率，客观反映工业用地利用水平变化与特征，从区域因素、行业因素、企业因素、土地利用强度等多方面探讨工业用地利用效率的影响因素与影响机理，并进一步探讨工业用地利用效率能力建设的对象、影响因素与路径，能为优化工业用地在区域和行业间的配置、优化城市工业用地产业选择和用地管理提供科学依据，有助于抑制城市建设用地无序扩张、保护耕地与保障发展、促进产业转型升级与土地利用管理方式创新。

第二节 工业用地利用与评价研究回顾

一、经济发展与土地资源贡献

改革开放以来，我国经济持续快速增长，综合国力显著增强，人民生活水平大幅提升，社会主义现代化建设取得了举世公认的伟大成就。但也应清醒地看到，我国经济增长方式比较粗放，实现经济快速增长付出的代价过大。自党的十四届五中全会确立转变经济增长方式以来，我国虽然已经在这方面取得不少成效，但总体来看，经济增长方式尚未实现根本性转变（马凯，2007）。经济发展方式是决定我国经济能否长期健康发展的根本性问题（严海波，2009），转变经济发展方式是落实科学发展观的必然要求，也是保障我国经济持续发展的战略手段。转变经济发展方式是从粗放型经济向集约型经济转变，要实现从高投入、低产出、低效益向低投入、高产出、高效益的转变（刘世佳，2007），必须认清我国经济发展条件的变化，正确处理速度与效益的关系，调整和优化产业结构，节约资源、保护环境（吕政，2008），摈弃靠自然资源和资本投入支撑的传统经济发展模式，采用靠效率提高驱动的发展模式（吴敬琏，2010）。还应当在推进资源和要素价格体系改革、运用好财税等经济手段、改进政府绩效考核体系等方面采取有力措施（张玉台，2007）。

　　土地资源作为承载经济发展最基础的资源要素，其利用方式能否转变直接关系到转变经济发展方式战略的落实。近年来，学者们在转变土地利用方式、提升土地资源效率等方面开展了丰富的理论和实证研究。陈海燕（2012）较系统地研究了转变经济发展方式背景下土地集约利用的机理，剖析了产业结构优化、循环经济、低碳经济对土地集约利用的影响。瞿理铜（2012）分析了转变经济发展方式背景下湖南省节约集约利用土地资源的重要性和紧迫性，总结了湖南省"十一五"以来土地资源节约集约利用中存在的问题，并提出了节约集约利用土地资源的对策。张征（2011）认为要转变经济发展方式，必须改革支撑传统经济增长模式的制度，地方政府对土地财政依赖程度加深将明显制约我国经济发展方式的转变，当前土地财政困局已经成为转变经济发展方式必须理顺的重大体制结点，破解土地财政是转变经济发展方式的关键。张飞等（2008）提出土地征用制度改革应以转变经济发展方式为指导，新型土地征用制度应符合转变经济发展方式的要求。

　　土地资源对支撑经济发展具有重要作用，不同的经济发展阶段、不同类型要素资源的消耗与贡献率存在明显差异，但总体上表现为经济增长对资源的依赖性不断增强。伴随技术进步的贡献率上升，资源效率不断整体提升，与此同时，资本对土地的替代作用也在不断加强，土地资源的贡献率将呈下降趋势。处于不同的经济发展阶段，对不同要素投入的需求明显不同（李国璋和王双，2008）。Batisani 和 Yarnal（2011）使用 CES 函数和 VES 函数分析了某市的资本-土地替代弹性，结果显示该地资本-土地替代弹性很低，但是空间差异性明显。丰雷等（2008）利用我国 1997~2004 年的数据研究指出：东部地区更多地依赖于资本的贡献（87.62%），中部地区的土地要素贡献突出（17.66%），而西部欠发达地区劳动力要素的贡献显著（14.93%），不同经济发展阶段不同要素贡献率存在明显的差异。即便是我国市场经济体制确立以来的土地要素对经济增长的贡献率也存在阶段性不同，叶剑平等（2011）的研究表明 1992~2000 年、2001~2009 年全国土地要素贡献率分别是 13.93%和 26.07%。土地要素对我国经济增长的较高贡献率也从一个侧面反映出我国政府自 2003 年开始运用土地政策参与宏观调控具备理论上的合理性（李名峰，2010），2000 年之后，我国整体上开始进入工业化中期阶段，土地要素对经济增长的弹性也显著高于 2000 年以前（叶剑平等，2011），但随着我国城市化和工业化的逐步实现，新增建设用地将不断减少，土地要素对经济增长的贡献率也将会逐渐降低（李名峰，2010），即土地要素对经济增长的贡献呈倒 U 形。尽管对全国土地要素贡献率的研究结果存在差异，但均表明土地要素的确对经济增长产生重要影响。如杨志荣和靳相木（2008）采用非参数生产函数的方法对杭州市区 1993～2005 年度城市土地对经济增长的贡献进行实证研究，得到的结果为：土地要素产出弹性为 0.1825，对经济增长的贡献率为 17.87%。陈伟等（2011）对江苏省开发区进行的研究显示，土地、资本、劳动要素各增加 1%的投入，分别带来开发区经济 0.39%、0.62%、0.13%的增长，土地要素对经济增长的贡献率平均为 24.69%，资本要素对经济增长的贡献率平均为 76.71%，劳动要素对经济增长的贡献率平均为 9.25%。另有部分学者采用 C-D 生产函数方法对全国数据进行计量得到的结果分别为 6.66%（陈江龙等，2004）、11.01%（丰雷等，2008）、14.79%（毛振强和左玉强，2007），20%～30%（李名峰，2010）等。

二、土地资源配置与效率衡量

较之于资源禀赋，资源效率对未来的经济社会发展更具有决定性意义，因而受到越来越多学者的关注。投入压缩和产出扩张是生产资源配置效率改进、达到资源配置最优的两个基本途径（孙巍等，2000）。对土地资源而言，政府与市场的有效结合，是实现其高效合理配置的重要方式。在现实经济中，由于土地资源往往处在不完全竞争市场上，因而土地资源的配置不能完全依赖纯粹的市场配置，而需要进行必要的规划配置（韩九云和陈方正，2009），但必须考虑土地利用规则对开发成本的影响，在不降低城市环境质量前提下设计更合理的规则，并尽可能在项目计划时增加提高效率的机会（Bertaud et al.，1988）。在市场失灵的情况下，利用规划调控来进行城市土地资源配置比纯粹的市场配置更具效率（尹奇等，2007），因此，应注重政府与市场的有效结合。非正规的土地市场能够影响正规土地市场的效率，需要克服金融、法规等方面的限制因素来规范非正规土地市场（Sivam，2002）。此外，在土地征收和出让过程中，政府干预会导致农地过度非农化，将同时降低农村和城市土地利用效率（谭荣，2010）。政府在我国东中西部地区梯度推进的经济发展战略并不必然带来土地配置效率的改善的梯度发育（石晓平和曲福田，2001），但西部大开发、中部崛起等区域平衡发展新战略的实施，促进了土地资源配置效率的改善。

关于土地资源效率的衡量和测度方法，学者们提出了多种思路，主要可以分成三类，第一类是使用一个或多个指标直接反映土地利用情况，第二类是通过建立指标体系采用综合评价法对土地利用效率进行评价，第三类是利用数学分析方法对投入产出指标进行数理分析，用分析结果来反映土地利用效率。对于第一类方法，理论上可以用投入与产出或成果与消耗的比较来衡量土地利用效率，数值越高说明土地配置越合理，使用越充分（贺永和乐颖，2004）。较有代表性的有，吴郁玲等（2006）选择地均产值、地均工业总产值、地均出口额、地均合同外资额及地均实际利用外资额等 5 个指标对全国不同区域开发区土地利用效率进行了分析。王昱等（2012）在分析全国各省份建设用地利用效率时，用地均建设用地非农产业 GDP 产出和地均建设用地投资产出比表征了建设用地利用的工业化水平，用地均城镇人口数量和城市建成区面积占建设用地面积的比例表征了建设用地利用的城镇化水平。周沂等（2013）用建设用地地均二三产业产值和城市总面积地均 GDP 来表征土地利用效率。李永乐等（2014）利用单位建成区面积上的第二三产业增加值作为城市土地利用效率的表征指标，分析了中国城市土地利用效率的时空特征和地区差异。用第二类方法进行土地利用效率衡量时重要的是结合各地实际，因地制宜地实现经济、社会和生态三方面的全面提高（刘传明等，2010），Chen 等（2007）、隆宗佐（2008）、鲍新中等（2009）、孙平军等（2012）都从这三个目标出发，构建了城市土地利用效率的评价指标体系，并从不同层面对城市土地利用效率进行了分析。

此外，也有学者为了更有针对性地反映土地利用情况，以土地为核心建立指标体系，如廖进中等（2010）在分析"长株潭"地区城镇化对土地利用效率的影响时，从投入强度、土地利用强度、土地利用效益、土地利用结构等方面构建了城镇土地利用效率的综合评价指标。对于第三类方法，目前主要是利用数据包络分析方法（DEA），进行多投入指标和多产出指标的系统分析。吴得文等（2011）采用 DEA 方法从空间尺度和规模等级等方面对全国所有城市土地利用效率进行了评价和影响因子分析。王文刚等（2011）对我国内陆 31 个省份的土地利用效率进行了测评。伊茹和马占新（2009）以及刘东伟等（2011）也采用 DEA 方法对内蒙古、四川等地的城市土地利用效率进行了实证分析。Dong 和 Ran（2012）采用 DEA 方法测算了中国崇阳县的土地整理效率，并认为提高土地整理效率需要更加合理地安排投入要素并且要足够重视产出。此外，也有学者在研究中对上述几种方法进行融合，如龙拥军等（2011）采用主成分分析法通过对包括人口、经济、社会、土地等在内的 30 个指标进行计算，分析了重庆市 40 个区县的土地综合利用水平。刘传明等（2010）在研究湖南省土地利用效率时，同时采用综合评价法和数据包络分析法分别对农用地和城镇建设用地利用效率进行测度，然后加权得到土地综合利用效率。

三、工业用地供给方式与价格机制

从传统经济到现代经济、从初级工业化阶段过渡到高级工业化和后工业化阶段，工业经济发展都与工业用地规模具有紧密联系：一方面，工业经济增长对工业用地增加具有很强的依赖性，工业用地对经济增长作出贡献；另一方面，工业经济的增长会反过来推动工业用地的拓展（陈江龙等，2004）。工业用地供应制度直接决定了工业用地的规模大小和增长速度，间接影响着工业经济的发展。国外相关研究表明，私人机构组织相比政府对工业用地的管理利用更为有效（Lin and Chen，2010），及时分析工业用地与其他生产要素的替代关系，能够准确估计土地的使用数量（Needham and Louwb，2013）。我国工业用地实现"招拍挂"出让之后，较好地发挥了市场在资源配置中的基础性作用，但是，当前我国工业用地供需矛盾依然较大，下一步应继续从坚持工业用地"招拍挂"出让制度、完善出让程序入手，进一步改革完善工业用地供应制度（吴琼和李树枝，2011；柴志春等，2012），探索实行更加灵活的供应方式，加快工业用地循环利用速度。邬永宏（2006）基于对工业用地特殊性的认识、工业用地市场化配置潜在问题分析及实际操作经验，提出工业用地市场化配置可以采取"用地预申请＋招拍挂"的方式进行。此外，还应当重视对工业用地供应和开发利用模式的改革，通过引入工业房地产发展模式促进标准厂房建设，通过政策创新推进标准厂房租赁制的发展（陈立定，2013）。谢红彬和林明水（2012）在探讨福州市工业用地置换的时空变化特征后，认为土地经济效益、企业环境成本内部化是加快工业用地置换的内在动力。

在发达国家，工业企业需要与其他企业通过竞争来购买土地，工业企业一般在价格便宜的城市周边和小城镇获得土地，但在中国，工业用地被看成经济的特权部分而给予大量补贴（Bertaud，2007）。区位条件、与高速公路的距离、与商业区的距离、与省会城市的距离等因素对工业用地价值有重要影响，对私人供给的土地影响更加明显（Salvador and Leandro，2005）。Ambrose（1990）检验了自然和区位特征对工业用地价格的影响，Kowalski 和 Paraskevopoulos（1990）分析了空间变量和时间变量对工业用地价格的影响。Lin 和 Ben（2009）的研究表明，产业集聚对工业用地价格有正向影响，而政府干预对工业用地价格有负向影响，政府应该改善工业园区的弱点，推动建立产业集群并加强企业间的交流才能提高工业用地效率。产业集聚和政府作用也是影响中国城市工业地价变化的重要因素

（王家庭等，2012），但工业用地市场所依赖的制度基础是存在缺陷的，政府应放弃建设用地垄断供应权力，形成多元主体的竞争性供应市场，才能真正推动工业用地低价与低效配置问题的解决（杨遴杰和饶富杰，2012）。值得注意的是，我国工业地价的形成受到特定时期具体国情的影响，现阶段工业用地价格的比较优势仍然明显，"低价引资"策略具有一定的时效性和合理性，但在社会发展、制度变革以及国际无障碍竞争、反补贴等多重压力下难以持续，应积极适应国际产业转移的新特点，变"低价引资"为"全方位引资"（刘卫东和段洲鸿，2008；曹子剑等，2012），工业用地价格上涨同时能够促进产业结构升级（Zhu，2000）。我国工业地价较高的城市主要集中在长江三角洲地区以及沿海沿江经济发展较快的几个大都市，各城市工业用地价格与地区生产总值、地方财政收入、外商直接投资、固定资产投资以及工业总产值等经济指标在一定的水平下显著相关（王新，2006）。吴宇哲（2007）在用博弈论方法分析区域低工业地价的形成机理后，认为地方政府采用正常地价策略、低地价策略，以及采用混合策略都有其存在的可能区间。

四、工业用地利用效率与测度方法

　　工业用地作为功能相对单一的产业用地类型，不断提高经济效益是工业用地利用的主要目的。国内外学者从规划、产权、土地市场及利用强度等方面对工业用地效率进行了分析，Meng 等（2008）以北京市顺义区为例分析了工业用地利用效率和工业用地规划的重要性，并指出工业用地规划需要完成三个重要的方面，即数量、顺序和调配。Choy 等（2013）分析了产权差异对工业用地利用效率的影响，土地出让权对城市化进程中的工业用地利用效率有着显著的正向影响，出让取得的土地使企业有更多的信用渠道和更高的抵押收入，并且能够在土地市场上自由流动。国外工业用地的先进管理经验表明，市场化手段结合政府适度的规划控制是提高工业用地利用效率的合理有效途径（赵欣，2008）；王克强等（2013）比较了"招拍挂"方式和其他方式取得的工业用地的产出弹性差别，发现"招拍挂"工业用地的产出弹性较其他方式更高，说明市场化出让方式有助于提高工业用地配置效率。张倩和王海卉（2013）指出通过培养地方企业和提供差别化的公共物品将是地方政府解决工业用地蔓延扩张和低效利用困境的有效路径之一。从工业用地分布的区域性来看，大城市工业用地的利用效率并不像期望的一样高，过大的城市规模和园区规模将会降低工业用地的利用效率（Ben and Wang，2011）。由于知识溢出、技术劳动力流动、利益信任、共同价值观等的影响，工业园区内的企业比园区外的企业更有效率（Cainelli，2008）。然而，国内的大量开发区并未表现出较高的工业用地利用效率，庄红卫和李红（2011）对湖南省开发区工业用地利用效率的研究结果表明，湖南省开发区工业用地利用效率普遍不高，并且区域间差异明显。伴随保护资源与保障发展矛盾的显现，人们对工业用地的关注重心也在逐渐发生变化，从关注产值总量的增加转向保证经济总量持续增长的同时确保合理科学的工业用地开发利用强度（赵锋军和陈晓键，2011），并且在对低效工业用地进行产业升级改造时，政府应鼓励和引导市场资本的全面介入，利用市场活力来提升工业用地效益（张源和周丽亚，2007）。

目前对工业用地利用效率的测度研究尚没有相对一致的方法，现有研究多从土地产出、建设控制指标比较、规模扩张特征等方面进行量化。汪群芳和李植斌（2005）在对杭州市工业用地效率进行评价分析时，选择了城市土地地均 GDP 产出、建成区土地地均 GDP 产出、工业用地面积地均工业总产值和工业用地面积地均工业增加值等作为城市工业用地效率的表征指标。利用指标比较是研究工业用地利用效率较有新意的方法，黄大全等（2005）针对开发区工业用地的利用特点，从工业用地指标控制的角度出发，以工业用地建设控制指标值来研究工业用地效率。赵锋军和陈晓键（2011）利用比较法实证研究了西安经济技术开发区核心区 2001 年控制性详细规划中对工业用地的规划控制指标和 2010 年实际建设完成后的利用指标值，为提高我国城市工业用地利用强度规划指标的前瞻性和实效性提供了参考借鉴。通过分析工业用地规模扩张特征对利用效率进行研究更能把握工业用地利用的空间规律，熊鲁霞和骆棕（2000）分析了上海市工业用地的规模、集中度和利用效率后指出，上海市工业用地存在集中度较低、用地规模过大、整体经济效益偏低的问题，并认为提高工业用地集中度是提高上海市工业用地利用效率的关键。刘盛和等（2000）利用 GIS 空间分析技术对 1982～1997 年北京市建设用地扩展情况进行了时空分析，研究表明工业用地的高速外延、乡镇企业布局分散和随意建设、开发区设置过多等原因造成工业用地利用效率低下，甚至导致大规模工业用地闲置与浪费现象。张宇辰和孙宇杰（2012）在分析我国各区域城市工业用地扩张特征的基础上，结合经济学中的边际理论，通过建立城市工业用地与工业总产值关系的计量经济模型，验证 1999～2008 年我国工业用地的边际效率。此外，曹珂和肖竞（2011）以生态学中的动态演进观念为理论基础，分析了产业动态演进特征及其对工业用地布局的影响，认为应探索建立适用于产业动态演进的工业用地布局模式。施秧秧（2009）以及熊强和郭贯成（2013）尽管利用 DEA 方法从县域和省域角度对工业用地利用效率进行了研究，但本质上仍然分析的是整个区域工业生产系统的效率，未能反映工业用地的利用程度。

五、工业用地优化配置与效率提升

目前，土地资源优化配置方面的研究已较为深入，研究目标涉及社会经济（刘彦随，2006；邵绘春等，2009）、生态环境（黎夏和叶嘉安，2005；刘小平等，2007）等方面，不少学者也逐渐从优化配置的理论过渡到优化配置的技术和方法的研究上（谢正峰和董玉祥，2011），线性规划（Biswas and Pal，2005）、系统动力学（何春阳等，2005）、多目标规划（郑新奇等，2001；李希灿等，2009）、灰色预测（朱晓华等，2005）等方法被相继运用到优化土地资源配置的研究中。部分学者从产业的角度对土地资源优化配置进行了研究，但均从三次产业进行分析，未能对第二产业内部用地的优化配置有所借鉴（徐萍等，2003；任艳敏等，2007；叶延琼等，2008）。当前国内针对工业用地优化配置问题的研究还较少，多是从工业用地市场化角度研究如何进一步完善工业用地的供给制度（吴琼和李树枝，2011；柴志春等，2012；杨遴杰和饶富杰，2012）。从工业用地布局角度，曾刚（2001）对上海市工业用地布局的研究表明，除生产原料和燃料、产品市场、劳动力价格及运费、产业集聚等因素外，级差地租、现代化的交通设施、劳动就业等也是影响工业布局的重要因素。徐玉红等（2012）立足于不同工业行业的产业特征，对工业用地宗地规模进行弹性控制、适宜标准厂房或定制厂房的工业用地容积率控制，提出适合工业用地集约利用的规划方法。潘洪义等（2012）在计算唐山市主城区工业布局的地理联系率和集中指数后，提出工业布局的调整构想。杨剩富等（2013）以钢构企业为例，通过行业用地效益评价、模型模拟等方法，尝试从宗地尺度角度探讨行业用地集约利用控制标准优化方法。高魏等（2013）在梳理我国改革开放至今工业用地节约集约利用政策的演进后，认为不断进行工业用地利用政策创新，积极探索工业用地利用精细化、差别化管理，能够促进我国工业用地节约集约利用水平的提高。

在土地资源效率提升方面，Bertaud 等（1988）认为土地利用效率的提升应该从两个方面入手：一是审查土地利用政策对发展成本的影响，制定不影响城市环境质量的可行多元方案；二是在土地利用项目设计层面寻求提高土地资源利用效率的机会，但仅仅减少成本还不够，还需使土地利用项目的满意度最大化，同时为开发土地制定合理的价格。Sorvari 等（2009）分析了芬兰提高污染土地利用效率的措施，认为其目前的政策在提高土地资源效率方面存在缺失，污染土地的恢复技术与决策很少考虑生态效率的提升，问题意识的紧迫性和资金短缺是主要影响因素，现有污染土地恢复技术使用的不足、轻度污染土地回收利用的困难、实践研究的缺乏、风险与成本评价方法科学性的不足等是影响资源效率提升的主要问题。对于农村土地来说，要消除或减少"空心村"和土地抛荒现象，解决农村土地利用效率偏低的问题，必须继续缩小农业与非农产业之间经济效益的显著差距，缩小城乡社会经济发展之间的显著差距，加快推进农业现代化进程，努力发展集体经济，不断改善农民生活环境（尹小健，2012）。对于城市土地来说，应注重获得聚集利益、引入市场机制、创新土地产权以及发挥城市规划的作用等提高土地利用效率的有效路径（孙钰和姚晓东，2002；王晓川，2003；刘海江，2006）。探索建立弹性土地出让年期制度，也能促进土地利用效率的提高，但需解决众多制度难点。集约利用土地，是当前提高土地利用效率的重要途径。目前，工业用地常被包含在城市土地中进行研究，工业用地利用效率的提升措施针对性不强。黄大全等（2009）以及庄红卫和李红（2011）等分析福建省和湖南省开发区工业用地的利用效率后提出一些提升效率的措施，但尚显笼统，且没有进一步深入到产业结构中。于彤舟（2013）针对北京市工业用地利用的问题和现实发展需求，提出大力发展高新技术产业、构筑产业空间格局、推进工业向园区集中、实施开发区准入制度等多项建议。

六、文献评述

综上所述，现有研究已从理论、方法、实践等方面为本书内容的开展提供了广泛的参考。效率问题是经济学研究的核心问题，从新古典经济学到新制度经济学，效率的内涵和理论不断扩展，就土地资源来说，对效率理论的运用多是针对土地承载的经济系统和经济过程进行的。如何从土地资源的角度剖析生产要素利用效率的内涵，以及如何从管理学角度对资源效率进行分析，还需进一步对现有理论和方法进行挖掘。土地资源对我国经济的发展起到重要的支持和推动作用，提高土地资源利用效率已成为我国转变经济发展方式的核心内容和要求。国内外学者都认识到伴随资源效率不断提升，土地资源的贡献率将呈下降趋势，把握土地资源的边际产出特征规律有重要意义。合理配置土地资源，提高土地资源利用效率也引起众多学者的关注，但当前多数研究并没有明确统一地界定土地资源配置或土地利用效率的内涵，其研究结论能否指导实践值得商榷。工业是我国国民经济的主导产业，但整体来看，当前针对工业用地的研究还较为薄弱。工业用地已逐渐实现市场化出让，由于地方政府强烈的发展诉求、竞争吸引投资、对长期收益的需要等原因影响，工业用地市场低价运行仍会持续，必将对工业用地利用效率的提升产生一定负面效果。当前针对工业用地利用效率的研究较少，系统性较差，更缺乏考虑工业用地利用强度差异的影响，且已有研究多从土地产出、指标比较、扩张特征等方面对工业用地利用效益进行量化，研究方法尚难反映效率的含义。

鉴于此，本书将工业产业发展与土地资源利用紧密结合，分析工业用地在我国工业化进程中的变化和影响，深入挖掘工业用地利用效率的理论内涵，选择科学的测度方法，对工业用地利用效率及其影响因素进行系统的分析验证，从区域和行业两个层面全面系统地分析工业用地利用效率的差异状况，并将土地利用强度差异影响纳入研究框架中，初步构建区域与行业工业用地利用无差异比较的方法，探讨和建立工业用地利用效率提升能力建设的理论框架，以弥补此类研究的不足。

第三节　工业用地利用效率研究内容

一、逻辑思路与分析框架

工业用地利用效率的研究是进一步调整工业用地配置和利用方式，建立科学的工业产业选择和评价体系的基础，有助于实现土地资源利用方式的转变。由于不同工业行业生产工艺、生产设备等的差异，行业间的土地利用行为也存在显著不同，反映在区域工业行业结构上，不同的工业行业结构也就必然导致不同的土地利用行为和土地利用结果。进一步反映在建设用地范畴内，由于区域间产业结构和工业行业结构差异的存在，也就直接导致建设用地整体利用行为在区域间是存在差异的。土地利用强度是不同工业行业土地开发建设情况的最直接反映，工业行业土地利用行为的差异会以不同的土地利用强度水平表现出来，因而区域工业行业结构的差异也能通过土地利用强度进行反映。由于这一现象的存在，工业行业土地利用强度差异的存在将间接影响土地利用效率的观测结果。基于此，本书依据研究中是否考虑不同工业行业土地利用强度差异的影响，将不考虑土地利用强度差异的工业用地利用效率研究称为**有差异研究**，将考虑土地利用强度差异并进行差异消除的工业用地利用效率研究称为**无差异研究**。

本书假设在有差异研究中，区域工业行业的选择是主动的，能够根据节约集约用地的原则选择土地利用效率高的行业，希望通过有差异视角下工业用地利用效率的研究达到这样的目的：通过有差异研究，能够掌握不同区域、不同工业行业真实的土地利用效率水平，为区域甄别和选择有利于节约用地、提高用地效率的工业行业提供可靠的理论依据，**解决工业用地发展方向的选择问题**。假设在无差异研究中，区域更加关注现有工业行业用地的利用效率，希望通过无差异视角下工业用地利用效率的研究达到这样的目的：通过无差异研究，掌握不同工业行业现状可比的土地利用效率水平，为区域加强现有不同行业工业用地的管理提供理论依据，**解决工业用地利用现状的管理问题**。

在工业用地利用差异性分析路径（图 1-1）的基础上，本书综合运用土地管理学、土地经济学、产业经济学等学科的基本理论、原理与方法，围绕工业用地"配置方向—效率差异—效率提升"这一主线，形成本书逻辑分析框架。在工业发展条件和土地配置手段的约束和影响下，工业用地在区域和行业两个方向出现配置差异，由此构成工业用地利用效率水平不同的原始动因；进而通过测算和分析工业用地利用效率在不同区域和行业间的变化与分布规律，深入解析土地利用强度影响下工业用地利用效率在区域与行业间的差异变化，以充分了解我国城市工业用地的利用水平；然后，从区域和行业两个层面进行工业用地利用效率影响因素与影响机理的分析；最后，探讨工业用地利用效率提升能力建设的原理、影响因素、路径等，并提出工业用地利用效率提升的对策建议，以期促进经济发展方式转变，缓解土地资源供需矛盾，保障社会经济科学持续发展。上述逻辑思路为本书提供了系统的理论支撑，从而构建了一个系统的分析框架（图 1-2）。

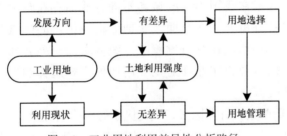

图 1-1　工业用地利用差异性分析路径

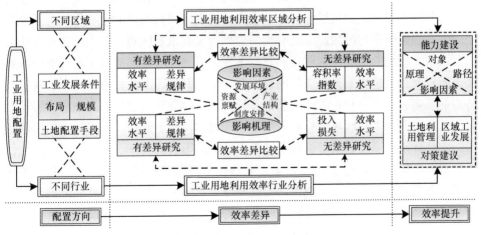

图 1-2　本书的逻辑分析框架

本分析框架从资源利用效率角度，主要回答三个问题：①我国工业用地在区域和行业间的配置规律是怎样的；②我国不同区域、不同行业工业用地利用水平如何，利用是否有效率；③工业用地利用效率不足的原因和影响因素是什么。

第一，分析工业用配置在区域与行业间的差异，回答问题①。我国工业用地的配置受限于两方面约束，一方面是工业经济自身的成长和发展条件，另一方面是我国建设用地的配置手段（包括配置方式和配置数量）。从计划经济向市场经济的转变，改变了国家决定工业产业布局的状况，市场经济以来，全国各地工业经济迅速发展，工业用地不断扩张。本书将工业行业进行归并后分析工业经济发展的区域与行业差异，以反映工业用地配置的区域与行业差异，并统计分析了市场经济时期我国不同地区工业用地的拓展特点。

第二，从区域和行业两个层面，分析工业用地利用效率水平及其差异状况，回答问题②。当前，我国工业产业分布极不均衡，东部沿海地区经济发达，工业产业层次高，高技术产业发展迅速，外商及港澳台投资企业多，中西部地区工业规模相对较小，产业层次相对较低，反映到土地利用上就表现出工业用地利用效率在我国不同区域和不同行业间存在较大差异。基于此，本书综合使用多种分析方法，全面系统地分析我国不同区域和不同行业的土地利用水平和差异规律。在分析过程中，统筹考虑有差异和无差异两种视角下的效率变化，以客观说明在针对工业用地做产业选择和现状管理时，该如何选择效率的比较方法。

第三，从区域因素、行业因素、企业因素等多方面分析和检验影响工业用地利用效率差异的原因，回答问题③。工业用地利用效率的影响因素是非常复杂的，宏观因素与微观因素并存，政府原因与企业原因并存。在区域层面，工业用地利用效率更多地受到发展环境、制度安排等宏观因素的影响。在行业（企业）层面，其影响因素与区域层面既有相同之处，又有微观区别，首先，工业行业会受到区域大环境的影响，区域自然禀赋条件、发展环境等都能对工业行业产生直接影响，而且这种影响具有明显的行业差异性；其次，工业行业又受到自身生产特点的影响，生产流程、生产工艺的差异使不同行业具有相异的土地利用特征。基于此，本书分别从区域和行业两个层面探讨和检验工业用地利用效率的影响因素，并解释不同影响因素对工业用地利用效率的影响机理。

最后，依据该理论分析框架，在对上述三个问题进行回答后，本书进一步探讨了工业用地利用效率提升能力建设的原理、影响因素与路径，并从土地利用管理和工业产业发展两个方面提出工业用地利用效率提升的对策建议。

二、研 究 内 容

为了实现本书的研究目的，本书的研究内容主要从以下五个方面展开。

1. 工业用地利用效率无差异比较方法构建

以实现工业用地面积无差异比较为目的，将土地利用强度作为消除工业结构不同造成工业用地面积差异的介入指标，首先，探讨土地利用强度差异对工业用地利用的影响，从理论上分析工业用地利用无差异比较的基本原理。然后，从不同工业行业着手，分析土地利用强度不足对工业用地投入规模的影响，构建工业用地投入损失的测算方法。并建立"标准用地面积"指标，以反映不同工业行业在无差异比较时的用地规模变化，得到行业间可比的工业用地面积。最后，构建"容积率指数"，反映不同区域以工业产出表征的土地利用强度差异，实现区域间工业用地利用的无差异比较，并利用其测算区域间可比的工业用地面积。

2. 工业用地配置的区域与行业差异分析

工业用地配置的区域和行业差异与工业经济的产生和发展条件及我国特定时期工业用地的配置手段有直接关系，因此，本部分将首先梳理工业经济发展的基本条件和我国不同时期的工业用地配置方式。其次，将工业行业进行归并划分后，从要素密集度、轻重工业、高技术产业等方面分析工业经济发展的区域与行业差异，以反映工业用地配置的区域与行业差异状况。然后，选择市场经济时期工业用地两个典型的扩张阶段（20 世纪 90 年代初期和 21 世纪初期），及通过判断不同地区所处的工业化阶段，描述分析工业用地配置的时空变化态势。

3. 工业用地利用效率的省域测度与区域差异分析

我国工业产业分布极不均衡，东部沿海地区工业产业层次高，中西部地区工业产业层次相对较低，使得工业用地利用效率在我国不同地区表现出较大差异。本部分首先在有差异视角下，选择中国 30 个省份作为工业用地利用效率的宏观决策单元，根据 2001～2011 年省域层面的工业产出与投入要素面板数据，采用单要素数据包络分析方法（DEA）和随机前沿分析方法（SFA）测算各省份的工业用地利用效率。并基于工业产业分布的区域差异，利用聚类分析方法对不同省份进行分区研究。然后在无差异视角下，分析容积率指数的区域差异状况，在对工业用地面积进行修正后重新测度工业用地利用效率，并比较分析修正前后工业用地利用效率的差异和变化。最后，采用空间计量经济方法检验区域经济与产业发展水平、企业所有制结构与企业规模等影响工业用地利用效率的诸多因素，探究不同省份工业用地利用效率差异的原因，从宏观层面为制定工业用地利用效率提升的政策和措施提供理论依据。

4. 工业用地利用效率的行业测度与行业差异分析

由于资源禀赋条件、地理区位条件、经济发展水平、城市化水平及政府行为等方面的显著不同，不同省份逐渐形成了差异鲜明的工业产业结构，不同工业行业又表现出差异的土地利用特征。本部分以江苏省为分析对象进行工业用地利用效率的行业测度与行业差异研究。在对江苏省工业地理格局、工业行业用地特征及工业用地利用效益进行分析后，本部分首先在有差异视角下，选择 1092 家工业企业作为工业用地利用效率的微观决策单元，根据 2011 年各企业的工业产出与投入要素数据，同样采用单要素数据包络分析方法（DEA）和随机前沿分析方法（SFA）对江苏省各行业工业用地利用效率进行测算分析。然后在无差异视角下，测算不同行业及不同区域工业用地的投入损失情况，对工业用地面积进行修正后重新测度工业用地利用效率，并比较分析修正前后工业用地利用效率的差异和变化。最后，采用计量经济模型对影响不同行业工业用地利用效率的区域因素、内部因素及土地利用特征进行计量检验，为区域工业行业选择提供理论依据。

5. 工业用地利用效率提升能力建设

工业用地利用效率提升能力是经济学研究的重要内容，土地资源既具有准公共物品属性又是重要的市场要素，因此政府与市场的耦合成为土地资源效率提升能力的关键，而供给保障和需求驱动对土地资源效率提升能力产生重要的影响。本部分从可持续发展理论和循环经济理论出发解析工业用地利用效率提升能力建设的理论依据，界定工业用地利用效率提升能力建设的含义，并基于政府管理视角，剖析工业用地利用效率提升能力建设的对象、影响因素和原理，从"供给-需求"双向调节和"开源-节流"互动调节两个层面提出提升能力建设路径。

第四节　工业用地利用效率研究方法

一、研　究　方　法

1. 描述性统计分析方法

我国工业用地配置规模在不同历史阶段具有不同特征，本书将对 20 世纪 90 年代初期和 21 世纪初期工业用地配置规模进行统计描述，分析判断相应时期工业用地配置的时空差异特征。通过将不同地区所处工业化阶段与工业用地配置相关联，描述分析不同工业化阶段地区的工业用地配置要求。通过对全国工业产业布局的描述分析，试图了解和掌握工业用地配置的区域分布与行业结构差异的一般规律；通过对江苏省工业结构和工业地理集聚、工业用地利用效益进行统计分析，以了解和掌握江苏省工业用地的行业结构特征和区域差异情况。

2. 数据包络分析方法

数据包络分析方法（DEA）运用线性规划方法构建观测数据的非参数分段前沿，用来评价具有相同类型的多投入、多产出的决策单元（DMU）的相对效率，生产有效点位于生产前沿面上，无效点位于处于生产前沿面的下方。通过增加约束条件改进的 DEA 模型，能够实现产出与多要素约束下对单一生产要素相对效率的测度。该方法的模型将在第三章中予以说明，在省域和分行业实证研究中，本书使用 DEAP 2.1 和 GAMS 22.0 软件进行了工业生产技术效率和工业用地利用效率的测度。

3. 随机前沿分析方法

随机前沿分析方法（SFA）把生产前沿面看成是随机的生产边界，并且同时考虑了可控制的无效率部分和随机因素影响的无效率部分，采用统计学方法求解随机生产前沿函数得到有关参数，进而得到相应的效率结果。该方法的模型将在第三章中予以说明，在省域和分行业实证研究中，本书使用 Frontier 4.1 软件分别估计 C-D 生产函数和 Translog 生产函数随机前沿生产函数模型，进行工业生产技术效率和工业用地利用效率的测度。

4. 计量分析方法

本书主要选择空间面板数据模型、截面数据模型等计量分析方法，进行工业用地利用效率影响因素的研究。空间面板数据模型的具体形式将在第五章中予以说明，使用 Matlab R2009 软件估计时间固定效应空间杜宾模型、时间固定效应空间误差模型和时间固定效应空间滞后模型，进行省域工业用地利用效率影响因素的分析。截面数据模型的具体形式将在第七章中予以说明，使用 Eviews 6.0 软件，采用普通最小二乘法（OLS）估计全部企业样本和部分行业的企业样本，进行不同行业工业用地利用效率影响因素的分析。

5. 比较分析方法

比较分析方法是对不同时间、空间条件下或同一时间、空间下的不同经济现象进行纵向或横向的比照研究，分析异同。本书主要涉及的比较内容包括测度方法比较、区域比较、行业比较，其中，测度方法比较主要是借鉴 Bauer 等

（1998）、许晓雯和时鹏将（2006）、王学渊（2008）等的研究思路，在进行区域和行业工业用地利用效率测度时，对数据包络分析方法（DEA）和随机前沿分析方法（SFA）的测度结果进行优劣比较；区域比较主要运用在工业用地利用效率在全国不同区域、不同省份及江苏省三大区域间的差异比较；行业比较主要运用在工业用地利用效率在不同工业行业间的差异比较。此外，还对有差异和无差异视角下的工业用地利用效率测度结果进行了差异比较。

二、数据来源与处理

（一）数据来源

1. 区域层面（全国、省域）数据来源

全国各省份工业总产值、从业人数、固定资本存量、土地等数据主要来源于《中国城市统计年鉴》（2002～2012 年）、《中国城市建设统计年鉴》（2001～2011年），其他相关统计数据来源于历年各省份《统计年鉴》及《中国统计年鉴》（2002～2012 年）、《中国区域经济统计年鉴》（2002～2012 年）、《中国土地年鉴》（1995年）、《中国国土资源年鉴》（2004～2011 年）、《中国国土资源统计年鉴》（2012年）、《中国人口统计年鉴》（2004～2012 年）、《中国人口和就业统计年鉴》（2004～2012 年）、《中国工业经济统计年鉴》（2002～2012 年）、《中国工业经济统计资料》（1949～1984 年）等。

2. 行业（企业）层面数据来源

本部分数据主要来源于两部分：一部分是《中国工业企业数据库》（2011 年）中的江苏省工业企业统计数据；另一部分是 2012 年进行的江苏省开发区典型工业企业问卷调查，调查覆盖全省 135 个国家级和省级开发区，调查时点设定为 2011 年 12 月31 日。调查问卷涉及企业基本信息、企业投入情况、企业产出情况、企业用地情况及企业建设情况等内容。调查主要选择当年销售收入或工业产值在开发区所有企业中处于中上水平的工业企业，以各开发区主导产业为主，且企业投产需在 2 年以上，生产经营情况稳定正常。本次调查共发放问卷 1300 余份，收回有效问卷 1096 份。

（二）数据处理

1. 区域层面数据处理

进行数据处理时，本层面数据以 2001 年全国地级以上城市数据为基础，汇总形成省级行政区数据，未包含 2002～2011 年新设立的地级城市，由于部分城市数据缺失或异常,剔除了广东省深圳、阳江、东莞、揭阳、云浮 5 市,四川省宜宾市。此外,由于西藏设市城市仅有拉萨市,且数据缺失严重,本书在相关研究中未将西藏包含在内。因此,本层面数据共涉及 261 个地级以上城市。

(1)工业用地面积。工业用地面积主要核算了全国地级以上城市市辖区工业用地面积,并汇总形成省级行政区工业用地面积。

(2)工业劳动力。工业劳动力主要核算了地级以上城市市辖区工业年从业人员平均数,并汇总形成省级行政区工业劳动力数量。由于难以获得各城市劳动力教育水平等数据,故此数据没有包括劳动力质量上的差异。

(3)工业总产值。由于现有各类年鉴中均未统计地级以上城市市辖区的工业增加值,本书无法获取到与工业用地面积相匹配的实际产出情况,但可以获取到相匹配的工业总产值数据,工业总产值是工业企业在一定时期内生产的以货币形式表现的工业最终产品和提供工业性劳务活动的总价值量,能够反映一定时间内工业生产的总规模和总水平。因此,本书选择工业总产值替代工业增加值指标来表征工业生产的经济产出情况。

工业总产值主要核算了地级以上城市市辖区工业总产值情况,并汇总形成省级行政区工业总产值。由于较难获取统一的工业总产值指数来构建工业总产值价格平减指数,本书利用《中国区域经济统计年鉴》(2002~2012 年)以及历年统计年鉴获取得到的各省份及各地级以上城市工业增加值及工业增加值指数,以此构建出工业增加值价格平减指数,近似替代工业总产值价格平减指数,将历年各省份工业总产值统一换算到 2001 年的价格水平。

(4)固定资本存量。本部分数据参考张海洋(2005)、姚志毅等(2010)的方法,使用各地区的固定资产净值年平均余额进行衡量。工业固定资本存量主要核算了地级以上城市市辖区各年工业资本净现值情况,并汇总形成省级行政区工业固定资本存量。由于难以获取到市辖区工业层面的固定资产投资价格指数,本书利用《中国统计年鉴》(2002~2012 年)获取得到各省份固定资产投资价格指数,近似替代工业固定资产投资价格指数,将历年各省份工业固定资本存量统一换算到 2001 年的价格水平。

2. 行业(企业)层面

通过问卷调查获取的江苏省 1096 家工业企业涵盖了 28 个制造业行业大类,其中,家具制造业、印刷业和记录媒介的复制、工艺品及其他制造业三个大类行业分别仅有 2 家、1 家、1 家企业,不足以代表整个大类行业的工业用地利用水平,故舍弃,最终使用的企业数据包括江苏省 1092 家典型工业企业,并涵盖 25

个行业大类信息（典型企业地区分布情况见表 1-1）。

表 1-1　江苏省 1092 家典型工业企业样本分布情况

地区	数量	占比/%	地区	数量	占比/%
南京市	90	8.24	淮安市	83	7.60
无锡市	112	10.26	盐城市	99	9.07
徐州市	52	4.76	扬州市	68	6.23
常州市	91	8.33	镇江市	60	5.49
苏州市	148	13.55	泰州市	80	7.33
南通市	94	8.61	宿迁市	49	4.49
连云港市	66	6.04	合计	1092	100.00

（三）区域划分

1. 全国区域划分

在进行区域比较分析时，对于全国区域的划分，本书依据全国区域经济的一般划分方法，将内陆 31 个省份划分为东部、中部、西部和东北 4 个部分，其中东部 10 个省份包括北京、天津、河北、上海、江苏、浙江、福建、山东、广东和海南；中部 6 个省份包括山西、安徽、江西、河南、湖北和湖南；西部 12 个省份（未包含西藏的相关研究中，西部地区含 11 个省份）包括内蒙古、广西、重庆、四川、贵州、云南、西藏、陕西、甘肃、青海、宁夏和新疆；东北包括辽宁、吉林和黑龙江。

2. 江苏省区域划分

在以江苏省为研究对象的分行业工业用地利用效率研究中，江苏省按苏南、苏中、苏北三大区域进行划分，其中，苏南包括苏州、无锡、常州、南京、镇江五市，苏中包括南通、扬州、泰州三市，苏北包括徐州、淮安、盐城、连云港、宿迁五市。

第二章 城市工业用地利用效率的内涵

第一节 基 础 理 论

一、区 位 理 论

区位是指事物所处的位置、场所，在空间上的定位或布局，区位理论是研究特定区域内关于人类经济活动与社会、自然等其他事物和要素相互之间的内在联系和空间分布规律的理论，即人类活动空间场所选择及其空间组织优化的理论。根据经济活动的具体内容不同，又可以分为农业区位理论、工业区位理论、商业区位理论等。德国农业经济学家杜能（Johan Heinrich von Thunen）在 1826 年出版的《孤立国同农业和国民经济之关系》一书中首次系统地阐述了农业区位理论的思想，奠定了农业区位理论的基础。杜能认为农业土地的利用类型和经营集约化程度，主要取决于它到农产品市场的距离。他提出农业生产方式配置的同心圆结构，即"杜能圈"，在城市（市场）近处种植笨重、体积大因而运输量较大或者运费成本相对其价格而言过高的作物，或者生产易于腐烂或必须在新鲜时消费的产品；随着与城市距离的增加，则种植相对于农产品的价格而言运费较小的作物（李小建，2006）。德国经济学家韦伯（Alfred Weber）于 1909 年出版《工业区位论》一书，创立了工业区位理论。他从运费指向论、劳动力成本指向论和集聚指向论三个阶段构筑了其工业区位理论，理论的核心思想是区位因子的合理组合，使企业成本和运费最低，工厂要将其场所建立在生产和流通成本最节约的地点（李小建，2006）。德国经济学家克里斯塔勒（Walter Christaller）和廖什（August Losch）在同一时代开创了"中心地理论"。1933 年，克里斯塔勒在《德国南部的中心地》一书中提出"中心地理论"，该理论指出城市、中心居民点发展的区域基础，以及等级和规模的空间关系，并且将城市的规模与等级的关系概括为正六边形模型，提出了中心地系统与服务业最优布局模式（艾永中，1994）。廖什于 1940 年出版了《区位经济学》一书，成为市场区位论的主要奠基人，他把每个企业放入产业体系中去考察，从总体均衡的角度来揭示整个系统的配置问题，把生产区位和市场结合起来，以利润来判明企业配置的方向，并且同产品的销售范围联系起来（顾湘，2007）。

杜能的农业区位理论、韦伯的工业区位论和克里斯塔勒与廖什的中心地理论构成了西方古典区位理论的基石，特别是韦伯和廖什的理论为工业区位理论的发展奠定了重要基础。区位理论对土地利用具有重要的指导作用，对城市建设用地功能配置的影响更加明显，是指导工业企业选址和工业用地利用的重要理论依据。

二、土地规模报酬递减理论

土地报酬递减规律是描述土地收益随着土地投入量的变化而发生变动的规律，它是优化土地利用投入产出关系与经营方式的基本依据。17 世纪中叶，威廉·配第（William Petty）最早注意到这一现象，他发现一定面积的土地的生产力存在最大限度，超过这一限度之后，土地生产物的数量就不可能随着劳动的增加而增加了。18 世纪法国重农学派代表人物杜尔阁（R. J. Turgot）首先对"土地报酬递减规律"的内涵进行了详细表述。英国学者威斯特（E. West）1815 年在《资本用于土地》一书中，首次正式提出"土地报酬递减规律"（毕宝德，2005）。此后，英国经济学家马歇尔（Marshall Alfred）、美国经济学家克拉克（J. B. Clark）、德国农业经济学家布林克曼（Theodor Brinkmann）及美国经济学家萨缪尔森（P. A. Samuelson）等对土地报酬递减规律的内涵进行了拓展，扩大到一切生产事业和消费活动的领域，统称为"报酬递减规律"（刘书楷和曲福田，2004）。

从土地利用的全过程来看，土地报酬的运动规律在一般条件下，是随着单位土地面积上劳动和资本的追加投入，先是递增然后趋向递减；在递减后，如果出现科学技术或社会制度上的重大变革，使土地利用在生产资源组合上进一步趋于合理，则又会转向递增；而一旦技术水平与管理水平稳定下来，将会再度趋于递减。在一定技术条件下，土地报酬递减是由生产要素的组合变动引起的，土地作为固定资源，它与其他投入资源的比例及其承载其他投入资源的数量是有限的，当超过这个限度，土地资源与其他投入资源的配合不适当，就不能继续支持新增投入资源在增产、增值中的作用（刘书楷和曲福田，2004）。在土地利用过程中，应在土地规模报酬递增范围内尽可能地追加土地上资本、劳动要素投入，提高土地利用强度，提升土地利用效率。对于工业用地来说，产业升级优化、工业生产设备更新和生产技术改善都能够推动土地规模报酬曲线向外移动，扩大土地报酬递增区间，把握土地规模报酬递减规律对于提高工业用地利用效率有重要意义。

三、产业转移理论

产业转移是指产业在不同区域间的空间位移过程，是一个兼具时间和空间维度属性的经济学概念。由于交通运输、资源禀赋、市场需求以及政府政策等发展条件的差异，生产和经营某种相同或类似产品的企业最初可能在某些有利于其发展的优势区域设立并集聚起来，由此带来该区域某种产业的成长和繁荣（芮明杰，2005）。由于经济发展和科技进步，不同区域产业发展的初始条件会随时间推移而逐步发生变化，从而引起产业从原生区域向其他区域转移和扩散（刘秉镰等，2010）。日本经济学家赤松要（Akamatsu Kaname）1932 年在《我国经济发展的综合原理》一文中提出的"雁形模式"是较早形成的产业转移理论，"雁形模式"反映了开放经济条件下，后发工业国通过引进、替代、出口以促进本国产业从无到有、由弱到强的成长历程，形象勾勒出后发工业国通过承接发达国家的产业转移实现工业化后，再转移到其他发展中国家的梯度转移轨迹。美国经济学家弗农（Raymond Vernon）1966 年提出反映发达国家和地区成长和转移规律的产品生命周期理论。弗农以要素禀赋差异的存在为前提，将产品的生命周期划分为创新、成熟和标准化三个阶段，随着产品由新产品向成熟产品和标准化产品的转化，产品特性也会发生变化，将由知识技术密集型向资本和劳动密集型转化。相应地，在该产品生产的不同阶段，对不同生产要素的重视程度也会发生变化，从而引起该产品生产在要素禀赋和需求条件不同的国家和地区之间转移（马子红，2009）。刘易斯（Arthur Lewis）1984 年在《国际经济秩序的演变》一书中，从劳动力成本角度分析了产业转移的经济动因。刘易斯认为发达国家由于人口自然增长率下降、非熟练劳动力不足，劳动力成本趋于上升，这种成本的变化导致劳动密集型产业比较优势逐步丧失，并最终使之向发展中国家转移（陈刚和刘珊珊，2006）。日本学者小岛清（Kiyoshi Kojima）1973 年在比较优势原理基础上，提出"边际产业扩张"理论，该理论认为"对外直接投资应从本国（投资国）已经处于或即将陷于比较劣势的产业——可以称为边际产业（这也是对方国家具有潜在比较优势的产业）依次进行"，通过产业的空间移动，以回避产业劣势或者说扩张边际产业，显现其潜在的比较优势（王辉堂和王琦，2008）。

以上理论构成发达国家早期产业转移理论的基础，当前，我国不同地区间的工业产业发展差异较大，伴随工业化进程的发展，区际产业转移在持续发生，反映在土地上就表现出不同地区工业用地内部利用结构和利用效率的明显差异与不断变化，因此，科学判断不同地区工业产业转移过程和承载产业转移的能力，是进行工业用地供给和管理的重要理论依据。

四、产业结构优化理论

产业结构优化理论是产业结构理论的重要内容之一，是一个国家或地区实现经济持续、稳定、快速发展的重要经济理论基础。产业结构优化的过程就是通过政府调整有关产业政策影响产业结构变化的供给结构和需求结构，实现资源优化配置与再配置，从而推进产业结构朝合理化和高级化方向发展。产业结构合理化是指促进产业结构的动态均衡和产业素质的提高，要求在一定的经济发展阶段，根据消费需求和资源条件，对初始不理想的产业结构进行有关变量的调整，理顺结构，使资源在产业间合理配置和有效利用。产业结构高级化是指产业结构从低度水准向高度水准发展的动态过程，是对原有产业结构的扬弃，表现为由第一次产业占优势逐渐向第二、第三次产业占优势转换，产业结构发展由劳动密集型产业、资本密集型产业、技术密集型产业顺次转换，由低附加值产业逐渐向高附加值产业转换，由制造初级产品占优势的产业逐渐向制造中间产品、最终产品占优势的产业转换（党耀国等，2011）。产业结构合理化和产业结构高级化是相互联系、相互影响的。产业结构合理化是产业结构高级化的前提条件，如果产业结构长期处于失衡状态，就不可能有产业结构高级化的发展。同时，产业结构合理化也总是一定高度基础上的合理化。产业结构合理化主要从静态状况或在一定阶段上要求优化产业结构，产业结构高级化主要从动态趋势要求优化产业结构，它是一个渐进的长期发展过程（李江和和金生，2008）。产业结构优化体现为产业的高附加值、高技术化、高集约化和高加工度化，尤其是高新技术产业的比例以及各产业之间按比例协调发展程度（宋国宇和刘文宗，2005）。

产业结构的合理化与高级化必然以一定的地域空间为载体，根据区域资源环境承载能力、开发程度、发展潜力和功能定位，实行因地制宜的差别化区域政策和产业选择（刘秉镰等，2010），既有利于实现区域产业结构优化升级，也有利于工业用地利用结构的不断优化、最大限度发挥工业用地的资源要素作用与承载能力，是提高工业用地利用效率的重要理论依据。

五、生产前沿面理论

生产前沿面（production frontier）是指描述特定生产技术条件下各种生产要素投入配合可能生产的最大产出的理论生产函数所刻画的生产可能性边界。Farrell（1957）在论文《生产效率度量》中完整地提出生产前沿面的概念并进行经验研究。

Farrell 模型的建模思想[①]是采用一系列适合的线性规划模型求解出所观测投入空间的凸边界。假定有 K 个决策单元（DMU），每个决策单元有 M 个投入变量，第 k 个决策单元的多投入单产出数据集合为（x_{km}, y_k, $m=1$, 2, $\cdots$, M），

---

① 生产前沿面理论主要参考：孙巍. 2010. 效率与生产率的非参数分析[M]. 北京：社会科学文献出版社，3-4.

则 Farrell 前沿面由下列线性规划模型的优化结果确定：

$$\min_{\beta} g_k = \sum_{m=1}^{M} x_{km}\beta_m$$

$$\text{s.t.} \quad \sum_{m=1}^{M} x_{km}\beta_m \geqslant y_k \qquad\qquad (2\text{-}1)$$

$$k = 1, \cdots, K$$

$$\beta_m \geqslant 0$$

$$m = 1, \cdots, M$$

式中，目标函数使用第 k 个决策单元的投入。对于任意决策单元 k，可以得到上述线性规划模型最优值 $\beta^*(k)$。如果 $\sum_{m=1}^{M} x_{km}\beta_m^*(k) = y_k$，则第 k 个生产单元处于有效生产状态。也就是说，第 k 个生产决策单元的前沿生产函数为：

$$y_k^* = \sum_{m=1}^{M} x_{km}\beta_m^*(k) \qquad\qquad (2\text{-}2)$$

Farrell 前沿面线性规划模型的构造原理是，以所有样本生产决策单元的投入产出观测值为基础，以所有样本决策单元可以实现的所观测产出的生产要素组合为约束，通过线性规划模型求解最小生产要素组合的 $\{\beta^*(k), k=1, \cdots, K\}$。由于每个生产单元的前沿生产函数都是齐次线性函数，描述的是多维空间平面，因此 Farrell 有效面可以看成多个有效面相交构成的凸多面体。

在 Farrell 开创性工作之后，生产前沿面理论得以快速发展，研究成果越来越丰富，研究方法也逐渐演化出参数方法和非参数方法两大分支。本书利用生产前沿面理论演化出的数据包络分析方法（DEA）和随机前沿分析方法（SFA）来实现工业用地利用效率的度量。

第二节　效率与土地利用效率的内涵

一、效率的一般解释

效率是经济学中使用最广泛的概念之一。通常，它是指不浪费资源，或者指现有资源用得最好。新古典经济学中对于效率有一个精确但相当狭窄的定义，主要是指帕雷托效率（Pareto efficiency），意大利经济学家和社会学家帕雷托在 20 世纪初的著作《政治经济学讲义》和《政治经济学教程》中对效率的定义是：对于某种经济资源的配置，如果不存在其他生产上可行的配置，使得该经济中所有人至少和他们初始时情况一样良好，而且至少一个人的情况比初始时更好，那么这个资源配置就是最优的（伊特韦尔等，1996）。经济效率的本质含义是"不浪费资源"，新古典经济学家在重点讨论经济效率时，也探讨了"非效率"问题，若一个经济状态当中存在着资源的浪费，就称之为"非效率"，这里非效率主要涉及两种情况：企业在生产可能性边界内生产的非效率和配置低效率。"非效率"主要是指资源没有充分在企业之间以及企业与消费者之间进行有效配置（毕泗锋，2008）。Leibenstein 等突破新古典经济学对企业做黑箱式处理的方式，从企业组织角度探讨了效率问题，Leibenstein（1966）通过修改传统经济学中的"理性人"假设，建立了独特的"X 效率"理论，指经济单位（国家、企业、家庭等）由于内部原因没有充分利用现有资源或机会的一种状态，其实质是一种组织或动机上的效率，因此，这个 X 代表导致低配置效率的一切因素。Frei 等（2000）认为 X 效率描述了除规模和范围影响之外的所有技术和配置效率，是关于通过整合技术、人力资源及其他资产来生产固定产出的管理水平的测度指标。Leibenstein 与新古典经济学家对经济效率的概念认识是基本一致的，即"不浪费资源"。新制度经济学家通过引入产权、交易费用等概念对新古典经济学忽略企业组织的问题进行了有效补救。新制度经济学没有修改传统经济学中"经济人"的假设，他们认为企业在生产可能性边界内生产而导致的低效率，一方面可能长期存在于企业内部，另一方面这种低效率不仅仅是由于配置低效率引起的，理性的员工在不同的企业中表现出不同的效率，是因为外在的约束"交易费用"的原因。诺贝尔经济学奖获得者德布鲁于 1951 年指出，任何一个经济体中的效率损失可以分解成三个因素：①未能充分利用自然资源而产生的效用水平不足——即现实效用水平偏离理想状态效用水平的程度；②生产单位内部由于"技术无效率"而产生的效用水平的不足；③由于经济组织的无效率而产生的效用水平的不足。在 Farell、Fare 和 Lovell 等对效率的实证研究中实现了企业生产效率的量化，一个企业的经济效率被界定为纯技术效率、配置效率以及规模效率三部分的乘积。

二、土地利用效率

（一）广义土地利用效率

由于土地兼具资源（resources）和资产（property）的双重属性，土地利用效率（land use efficiency）也应包括土地资源利用效率和土地资产利用效率两个方面，但当前对土地利用效率的研究均是针对土地的资源属性展开，尚未涉及土地的资产属性。本书对土地利用效率的研究也仅探讨土地的资源属性。在国外，土地利用效率常被用在与农业生产有关的研究中，如 Szumigalski 等（2006）考察了农作物间作与单作对氮产量和土地利用效率的影响，Agegnehu 等（2006）研究了在埃塞俄比亚高原大麦和蚕豆间作的产量表现和土地利用效率。在国内，土地利用效率作为一般概念被广泛运用在土地资源评价和土地资源经济研究中，但对于这一概念的理解目前尚无定论。陈荣（1995）认为城市土地利用效率由两个相互联系的层次构成：宏观层次表现为土地配置的结构效率（structure efficiency），微观层次表现为土地使用的边际效率（margin efficiency）。更多学者认为土地利用效率是由包括众多自然、经济和社会因素构成的复杂系统共同作用的结果（吴得文等，2011）；鲍新中等（2009）将土地利用效率定义为单位面积土地投入与消耗在区域发展的社会、经济与生态环境等方面，所实现的物质产出或取得的有效成果。龙拥军等（2011）则认为土地利用效率是对土地追加资本、投入劳动力与所获得的社会经济生态综合效益的比较结果。在众多度量土地利用效率的方法中，用单指标或几个指标值来衡量土地利用效率更多的是反映了土地生产率的内涵；综合评价方法尽管包含了经济、社会、生态等多方面的指标，但多指标综合后可以看成是对区域发展的整体衡量，不能反映土地利用效率（周璞等，2011），并且确定的评价指标权重常带有一定的主观性，对评价结果的客观性产生影响（李郇等，2005）；用数据包络分析方法对评价单元进行多投入多产出的效率测度，并把经济单元的系统效率当成土地利用效率进行分析研究，忽视了土地资源仅是经济单元投入的生产要素之一，直接将经济单元的系统效率当成土地利用效率十分牵强且没有针对性，研究结论不具有说服力。

可以看出，从概念内涵的认识和测度方法来看，土地利用效率都是一个较宽泛的综合性概念，尚没有统一的内涵，且"效率""效益""生产率"等概念被掺杂使用，界定不清、意义不明。但从现有内涵理解的共性出发，可以发现土地利用效率应该包括土地资源配置和使用两方面内容，并能够反映其在经济、社会、生态等方面产生的结果或影响。从效率的内涵出发，可以认为测度资源的效率应能反映出资源配置的有效程度或"不浪费资源"的程度，表现在投入产出上，即能反映在资源投入一定的条件下，目标产出的实现程度，或产出一定的条件下，资源利用的充分程度，实际产出与目标产出差距越小，或目标资源投入量与实际资源投入量差距越小，则资源利用的效率越高。

综上所述，可以认为广义的土地利用效率是一个综合概念，指土地资源在不同经济部门、不同区域间配置和使用过程中，在经济、社会、生态等方面产生的效益^①或影响所达到的程度。土地利用效率的衡量标准是动态的，受经济社会发展和科学技术进步的影响而逐渐发生变化，生产力水平、物质条件和生态环保压力的提高将提升效率的比较标准。土地利用效率的关注重心也会受社会发展进程的影响而不断变化，由以关注经济效率为重心逐渐向关注社会和生态效率转变。根据土地利用效率关注重心的不同，其研究对象可以选择经济、社会、生态等多个方面，各方面既可根据侧重不同分别进行分析研究，又可合并后进行综合探讨。

（二）狭义土地利用效率

在上述对广义土地利用效率内涵进行界定的基础上，本书把土地利用效率的关注重心集中在投入产出的经济表现上，并将其界定为狭义土地利用效率，此时，土地利用效率是指土地资源配置和使用过程中表现在经济上的效益或影响的实现程度，可以进一步理解为特定经济发展阶段以经济产出作为土地利用的衡量条件，在一定经济产出约束下，土地资源利用的充分程度。受经济、技术和管理等多方面因素的影响和制约，在实际土地利用过程中，土地资源往往不能被充分利用，达到较理想的经济产出状态，土地资源的实际产出或投入水平与有效利用状态的产出或投入水平之间的差异越大，土地资源在利用中的浪费程度就越高。

从土地资源投入角度，可以用下式对狭义土地利用效率进行定义：

$$GE_{it} = \frac{ALI_{it} - ELI_{it}}{ALI_{it}} = 1 - \frac{ELI_{it}}{ALI_{it}} = \frac{TLI_{it}}{ALI_{it}} \tag{2-3}$$

式中，GE（land use efficiency）为土地利用效率，ALI（actual land input）为土地资源实际投入量，ELI（excessive land input）为土地资源过度投入量，TLI（target land input）为土地资源目标投入量，i 表示不同地区，t 表示时间。式（2-3）说明土地利用效率的数学表示就是在当前生产技术水平下，保持其他投入要素不变，为实现一定产出所需要的最优的土地资源投入量与实际投入量的比值。GE 的取值在 0 和 1 之间，当 GE=1 时，表示不存在土地资源冗余，没有资源浪费。

本书的研究过程主要基于**狭义土地利用效率**的内涵展开，如无特殊说明，土地利用效率均指**狭义土地利用效率**。

---

① 效益一般指资源投入与取得的有效产品或服务的对比关系。

三、土地利用效率与生产技术效率、生产率辨析

（一）生产技术效率

生产技术效率（或技术效率）的定义最先来源于 Farrell（1957）的研究，他从投入角度提出技术效率（technical efficiency，TE）的定义为：在生产技术和市场价格不变的条件下，按照既定的要素投入比例，生产一定量产品所需的最小成本与实际成本的百分比。Leibenstein（1966）从产出角度提出了技术效率的定义为：实际产出水平占在相同的投入规模、投入比例及市场价格条件下所能达到的最大产出量的百分比。即技术效率是用来衡量技术在稳定使用（没有技术创新）过程中，技术的生产效能发挥的程度，可以从投入、产出的角度衡量生产单元能够运用现有技术达到最大产出能力的程度，反映了生产者利用现有技术的有效程度（范群芳等，2008；臧良震等，2013）。生产技术效率的研究对象可以是宏观层面的国家、地区、城市，也可以是微观层面的农户和企业，其效率测度的结果表征了抽象为生产单元的研究对象的整体运行情况，是一种系统效率，是对所有投入要素利用程度的整体判断。

图 2-1 用来说明投入导向下的生产技术效率。在规模报酬不变条件下，假设生产单元使用两种生产投入（x_1，x_2）得到一种产出 q，SS' 表示不同投入组合的最大生产量集合（生产前沿面），如果给定生产单元 P 点定义的投入量去生产单位产出量，那么这个生产单元的技术无效率可以用距离 QP 来表示，QP 即为在产出不减少的情况下所有生产投入按比例可能减少的量，通常可以用 QP/OP 表示要达到技术上有效率的生产需要减少所有投入量的百分比。生产单元 P 的技术效率

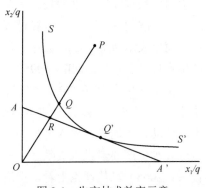

图 2-1　生产技术效率示意

资料来源：科埃利等，2008

可表示为 $TE=OQ/OP$，等于 1 减去 QP/OP，TE 的取值在 0 和 1 之间，当 $TE=1$ 时表示生产单元完全技术有效。例如，Q 点是技术有效的，它位于有效的生产前沿面上。

（二）生产率

对生产率进行定量研究，是在 20 世纪 20 年代柯布-道格拉斯（1928）提出生产函数之后。简单来说，生产率就是指生产过程中产出与投入之间的比例（李

琼，2000）。生产过程中涉及很多种生产要素，如劳动力、资本、土地、能源、水资源等。按照对生产过程中分析对象的数量，即生产要素的参与程度不同，可以分为单要素生产率（single factor productivity）、多要素生产率（multi-factor productivity）和全要素生产率（total factor productivity，TFP）。

单要素生产率又称为偏要素生产率，是将产出与单个投入要素，如劳动力、资本、土地等联系起来，它研究的是不能够由一种生产要素的投入增长解释的产出增长（金剑，2007）。根据研究目的的不同，可以得到生产单元的劳动生产率、资本生产率、土地生产率等各种不同的单要素生产率。单要素生产率可以反映每单位某种生产要素所能带来的产出，因此就可以进行每单位产出的劳动力需求、资本需求、土地需求等的分析。但是，由于产出是各种投入要素共同作用的结果，实质上单要素生产率反映出来的是投入要素组合的共同成果，有可能误导和歪曲生产绩效，因此，它并不是一个能够反映生产率综合水平及其变化的指标（张军等，2003）。如果用 q 表示产出，x_i 表示某一生产要素，单要素生产率即可用 q/x_i 表示。

多要素生产率是将产出与一组生产要素联系起来，研究的是不能由一组生产要素的增长解释的产出增长。多要素生产率在一定程度上克服了单要素生产率容易导致误解的缺点，但其测算过程与单要素生产率相比更为复杂。多要素生产率可以简单表示为 $q/\sum \lambda_i x_i$，其中，λ 为各生产要素的权重，一般可用生产要素 x_i 的产出弹性来表示（Coelli，1996）。

全要素生产率（TFP）也反映了多种生产要素与产出之间的关系，但与多要素生产率存在一定差异。按索洛的思路，全要素生产率指各种生产要素（如资本、劳动、土地等）投入之外的技术进步和能力实现等因素导致的产出增加，是剔除各种生产要素投入贡献之后所得到的残差，故又称为索洛残差（郭庆旺和贾俊雪，2005）。从理论上看，索洛残差等于 Hicks 效率参数的增长，但是实际上它既包括技术进步变动等因素影响的部分，又包括计算误差、被忽略变量等因素影响的部分（段文斌和尹向飞，2009）。全要素生产率多用来衡量一个国家或地区的宏观经济发展质量，TFP 的提高，意味着可以在相同数量的资源投入情况下获得更多的产出。如果 TFP 不增长，则要素积累最后会在边际报酬递减规律下趋于停滞（李宾和曾志雄，2009）。

（三）相关概念辨析

从以上对不同概念内涵的阐释中可以发现，本书使用的土地利用效率与生产技术效率有一定关系，与生产率是存在明显差异的概念。

本书所言的土地利用效率，是定义的土地资源单一生产要素的效率，其本质仍然属于生产技术效率，是对生产技术效率的进一步分解，即考虑了产出和其他生产要素的影响，并假设产出和其他生产要素保持不变时土地资源要素的技术效率，更好地体现了资源效率的内涵。生产技术效率度量了生产单元投入产出的实现程度，是一种系统效率，不仅反映了土地要素的利用情况，也涵盖生产单元其他生产要素的利用情况。尽管单要素生产率也能够针对土地资源单一生产要素进行定义和测算，但其没有考虑其他生产要素对产出的影响，不能体现土地资源利用能力的真实变化。

土地利用效率和生产技术效率是在当前技术水平下，一种资源或多种资源利用的相对效率状态，非绝对水平，是无量纲的相对量，取值一般限于 0 到 1 之间，并且不同技术水平下，对同一时期的效率衡量标准是变化的，效率的测度结果也是不一致的。而单要素生产率反映了当前技术水平下，单一生产要素的实际产出状况，是有量纲的绝对量，取值是非负实数。

四、土地利用效率与土地集约利用辨析

（一）土地集约利用

土地集约利用（land intensive use）是相对外延扩张式的土地粗放利用来说的，土地集约利用的概念最早来源于大卫·李嘉图（David Ricardo）等古典经济学家在地租理论中对农业用地的研究，其含义是指在一定面积的土地上，集中投入较多的生产资料和活劳动，并使用先进的生产技术和管理方法，以求在较少面积土地上获取高额收入的一种农业经营方式（邵晓梅等，2006）。马克思认为在经济学上，所谓耕作集约化，无非是指资本集中在同一土地上，而不是分散在若干毗连的土地上。简单来说，土地集约利用就是在单位面积的土地上，增加生产要素投入，提高产出效益的一种土地利用方式，而土地利用集约度就是指在生产过程中，单位面积的土地上投放的资本和劳动的数量。在其他条件不变的情况下，单位面积土地上投入资本和劳动的数量越多，则土地利用集约度就越高；反之，就越低。但是由于边际报酬递减规律的存在，对单位面积的土地持续追加某种要素的投入是有限度的。古典经济学静态均衡分析表明，各种生产要素的边际报酬之比等于要素价格之比时，生产实现最优，土地将达到经济的集约利用（朱天明等，2009）。

在农业用地之外，目前更值得关注的是城市土地集约利用问题，城市土地集约利用的概念主要借鉴农业土地集约利用而来，其基本含义同样是指在单位面积土地上增加生产要素投入，以获得土地的最高报酬。但城市土地利用更加复杂和

特殊，其影响是多方面的，除了经济效益外，还有社会效益和生态效益。可以认为城市土地集约利用是在城市土地空间布局合理和土地利用结构优化的基础上，以城市土地可持续利用为目标，通过不断增加单位面积土地投入、改善经营管理等途径，提高城市土地的使用效率同时取得良好的经济、社会和生态环境效益（郑泽庆等，2008）。当然，城市土地集约利用水平也并非越高越好，过度的土地集约利用将导致环境污染加剧、交通拥堵等负面效应，适度的土地集约利用才能实现经济、社会和生态三方面效益的和谐提高（陈伟等，2012）。

随着社会的进步和经济的发展，土地集约利用的内涵也在不断扩展，其以追求土地利用强度和土地经济效益提升为中心的原始内涵，正在逐渐淡化，包含的内容在逐渐增多，系统性越来越强，已经不仅仅是对土地投入产出的基本要求，而是对经济、社会、生态效益的全方位追求，对乡村合理融合、耕地合理集聚、城市合理拓展、产业合理布局的全方位约束，已逐渐演化成对土地资源利用行为的科学指导和为经济发展添加的约束条件，是一种内涵挖潜式经济增长方式的要求和理念。

（二）土地集约利用评价

土地集约利用评价是根据土地集约利用的内涵和目标，针对一定的评价单元，通过构建一套科学合理的评价指标体系，选择合适的评价标准和评价方法，对所研究对象的土地集约程度进行全面评估，并提出合理的对策和建议。通过进行土地集约利用评价，能够发现评价单元的土地利用潜力，便于找到有效的土地利用途径，为政府制定土地集约利用政策和措施，建立科学合理的土地利用管理和决策体系提供理论依据与相关技术支持。

从土地集约利用评价对象来看，主要从耕地和城市建设用地两方面展开，并进一步在评价区域和土地类型上细化。近年来，伴随土地供需矛盾的逐渐突出，为了促进各地盘活挖潜存量土地，提高建设用地保障经济发展的能力，国土资源部相继组织开展了开发区土地集约利用评价和建设用地集约利用评价工作。这也进一步推动了土地集约利用评价研究的发展，学者们在评价单元选择、评价方法创新、指标体系与指标权重方法创新等方面都进行了广泛研究，为我国土地集约利用评价工作的全面开展和创新奠定了良好的理论和技术基础。

（三）相关概念辨析

土地集约利用既是一个过程，又是一种发展要求，具有丰富的理论内涵，包涵土地利用强度、土地利用结构、土地产出效益、土地空间布局等多方面内容和要求。土地集约利用评价是对土地集约利用程度的全面考察和分析，评价内容涉及社会、经济、环境等多个方面，是为进一步挖掘用地潜力、完善用地管理和决策进行的基础工作。正是由于土地集约利用评价包含的内容越来越多，目的越来越广，因此，可以说土地集约利用评价是一种功能性度量，是对土地承载的"自然-社会-经济"系统运行状况的综合诊断。

本书所定义的土地利用效率是从经济产出角度，考察土地资源利用的充分程度，针对性更强，有利于从生产要素角度，更准确地把握土地资源的利用规律和特征，能够得到土地资源过度投入的程度。当然，土地利用效率的提升本身就是土地集约利用的过程，高效率意味着更少的土地浪费和更高的土地产出，也就意味着更高的土地集约利用水平。

从研究结果来看，土地利用效率与土地集约利用评价结果具有不同的特点。土地利用效率本身具有数值规律，可以有最大值，取最大值时即表明土地资源利用充分，不存在资源浪费，而一般采用多指标综合评价法得到的土地集约利用评价结果本身没有明显的数值规律，仅存在合理值，并且通常需要对不同评价单元进行比较分析，评价结果才具有说服力。

第三节　工业用地利用效率界定

一、工　业　用　地

由于在土地资源管理和城市建设管理中均涉及工业用地的分类、统计和管理，因此，对工业用地内涵的理解可以从这两种分类体系展开。

（一）土地利用现状分类中的工业用地

在我国土地利用现状分类系统的发展过程中，对工业用地的归属和统计经历了多个阶段。1984年全国农业区划委员会发布《土地利用现状调查技术规程》，在《土地利用现状及含义》中，工业用地被统计在居民点及工矿用地一级类中，没有进行单独统计，工业用地被混合在城镇、农村居民点和独立工矿用地三个二级类中。1989年9月原国家土地管理局颁布《城镇地籍调查规程》，其中的《城镇土地分类及含义》对1984年《土地利用现状分类及含义》中的城镇村土地分类做了细化和充实，并对城镇和农村居民点内部土地做了详细分类，工业用地被统计在工业仓储用地一级类中，并作为二级类单独统计，工业用地指独立设置的工厂、车间、手工业作坊、建筑安装的生产产地、排渣（灰）场地等用地。

　　2001 年 8 月国土资源部颁布了《全国土地分类（试行）》，在原有两个土地分类的基础上，为适应市场经济发展、土地使用制度改革和土地管理城乡一体化进程，进行了城乡土地统一分类，工业用地归于一级类建设用地、二级类工矿仓储用地中，并作为三级类单独统计，工业用地指工业生产及其相应附属设施用地。国土资源部在《全国土地分类（试行）》的基础上，保留农用地和未利用地部分，对建设用地部分进行适当归并，制定了《全国土地分类（过渡期间适用）》，该分类自 2002 年 8 月开始使用，该分类中工业用地被归入二级类居民点及独立工矿用地中，未被作为三级类单独统计，被混合在城市、建制镇、农村居民点及独立工矿用地等三级类中。

　　为了统一全国土地分类标准，有效避免土地资源基础数据存在多种口径不一的统计分类，2007 年 8 月，国家标准化管理委员会和国家质量监督检验检疫总局正式发布《土地利用现状分类》（GB/T 21010—2007）国家标准，该标准中工业用地被统计在一级类工矿仓储用地中，并作为二级类单独统计，工业用地指工业生产及直接为工业生产服务的附属设施用地。

　　在我国土地利用现状分类体系中，受分类目的、土地利用多样性、信息来源等方面的影响，工业用地在进行地籍调查、土地出让管理等工作中多被作为单独地类进行统计，而在土地利用变更调查、土地利用规划修编、土地整理等工作中常被混合在居民点及独立工矿用地中。

（二）城市用地分类中的工业用地

　　根据不同经济发展阶段城市建设的需求，我国先后制定了两版城市建设用地分类国家标准。1990 年 7 月，原国家建设部发布《城市用地分类与规划建设用地标准》（GBJ 137-90），主要运用在我国各城市总体规划编制中。该标准中工业用地作为一级类统计，指工矿企业的生产车间、库房及其附属设施等用地，包括专用的铁路、码头和道路等用地，不包括露天矿用地。并被进一步细分为三类工业用地，其中一类工业用地指对居住和公共设施等环境基本无干扰和污染的工业用地，如电子工业、缝纫工业、工艺品制造工业等用地；二类工业用地指对居住和公共设施等环境有一定干扰和污染的工业用地，如食品工业、医药制造工业、纺织工业等用地；三类工业用地指对居住和公共设施等环境有严重干扰和污染的工业用地，如采掘工业、冶金工业、大中型机械制造工业、化学工业、造纸工业、制革工业、建材工业等用地。

　　为适应我国城乡统筹发展宏观背景的变化，落实《城乡规划法》及国家节约集约利用土地的要求，2012 年 1 月 1 日开始实施由住房和城乡建设部批准的新版

《城市用地分类与规划建设用地标准》（GB 50137—2011）。该标准中工业用地在城市建设用地分类中仍被作为一级类统计，内涵与上版标准相同，并被继续细分为三类工业用地，其中一类工业用地指对居住和公共环境基本无干扰、污染和安全隐患的工业用地；二类工业用地指对居住和公共环境有一定干扰、污染和安全隐患的工业用地；三类工业用地指对居住和公共环境有严重干扰、污染和安全隐患的工业用地。

在两版国标中，对工业用地的一级类定义是相同的，二级类定义存在差异。旧国标中工业用地的分类按工业性质和工业门类进行划分的，基本符合当时国家工业行业的划分标准，但随着工业生产技术进步和产业类型多样发展，旧国标中的工业用地分类标准已经不尽合理，影响了工业用地与城市功能组织。新国标中工业用地分类按照工业生产对居住和公共环境的干扰程度进行划分，没有拘泥于笼统的工业行业划分（刘贵利和朱波，2012）。

（三）概念辨析与内涵界定

通过比较上述两种分类体系可以看出，土地利用现状分类和城市用地分类中对工业用地内涵的界定基本一致，但又存在一定差异。土地利用现状分类中的工业用地是从土地利用的现状用途角度进行界定的，而城市用地分类中的工业用地不仅反映了土地用途，还反映了地上建筑物的状态。从产权性质来看，两者存在较大差异，土地利用现状分类中的工业用地不区分产权性质，既包括国有建设用地中的工业用地，也包括农村集体建设用地中的工业用地；而依据《中华人民共和国土地管理法》中"城市市区的土地属于国家所有"的规定，可以认为城市用地分类中的工业用地仅指国有建设用地中的工业用地。

本书所研究的工业用地与城市用地分类中工业用地的内涵基本一致，但不区分工业用地的类型。其内涵可以概括为国有建设用地中的工业生产及其直接为工业生产服务的附属设施用地，也可称之为城市工业用地。书中无特殊解释说明的工业用地和城市工业用地，均符合这一内涵。

二、工业用地利用效率

（一）基本内涵

由于工业用地的使用主要以不断取得经济产出为最终目的，因此，工业用地利用效率更符合上一节中狭义土地利用效率的内涵。结合本节中对工业用地的界定，可以认为工业用地利用效率就是指城市工业用地在区域或工业行业间配置和使用时，其获得经济产出的实现能力，或者说在一定经济产出约束下，工业用地开发利用的充分程度。从工业用地投入角度来说，工业用地目标投入量与实际投入量的差距越小，工业用地利用效率越高；从产出角度来说，工业生产的实际产出与目标产出的差距越小，工业用地利用效率越高。

工业用地利用效率能从纵向和横向两个方面体现资源配置的特征，包含工业用地的城市建设用地指标配置整体上是一种纵向计划性指标分配过程，地方政府可以借助众多手段争取建设用地指标总量的增加，但缺乏自主性和主导性。城市建设用地内部工业用地指标的配置是一种横向指标分配过程，地方政府可以在建设用地指标总量计划内进行自主分配。不同地区能够根据自身经济发展要求和工业产业发展需求，在建设用地指标内自主分配工业用地、经营性用地、公共服务及其他用地的比例，工业用地指标横向配置过程能够更多地体现出地方政府的工业发展诉求。

承载工业企业发展是工业用地的主要功能，生产工业产品、追求经济效益是工业用地的天然属性，尽管各地对工业企业污染排放和治理的要求在不断提升，但通过内部化为生产成本，其追求高经济效益的特点较其他土地资源更加突出。此外，工业用地利用效率的高低也直接反映了经济产出导向下工业用地的集约和粗放利用程度，工业用地利用效率越高，表明工业用地过度投入越少，利用越集约；工业用地利用效率越低，表明工业用地过度投入越多，利用越粗放。

（二）内涵表现

简言之，工业用地利用效率就是工业用地利用充分程度和与之对应的工业产出实现程度的反映。因此，工业用地高利用效率就反映了存在较少的工业用地过度投入面积和较小的工业用地产出不足，工业用地低利用效率就反映了存在较多的工业用地过度投入面积和较大的工业用地产出不足。但过度投入与产出不足都是相对的，从投入角度来看是一定产出约束下的工业用地过度投入，从产出角度来看是一定用地约束下的产出不足。

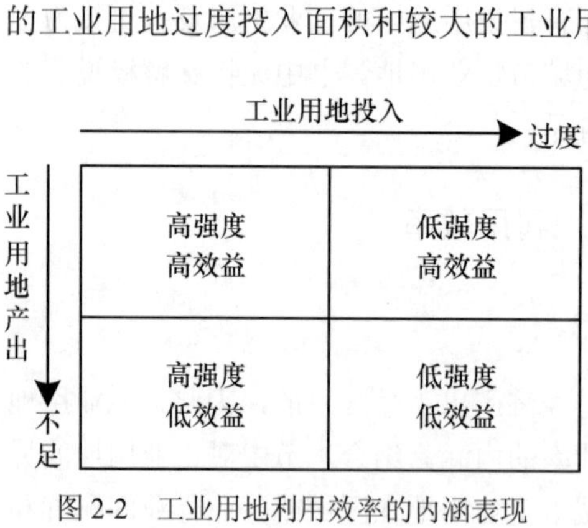

如图 2-2 所示，工业用地投入的过程存在从高利用强度到低利用强度的变化，工业用地产出同时也存在从高产出效益到低产出效益的变化，只有当工业用地处于高土地利用强度和高

图 2-2 工业用地利用效率的内涵表现

产出效益时，才会有较高的工业用地利用效率。只要工业用地投入和产出之一较低时，对应的工业用地产出和投入则会表现出相对不足，此时就是低利用效率的。

进一步来看，工业用地投入外部表现在利用强度上，可以从容积率和建筑密度①等指标中予以反映，在一定产出约束下，工业用地存在过度投入时，将表现出容积率相对偏低、建筑密度相对偏小的状况。因此，当工业用地出现容积率偏低、建筑密度偏小时，也就预示着可能存在工业用地低利用效率。工业用地产出外部表现在产出效益上，可以从土地产出率和土地税收产出率②等指标中予以反映，在一定用地约束下，工业用地存在产出不足时，将表现出土地产出率和土地税收产出率相对偏低的状况。当工业用地出现土地产出率和土地税收产出率偏低时，也预示着可能存在工业用地低利用效率。当然，无论是工业用地利用强度还是产出效益的外部表现与工业用地利用效率之间并非充要关系，某一外部表现并不能必然说明工业用地利用效率的高低，但工业用地利用效率的高低却能在一种或多种外部表现中得以反映。

---

① 容积率指工业项目用地范围内的总建筑面积与总用地面积的比值。建筑密度指工业项目用地范围内各种建筑物、用于生产和直接为生产服务的构筑物占地面积总和占总用地面积的比例。

② 土地产出率指工业项目用地范围内单位土地面积上的主营业务收入。土地税收产出率指工业项目用地范围内单位土地面积上缴税金数量。

第三章　城市工业用地利用效率的测度方法

第一节　效率的测度方法

作为本书方法论的重要组成部分，本节在杨顺元（2008）和王学渊（2008）等的研究基础上，根据近几年效率测度方法的研究进展，从参数方法和非参数方法两个方面进一步对效率的测度方法进行梳理和汇总。

现代效率的测算方法起始于英国经济学家 Farrell（1957）的研究成果，Farrell 的理论模型是生产前沿面研究的理论雏形，在此之后，逐渐发展出了两大分支：参数方法（parametric estimation method）和非参数方法（non-parametric estimation method）（图 3-1）。前沿生产函数的参数方法沿袭了生产函数的估计思想，首先需要确定一种具体的生产函数形式，然后估计得到该生产函数的参数，进而完成对描述生产前沿面的前沿生产函数的构造。前沿生产函数的非参数方法不需要确定生产前沿面的具体函数形式，利用数学规划方法，通过对所观测的大量实际生产单元数据基于一定的生产有效性标准，找到位于生产前沿面上的相对有效点。

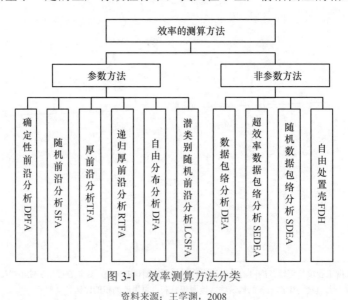

图 3-1　效率测算方法分类

资料来源：王学渊，2008

　　目前使用较广泛的参数方法主要有：确定性参数前沿分析方法（deterministic parametric frontier analysis，DPFA）、随机前沿分析方法（stochastic frontier analysis，SFA）、自由分布分析方法（distribution free analysis，DFA）、厚前沿分析方法（thick frontier analysis，TFA）、递归厚前沿分析方法（recursive thick frontier analysis，RTFA）和潜类别随机前沿分析方法（latent class stochastic frontier analysis，LCSFA）。使用较广泛的非参数方法主要有：数据包络分析方法（data envelopment analysis，DEA）、超效率数据包络分析方法（super efficiency data envelopment analysis，SEDEA）、随机数据包络分析方法（stochastic data envelopment analysis，SDEA）和自由处置壳方法（free disposal hull，FDH）。

一、参 数 方 法

　　效率的参数测算方法通过在模型中加入随机误差项，能够解释随机误差的影响，并且可以用传统的统计检验方法来检验模型的拟合程度，准确构造生产前沿面。参数方法在对所有生产单元的潜在前沿点进行回归后，能够得到唯一的函数，从而可以对投入产出进行预测和控制，并且参数方法对于异常生产单元的灵敏度不高，具有较好的稳定性。但是，需要对随机误差项的分布形式进行设定，并且需要较准确地选择生产函数形式，生产函数一经确定，估计的各种参数就具有了一定的特殊性。此外，参数方法较容易处理单产出的情况，对于多产出的生产过程处理起来则十分复杂。参数方法的评价结果仅能获知生产单元中无效生产单元的效率水平，不能得到无效率的原因及改进目标等信息。

　　参数方法依据生产前沿面是否具有随机性，又可以分成确定性方法和随机性方法。确定性方法不考虑随机因素的影响，将生产前沿面看成确定的，主要是确定性前沿分析方法（DPFA）；随机性方法是把生产前沿面看成随机的，主要包括随机前沿分析方法（SFA）、自由分布分析方法（DFA）、厚前沿分析方法（TFA）、递归厚前沿分析方法（RTFA）和潜类别随机前沿分析方法（LCSFA）等。其中，SFA 方法是 DPFA 方法在随机性方面的拓展，DFA 方法、TFA 方法、RTFA 方法和 LCSFA 方法又是 SFA 方法的变形。

1. 确定性前沿分析方法（DPFA）

　　效率测算的确定性前沿分析方法（DPFA）可以分为确定性参数边界生产函数方法和确定性统计边界生产函数方法。Aigner 和 Chu（1968）提出用线性规划方法估计确定性前沿生产函数的参数方法。Aigner 和 Chu 选择 C-D 生产函数的对数形式，并假设残差项为正值，然后利用线性规划方法让观测值与估计值之间的绝对偏差最小，从而求得前沿生产函数中的参数值。

Afriat（1972）利用极大似然法构建了具有统计性质的边界生产函数，这成为运用计量经济学进行效率研究的开端。Afriat 利用极大似然法对模型参数进行估计时，残差分布形式对估计结果的影响较大，不同的残差分布形式假设常会得到不同的参数估计结果。Richmond（1974）提出用修正普通最小二乘法（corrected ordinary least squares，COLS）对生产函数进行估计。COLS 方法的目的在于考虑不同外生变量对生产函数的影响，其原理是对普通最小二乘法（OLS）得到的生产函数截距项进行修正，对变量参数没有影响。COLS 方法首先利用普通最小二乘法得出参数的估计值，然后对截距项进行修正，将常数项向上平移，再次利用普通最小二乘法得到参数的估计值，直到没有残差为正，且至少有 1 项为零时止，以保证所有生产单元均不会位于生产前沿面上方。

2. 随机前沿分析方法（SFA）

确定性前沿分析方法假设所有的生产单元共同使用一个固定的生产前沿面，同时把影响产出的可控因素和不可控因素（如气候、政策变动、数据统计误差、方程测定误差等）全都归入一个单侧误差项中，并将偏离生产前沿面的因素都作为无效率的反映，由于把所有可能产生影响的因素都作为无效率来测算，导致测算的效率结果与真实效率水平存在很大偏差（徐琼，2005）。Aigner 等（1977）、Meeusen 和 Broeck（1977）与 Battese 和 Corra（1977）几乎在同一时间提出效率测度的随机前沿方法，该方法允许生产前沿面是随机的，并且他们将模型中的误差项分成两部分：一部分考虑了可控制的无效率因素，即用管理误差项来表示无效率部分；另一部分考虑了随机因素对产出的影响，即用随机误差项来表示不可控因素的影响。

在后来的研究中，出现了不少重要的随机前沿模型用于确定生产前沿面，模型的发展和应用主要体现在对模型中管理误差项的分布假设和对数据的选择两个方面。Stevenson（1980）假设管理误差项为截尾正态分布，Greene（1990）假设管理误差项为密度（gamna density）分布，Lee 和 Schmidt（1993）则假设管理误差项为四参数的 Pearson 分布。早期的模型应用主要是基于截面数据（cross-sectional data）进行测算，20 世纪 80 年代以后更多采用面板数据（panel data）进行测算。目前最常用的随机前沿模型是 Battese 和 Coelli（1992）构建的运用时间序列面板数据估计随机生产前沿面的模型，简称 BC（1992）模型；Battese 和 Coelli（1995）针对效率的影响因素问题，又构建了 BC（1995）模型，通过进行一次估计不仅可以测算出效率，还能分析各因素对效率的影响程度。

3. 厚前沿分析方法（TFA）

随机前沿方法需要对随机误差项和管理误差项的概率分布形式进行假设，降低了参数估计的有效性。Berger 和 Humphrey（1992）在随机前沿分析方法（SFA）的基础上，建立了厚前沿分析方法（TFA），该方法同样需要设定生产前沿面的函数形式，并利用计量回归分析来估计生产函数的参数，与 SFA 相比 TFA 的主要特征在于不对随机误差项和管理误差项的概率分布作具体假设，而是将所有生产单元划分为四分位区间的两组（效率最佳和最差），分别对效率最佳和最差的四分位区间内的生产单元估算生产函数的参数，由此分别得到穿过各组所有生产单元"中心"的生产前沿面，被称为"厚前沿"。TFA 假定两组生产单元的组间差异是由无效率因素导致的，而组内差异是由随机误差导致的，因此通过计算两个"厚前沿"之间的偏差，即可测度两组生产单元的效率差异，而各组内不存在效率差异。TFA 方法没有计算单个生产单元的效率值，而是通过估计最佳与最差效率之间的差异得到效率的一般水平，TFA 方法减少了生产单元中极值点在计算中对效率值的影响（Miller et al.，2006）。

4. 递归厚前沿分析方法（RTFA）

与厚前沿分析方法（TFA）的分析逻辑类似，Schure 和 Wagenvoort（1999）建立了递归厚前沿分析方法。在误差项的假设方面，该方法不对随机误差项和管理误差项的概率分布进行严格设定，仅假定随机误差项对效率有影响，通过逐步回归的方法找到所有生产单元的生产前沿面。首先，对所有生产单元进行回归，得出一个初始效率前沿函数，利用其估计样本单元的总产出（或总投入）。然后，对各生产单元是否符合上述随机误差假设进行统计检验，如果符合，则回归结束，各生产单元的产出均处于生产前沿面上；如果不符合，则在剔除实际数据与估计值偏差较大的生产单元后，重新进行回归。依此类推，通过递归分析可以将所有生产单元区分为高效率生产单元和低效率生产单元。再对高效率生产单元进行回归，分析确定一个"最优效率厚前沿函数"。最后，通过测算待考察生产单元与生产前沿面之间的投入或产出差异，得到具体生产单元的效率值。RTFA 方法避免了对误差项分布的假定，但采用递归厚前沿方法有可能较难找到高效率的生产单元，或因高效率生产单元数量较少而降低了该方法的有效性。

5. 自由分布分析法（DFA）

自由分布方法（DFA）是测算效率的随机参数方法中的另一种方法，由 Berger（1993）基于早期的面板数据（panel data）理论提出，当能够获得面板数据时，就可以放弃对误差项分布的限制性假设。与 SFA 方法类似，DFA 方法假定存在随机误差项和管理误差项，从而导致待考察生产单元与生产前沿面发生偏离，但 DFA 方法没有像 SFA 方法一样假定管理误差项和随机误差项的具体分布形式。DFA 方法假设管理误差项在整个观测期内是一个常量，而随机误差项在整个观测期内由于各因素相互抵消，其均值为零。DFA 方法需要首先设定生产前沿函数的具体形式，并利用面板数据模型估算出每个时期的生产前沿函数，从而得到每个生产单元在每个时期的复合误差项（由随机误差项和管理误差项两部分组成）。然后将所有生产单元的管理误差项进行排序，挑选出管理误差项数值最小的生产单元作为生产有效点。最后将每个生产单元的观测值与生产单元中的有效值进行比较，得到每个生产单元的相对效率值。DFA 测算生产配置效率的独特之处在于：它没有把全部连续时间的面板数据估计为单一的生产或成本函数，而是用每一年的截面数据分别估计一个生产或成本函数，从而把因技术和管理水平变化造成的不同年份成本的差异在每年生产或成本函数的参数中予以体现（邹炜，2007）。

6. 潜类别随机前沿分析方法（LCSFA）[①]

由于不同生产单元间存在技术异质性的问题，当需要考察不同技术类别的生产单元效率问题时，往往使用"两步法"，即首先需要找到生产单元之间的差异，进行类别划分，然后分别对不同的生产单元组分别进行随机前沿分析（Grifell and Lovell，1997；Mester，1993）。为了在随机前沿分析中更好地考察生产单元之间的技术异质性问题，Orea 和 Kumbhakar（2004）在 Greene（2002）、Caudill（2003）的方法基础上提出潜类别随机前沿分析方法（LCSFA），这种方法将"两步法"变成"一步法"，它将随机前沿模型与潜类别模型相结合，把影响生产单元技术类别的因素纳入随机前沿模型中，能够同时把生产单元的技术类别和效率估计出来。LCSFA 方法是对 SFA 分析方法的改进，误差项的分布假设与生产前沿面的确定同 SFA 方法是一致的。潜类别分析（latent class analysis，LCA）是潜变量分析方法的一种，是将潜变量理论与分类变量相结合的一种统计分析技术，能够很好地分析存在统计学关联的分类外显变量背后的类别潜变量（邱皓政，2008；陈炳为等，2009）。LCSFA 方法将随机前沿模型与潜类别模型相结合能够避免事先对生产单位进行分类带来的估计误差，通过多项式 Logit 估计得到生产单位属于某一技术类别的概率，在确定生产单位类别归属的同时将生产单位的效率估计出来。

---

① Orea 和 Kumbhakar（2004）原文中将潜类别随机前沿方法用潜类别随机前沿分析模型 LCSFM（latent class stochastic frontier model）表示，为了与书中其他方法缩写保持一致，本书将这种方法缩写为 LCSFA（latent class stochastic frontier analysis）。

二、非参数方法

非参数方法最主要的特征是不要求规范特定的函数形式来描述生产前沿面，通过数学规划的方法将所有生产单元基于"帕雷托最优"产出有效标准找出位于生产前沿面上的相对有效点，用现有生产单元的线性组合构造生产前沿面，进而通过比较各生产单元与生产前沿面的相对距离，得到各生产单元的相对效率。非参数方法主要优点在于不需要假定投入产出之间的函数关系，对生产单元的效率评价具有较大的灵活性，是分析多投入多产出生产单元有效性的理想工具。非参数方法的评价结果不仅能得到无效生产单元的效率水平，还能对投入产出的冗余量及规模报酬水平进行分析。但是不能解释随机误差项的影响，如果生产过程主要由随机分布决定，模型估计出的效率值可能会出现偏差。非参数方法需要对每个生产单元均进行线性规划分析，对于异常生产单元非常敏感，造成生产前沿面较大波动，稳定性较差。

从生产前沿面的构造方法来看，非参数方法主要包括数据包络分析方法（DEA）和自由处置壳方法（FDH）。自 Charnes 等（1978）提出 DEA 方法以来，该方法得到国内外研究者的广泛重视和发展，DEA 模型也被不断改进。随着 DEA 方法研究和应用的深入，又出现了超效率 DEA 方法和随机 DEA 方法。

1. 数据包络分析方法（DEA）

数据包络分析（DEA）运用线性规划方法构建观测数据的非参数分段前沿，来评价具有相同类型的多投入、多产出的决策单元（DMU）的相对效率，生产有效点位于生产前沿面上，无效点位于生产前沿面的下方。DEA 方法不需要提前估计参数，在避免主观因素及简化运算、减少误差等方面表现出不可低估的优越性（朱乔，1994）。Charnes 等（1978）等在 Farrell（1957）分段线性凸包前沿估计方法基础上，首先提出了基于规模报酬不变（constant return to scale，CRS）的 DEA 模型。CRS 模型主要用于对规模收益不变条件下的效率进行测算，在此之后，有关的理论和实证研究不断深入，Färe 等（1983）以及 Banker 等（1984）扩展了 CRS 模型中规模报酬不变的假设，提出了规模报酬可变（variable return to scale，VRS）的 DEA 模型，该模型放松了 CRS 模型规模报酬不变这一限制条件，将技术效率分解为纯技术效率和规模技术效率。

2. 超效率 DEA 方法（SEDEA）

传统的数据包络分析模型（CRS、VRS）可以对决策单元是否有效，以及无效率决策单元的相对效率水平作出判断，但无法区分有效决策单元的相对效率水平，仅能得到效率值为 1 的相同结果。为了弥补这一不足，Andersen 和 Petersen（1993）通过改进提出了"超效率"（super efficiency）DEA 方法，能够使有效决策单元之间也能进行效率相对高低的比较。这个模型的基本思路是在评估有效决策单元 i 的效率时，将其排除在决策单元的参考集合之外，从而使得有效决策单元 i 处于生产前沿面上或外部，获得大于或等于 1 的效率值。超效率 DEA 模型与 CRS 模型的区别仅表现在求解 i 决策单元效率值时，是否将其排除在决策单元的参考集合之外。在超效率模型中，无效率决策单元的效率值与 CRS 模型的结果是一致的。一个有效决策单元可以按比例增加投入，而仍保持其相对有效性，其投入的增加比例即它的超效率评价值，如效率值为 1.5，就表示该决策单元等比例增加 50%的投入，仍能保持相对有效。超效率 DEA 方法能够有效区分出有效决策单元之间的效率差异，从而可以解决所有决策单元进行有效排序的问题。

3. 随机 DEA 方法（SDEA）

传统的数据包络分析模型（CRS、VRS）假设决策单元的投入产出数据是精确的，没有考虑测量误差、数据噪声等随机因素的影响，评价的效率值可能会与随机偏离混在一起，造成效率值偏低、离散程度较大等问题，也不便于检验结果的显著程度。由于随机因素的影响，决策单元的投入产出是不能精确确定的，而只能是服从一定随机分布的随机变量，为解决这一问题，许多学者试图将随机因素引入 DEA 模型，提出多种随机 DEA 方法，拓宽了 DEA 模型的应用领域，提高了评价的准确性。根据不同学者研究目的的不同，随机 DEA 方法被设定为不同的形式，Olesen 和 Petersen（1995）基于可信度域的分段线性包络方法构建概率约束 DEA 模型，Cooper 等（1999）把满意度概念引入 DEA 方法，构建满意 DEA 模型。

4. 自由处置壳方法（FDH）

自由处置壳方法（FDH）是测算效率的主要非参数方法之一，由 Deprins 等（1984）提出，FDH 方法认为决策单元只受实际观测值的影响，生产前沿面应该是实际发生的观测样本的边界，而非使用理论模型推导出的虚拟生产前沿面，FDH 方法与 DEA 方法相比，能够更好地拟合数据（Tulkens，1993）。FDH 方法实际是 DEA 方法的一个特例，FDH 方法将 DEA 模型中 $\lambda \geq 0$ 的约束条件改变为 $\lambda \in \{0, 1\}$，λ 取 0 或 1，放弃了技术凸性假设，仍坚持规模报酬可变。放弃技术凸性假设使得 FDH 生产集只包含了以生产有效点和原点为对角顶点的矩形的并集，不一定包含生产有效点之间的凸组合（邱兆祥和张爱武，2009）。在 FDH 模型中，每个决策单元的效率值需要通过与其他决策单元逐个比较确定，当一个决策单元与另一个决策单元进行比较没有优势时，后一个决策单元则被看成是相对有效的。由于 FDH 生产前沿面与 DEA 生产前沿面一致或者位于 DEA 生产前沿面内部，所以使用 FDH 方法计算得到的平均效率值一般高于使用 DEA 方法计算得到的平均效率值（De and Wouters，1998）。FDH 方法构造的生产前沿面呈现出阶梯式边缘形状，而不像 DEA 方法构造数据包络曲线，会造成较多决策单元都位于生产前沿面上，无法区分真正有效的决策单元。

第二节　工业用地利用效率测度方法

在上节中综述的效率测度方法可以从厂商（企业或农户等）角度对生产技术效率进行测度，其基本原理即为生产者的实际生产点偏离了生产可能性边界，从而出现效率损失。生产技术的无效率往往归结为管理无效率，而管理无效率又涉及生产投入的多种要素管理，对不同生产要素管理目标的不同将导致不同要素效率出现差异，但从生产者技术无效率的观点出发并不能判断决定技术无效率的关键因素来自哪种生产要素的管理无效率（李新春等，2010）。本书借鉴 Speelman 等（2008）和 Karagiannis 等（2003）等进行灌溉用水效率的研究方法，从单要素 DEA 方法和单要素 SFA 方法两个方面形成本书工业用地利用效率的研究方法。并且，为了得到更具说服力的研究结论，在第五章和第七章中将同时采用这两种方法进行比较研究。

一、单要素 DEA 测度方法

DEA 方法可以从投入和产出两个角度进行效率测度，投入角度与产出角度的主要区别是：投入角度考虑在保持产出不变的情况下尽可能减少投入，产出角度是考虑在保持投入不变的情况下尽可能增加产出。在土地资源日益紧缺的情况下，要考虑以较少的土地实现更大的产出，因此本书主要从投入角度考虑工业用地利用效率情况，选择基于投入角度的 DEA 模型。

在宏观层面上，可以将每个省份看成一个工业生产的决策单元，各省份使用相同种类的投入生产得到相同种类的产出。根据基于投入的数据包络分析的原理，在假设产出水平一定的情况下，要素投入量最少的省份将构成分段数据包络曲面，这些省份将处于生产前沿面上，其他无效率省份效率水平的测度就是度量其与所对应的生产前沿面上有效省份的差异程度。假设有 N 个决策单元，每个决策单元有 K 种投入和 M 种产出，对于决策单元 i 来说，用列向量 x_i 和 y_i 分别表示投入产出。对于所有 N 个决策单元，X 表示 $K×N$ 阶投入矩阵，Y 表示 $M×N$ 阶产出矩阵。通过求解下面线性规划模型可以得到每个决策单元的生产技术效率（technical efficiency，TE）：

$$TE_i = \operatorname*{Min}_{\theta,\lambda} \theta_i$$
$$\text{s.t.} \quad -y_i + Y\lambda \geq 0$$
$$\theta x_i - X\lambda \geq 0 \qquad\qquad (3\text{-}1)$$
$$N1'\lambda = 1$$
$$\lambda \geq 0$$

式中，θ_i 表示第 i 个省份工业生产技术效率的得分标量，λ 是 $N×1$ 阶常数向量。θ_i 无量纲，且 $0<\theta_i\leq 1$，当 $\theta_i=1$ 时，表示第 i 个省份处于生产前沿面上，是生产有效点；当 $\theta_i\neq 1$ 时，表示第 i 个省份不在生产前沿面上，生产无效率。

式（3-1）中，第一个约束条件限制决策单元 i 的产出不大于生产前沿面上的决策单元；第二个约束条件限制当 θ_i 最小化时，决策单元 i 的投入不小于生产前沿面上的决策单元；第三个约束条件是一个凸约束限制，表明该模型是规模收益可变（VRS）的，如果没有这个凸约束限制，则该模型是规模收益不变（CRS）的。

根据 Fare 和 Grosskopf（1994）提出的单一生产要素效率的测度思路，来实现土地利用效率测度。用 θ_i^g 表示第 i 个省份的土地利用效率（GE）的得分变量，可通过求解下列线性规划模型得到：

$$GE_i = \operatorname*{Min}_{\theta,\lambda} \theta_i^g$$
$$\text{s.t.} \quad -y_i + Y\lambda \geq 0$$
$$\theta_i^g x_i^g - X^g \lambda \geq 0 \qquad\qquad (3\text{-}2)$$
$$x_i^{n-g} - X^{n-g}\lambda \geq 0$$
$$N1'\lambda = 1$$
$$\lambda \geq 0$$

上式第二个约束条件中，矩阵 x_i^g 和 X^g 仅指土地资源投入，第三个约束条件中，矩阵 x_i^{n-g} 和 X^{n-g} 是指土地资源之外其他工业生产投入要素，其他约束条件如前所述。第二、第三个约束条件表达了在保持现有技术水平下，控制产出及其他投入要素数量不变，求取土地资源单一生产要素的效率。θ_i^g 也无量纲，且 $0<\theta_i^g\leq 1$，当 $\theta_i^g=1$ 时，表示第 i 个省份处于生产前沿面上，是生产有效点，在不减少产出的情况下不能够减少土地资源投入数量；当 $\theta_i^g\neq 1$ 时，表示第 i 个省份不

在生产前沿面上，土地资源利用无效率，理论上存在节省土地资源的可能。例如，θ_i^g=0.6意味着第 i 个省份只需投入现有土地资源的60%就能实现当前的产出水平，即存在40%的土地资源投入冗余，理论上可以节省40%的土地，但是区别于水、能源等具有可贮藏、可流动特点的资源类型，土地资源除了作为生产要素投入工业生产外，还具有重要的承载功能，一切工业生产活动都必须在特定区域的土地上实现，实际上土地资源的冗余量并非集聚在一起、可整体利用的，当处于低效利用状态时，甚至是从外部表现为不可观测的，因此，土地资源冗余量是理论存在的，如何实现冗余土地资源的利用，提高土地资源的利用效率需要从区域工业发展、土地利用管理等多方面着手统筹考虑。

图 3-2 以两种投入和一种产出的工业生产系统为例，展示了生产技术效率与土地利用效率的不同。图中实线即由有效决策单元组成的分段生产前沿面，F_1 和 F_2 位于生产前沿面上，A 点为无效点，A 点到生产前沿面的径向投影点为 A^O，该投影点是 A 点投入向量的线性组合，式（3-1）中的约束条件保证该投影点不会落到生产前沿面的外面。决策单元 A 的技术效率即为该点到生产前沿面的相对距离，$\theta=OA^O/OA$。在保持产出和其他投入要素不变的情况下，土地利用效率即为 A 点与非径向投影点 A' 点的相对距离，

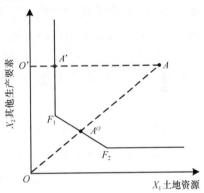

图 3-2　基于 DEA 方法的工业生产技术效率与工业用地利用效率比较

资料来源：Lansink 等，2002

$\theta^g=O'A'/O'A$，此时 A' 也处于生产前沿面上，为有效生产点。

二、单要素 SFA 测度方法

随机前沿分析方法（SFA）是目前测量生产技术效率使用最广泛的参数方法，该方法将实际产出分为生产函数、随机因素和管理（技术）无效率三部分，能够更准确地测度技术效率，使用最大似然估计法估计出参数具有大样本的相合性，更适合进行大样本计算，并且 SFA 计算结果较为稳定，不易受异常点的影响（李双杰和范超，2009）。

在宏观层面上，仍然可以将每个省份看成一个工业生产单元，各省份使用相同种类的投入生产相同种类的产出，且具有相同的生产函数。根据生产前沿面理论的基本原理，当生产单元不存在管理无效率时，其实际产出将位于生产前沿面

上；当生产单元存在管理无效率时，其实际产出将位于生产前沿面之外，生产无效率。假设有 N 个生产单元，Y_i 表示第 i 个生产单元的实际工业产出，$Y \in R^+$，则该生产单元的产出水平可用随机生产前沿函数描述如下：

$$Y_i = f(X_i, G_i, \beta)\exp(v_i - u_i) \tag{3-3}$$

式中，X_i 表示除土地资源以外的其他生产投入要素向量；G_i 表示土地资源投入量；β 为待估参数；$v_i \overset{iid}{\sim} N(0, \sigma_v^2)$ 为服从独立正态分布假设的随机误差项，主要包括测量误差、经济变动等在工业生产中不可控的因素；$u_i \geq 0$，为非负的管理误差项，表示对生产过程造成冲击的可控因素，反映由于技术无效率导致的工业产出与生产前沿面的差距，即工业生产的效率损失。$u_i \overset{iid}{\sim} N^+(\mu, \sigma_u^2)$ 服从半正态分布，且 v_i 与 u_i 是相互独立的，并且独立于其他投入变量 X_i。

由式（3-3）可分别从产出和投入角度推导出工业生产的技术效率。从产出导向来看，工业生产的技术效率可以用下式表示：

$$TE_i^O = \exp(-u_i) \tag{3-4}$$

$TE_i^O \in (0, 1]$，当 $u_i = 0$ 不存在效率损失时，$TE_i^O = 1$，工业生产有效率。从投入导向来看，工业生产的技术效率可以用下式表示：

$$Y_i = f(v_i X_i, v_i G_i, \beta)\exp(v_i) \tag{3-5}$$

可以求解得到（Reinhard et al.，1999）：

$$TE_i^I = v_i \tag{3-6}$$

在严格单调条件下，这两种方法得到的工业生产技术效率会有相同的排序，但在不同规模收益条件下，效率值是不同的。规模收益递减时，$TE_i^O > TE_i^I$；规模收益不变时，$TE_i^O = TE_i^I$；规模收益递增时，$TE_i^O < TE_i^I$。

为了测度土地资源单要素的效率，同样基于投入导向采用非经向的方法，构建土地利用效率的测度模型。在保持产出和其他投入要素不变的情况下，生产单元 i 的土地利用效率即为实际土地投入的最小比值。可用下式表示（Karagiannis et al.，2003）：

$$GE^I = \min\{\lambda : f(X, \lambda G, \beta) \geq Y\} \tag{3-7}$$

$GE^I \in (0, 1]$，$\lambda \in (0, 1]$，当 $\lambda = 1$ 时，该生产单元位于生产前沿面上，土地资源实际投入量与有效投入量相等，即不存在投入冗余，$GE^I = 1$。

图 3-3 以两种投入和一种产出的生产系统为例,展示了生产技术效率与土地利用效率的差异。图中实线为生产前沿面,A 点为无效率生产单元,分别投入 G_1 单位的土地资源和 X_1 单位的其他生产要素,产出为 Y_0。生产技术效率可以表示为 $TE_i^I = OB/OA$,土地利用效率可表示为 $GE_i^I = X_1C/X_1A = OG_2/OG_1$。可见,测度土地用地利用效率 GE_i^I 需要得到有效土地资源投入量 OG_2,由 $GE_i^I = OG_2/OG_1$ 可以导出 $OG_2 = OG_1 \times GE_i^I$,将 OG_2 代入式(3-3),假设 $u_i=0$,此时 C 点即为生产前沿面上的有效点,可用下式表示:

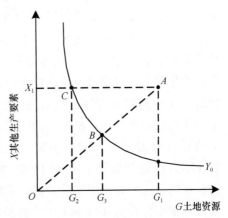

图 3-3　基于 SFA 方法的工业生产技术效率与工业用地利用效率比较

资料来源:Karagiannis 等,2003

$$Y_i = f(X_i, G_i^E, \beta)\exp(v_i) \tag{3-8}$$

式中,$G_i^E = OG_2$,在产出不变的条件下,通过假设式(3-3)和式(3-8)相等,并通过计量经济方法得到 β 的估计值,从而可以得到 GE_i^I。

第三节　工业用地利用无差异比较阐释

一、工业用地利用强度差异客观性

本节以江苏省 1092 家典型工业企业为分析对象,通过分析工业用地利用强度行业差异和区域差异,借以说明工业用地利用强度差异的客观存在性。常用的土地利用强度指标包括投资强度、容积率、建筑密度等,其中,投资强度指工业项目用地范围内单位面积固定资产投资额,用工业项目固定资产总投资与项目总用地面积的比值表示;容积率指工业项目用地范围内总建筑面积与项目总用地面积的比值;建筑密度指工业项目用地范围内各种建筑物、构筑物占地面积总和占总用地面积的比例。

(一)工业用地利用强度的行业差异

选择投资强度、容积率和建筑密度作为直接反映工业用地利用强度的指标,并在表 3-1 中按行业大类①统计了 1092 家典型工业企业的土地利用强度情况。可以明显看出，在工业用地的实际利用中，投资强度、容积率和建筑密度指标在部分行业间存在显著区别，在部分行业间又存在一定相似性。从投资强度指标来看，通信设备、计算机及其他电子设备制造业达到 13 030.11 万元/公顷，而饮料制造业仅为 3452.61 万元/公顷，前者为后者的 3.77 倍。从容积率指标来看，最高的同为通信设备、计算机及其他电子设备制造业，达到 1.07，最低的是黑色金属冶炼及压延加工业，仅为 0.52。从建筑密度指标来看，化学纤维制造业达到 77.39%，橡胶制品业仅为 50.11%。同时也可看出，部分行业土地利用强度表现出相近的特征，如纺织服装、鞋、帽制造业和皮革、毛皮、羽毛（绒）及其制品业，容积率分别为 0.91 和 0.96，建筑密度分别为 64.78%和 61.17%。

表 3-1　江苏省 1092 家典型企业分行业土地利用强度

行业大类	投资强度 /（万元/公顷）	容积率	建筑密度 /%
全部行业	6 629.21	0.81	57.77
农副食品加工业	5 262.73	0.93	52.34
食品制造业	5 193.96	0.98	61.32
饮料制造业	3 452.61	0.75	51.58
纺织业	4 336.56	0.82	55.89
纺织服装、鞋、帽制造业	5 222.67	0.91	64.78
皮革、毛皮、羽毛（绒）及其制品业	4 571.37	0.96	61.17
木材加工及木、竹、藤、棕、草制品业	3 996.79	0.77	57.46
造纸及纸制品业	5 976.43	0.85	57.33
文教体育用品制造业	3 924.23	0.82	52.24
石油加工、炼焦及核燃料加工业	6 957.14	0.81	52.40
化学原料及化学制品制造业	6 722.67	0.70	56.23
医药制造业	6 709.68	0.83	54.31
化学纤维制造业	7 250.24	0.55	77.39
橡胶制品业	9 387.26	0.94	50.11
塑料制品业	4 820.71	0.90	51.26
非金属矿物制品业	3 778.21	0.77	56.00

① 根据《国民经济行业分类与代码》(GB/T 4754－2002)，行业代码从大到小，依次为门类代码、大类代码、中类代码、小类代码，门类代码用一个英文字母表示，大类代码用两位数字表示，中类代码用三位数字表示，小类代码用四位数字表示。

续表

行业大类	投资强度 /（万元/公顷）	容积率	建筑密度 /%
黑色金属冶炼及压延加工业	5 650.10	0.52	50.99
有色金属冶炼及压延加工业	4 861.19	0.58	58.81
金属制品业	5 322.40	0.79	52.54
通用设备制造业	5 834.21	0.79	54.78
专用设备制造业	5 175.41	0.83	64.46
交通运输设备制造业	6 763.73	0.70	67.37
电气机械及器材制造业	5 564.24	0.89	55.45
通信设备、计算机及其他电子设备制造业	13 030.11	1.07	57.61
仪器仪表及文化、办公用机械制造业	10 718.72	0.95	57.68

　　工业用地利用强度能够从侧面反映出不同行业土地的开发利用状态。如化学纤维制造业，其建筑密度达到所有行业中的最高值 77.39%，而容积率处于所有行业倒数第二位，仅为 0.55，客观反映出化学纤维制造业在工业用地使用时，尽管能实现较大的土地开发使用率，但囿于生产工艺、生产设备等行业特性条件的约束，总建筑面积相对较小，并且在当前技术水平下，其较难同步实现较大的建筑密度和较高的容积率。而通信设备、计算机及其他电子设备制造业，投资强度和容积率均处于所有行业第一位，反映出该行业较其他行业需要更多的资本投入，并且由于其生产设备高度低，能够在多层厂房中进行生产，容易实现较高的容积率。

　　因此，可以说工业用地利用强度的行业差异应是客观存在的，不同行业土地利用特性的不同间接影响了工业用地利用效率的高低。

（二）工业用地利用强度的区域差异

　　下面通过比较样本数量超过 40 家的 10 个工业行业在不同区域的投资强度和容积率指标，进一步分析工业用地利用强度的区域差异情况。从全部行业土地利用强度指标来看，无论投资强度还是容积率指标，在苏南、苏中、苏北之间的三级阶梯特征都较为明显。不同行业间存在利用强度差别的同时，同一工业行业大类内部，不同行业中类、不同行业小类间也存在生产工艺和生产效益的差别，生产工艺最先进、产品附加值最高的行业中类或小类会优先占据发展最有利的区域，投资强度指标较好地反映了工业行业的布局特点，从表 3-2 中可以看出，除专用设备制造业外，其他 9 个行业投资强度均在苏南最高。容积率指标反映出工业行业土地开发利用情况的区域差异，纺织业、化学原料及化学制品制造业等行业，由于其中类或小类行业土地开发利用特征较相似，在区域间差异不大，而交通运输设备制造业等行业却表现出较明显的区域差异。

表 3-2　江苏省主要制造业大类行业分区域土地利用强度

行业大类	投资强度/（万元/公顷）			容积率		
	苏南	苏中	苏北	苏南	苏中	苏北
全部行业	8 443.66	5 914.73	4 341.25	0.88	0.76	0.73
纺织业	5 538.09	5 485.64	2 730.05	0.80	0.84	0.82
纺织服装、鞋、帽制造业	7 342.79	7 304.80	4 247.83	0.80	0.81	0.95
化学原料及化学制品制造业	7 388.06	6 159.74	5 864.66	0.71	0.70	0.70
医药制造业	8 292.70	5 476.20	6 211.78	0.85	0.98	0.70
金属制品业	6 654.98	4 704.95	3 671.27	0.74	0.87	0.77
通用设备制造业	6 848.88	5 977.42	3 970.87	0.81	0.85	0.72
专用设备制造业	5 342.77	8 526.77	3 643.10	0.89	0.86	0.74
交通运输设备制造业	9 996.57	5 112.19	6 493.86	0.95	0.51	0.78
电气机械及器材制造业	7 211.73	4 619.28	3 927.67	0.99	0.88	0.73
通信设备、计算机及其他电子设备制造业	14 089.49	6 803.20	5 906.76	1.09	1.00	0.99

因此，也可以说工业用地利用强度的区域差异应是客观存在的，区域整体条件（区位、经济水平、历史基础等）的差异在一定程度上间接影响了工业用地利用效率的高低。

二、工业用地利用无差异可比基础

严格意义上说，对不同区域或不同行业的土地利用行为进行无差异比较时，应具有相同的比较基础，即在进行土地利用效率、土地集约利用评价结果等的比较时，不同区域或行业间应具有可比性①。少数学者开始关注土地利用行为比较时不同区域间的可比性问题，李双异等（2008）考虑到区域自然条件、经济发展水平和土地利用水平存在一定的差异，对评价因子标准值和权重在不同地区采用了不同的标准。顾湘（2011）认为自然条件和经济发展造成

---

① 当然，在建设用地之外，对农用地利用行为进行区域比较研究时，由于耕地质量、种植结构的差异性，同样需要建立无差异可比基础。详见：陈伟，吴群. 考虑耕地质量差异影响的江苏省耕地集约利用评价[J]. 农业工程学报，2013，29（15）：244-253

的地区差异性是在土地利用评价中必须考虑的问题，在研究中按照各地经济社会发展水平和土地利用水平对研究区域进行了划分。李昌峰等（2011）对长江三角洲地区土地利用与经济发展的空间相关性研究也表明两系统存在显著的相关性。但当前多数学者在进行土地利用行为的比较研究时往往没有明确界定可比性的问题，多是基于有差异的比较基础展开，就土地利用的表象进行评价比较。如在比较土地利用规模和结构相似但产业结构和经济发展水平差异的A、B两地时（如图3-4，土地利用有差异比较Ⅰ），在不考虑经济发展和产业结构等条件差异影响的情况下，一般可以预期得到经济发展好的地区土地利用行为效果较好的结果。

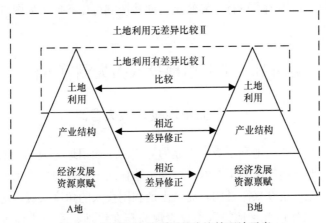

图 3-4　区域间土地利用行为比较理论示意

但是，工业经济的发展受资源禀赋、经济区位、社会历史等多方面条件的影响，区域产业选择并不是完全自主的。除受到多方面发展条件制约外，区域产业结构的不同也反映出不同地区在接受产业转移过程中，所处的产业梯度层次不同，经济发展好的地区（如苏南地区）产业层次相对较高，主导产业主要以高新技术、装备制造、新兴产业等为主，这些产业具有较高的工业产出能力；而经济发展较差地区（如苏北地区）产业层次相对较低，主导产业主要以纺织、食品等传统行业为主，工业产出能力相对较低，但是并不能否认经济发展较差地区实现了与产业结构相匹配的较优的土地利用状态。也就是说，不同工业行业的土地利用行为是存在差异的，土地利用行为的差异在一定程度上导致了工业用地利用效率的观测差异。

理论而言，区域间土地利用行为进行无差异比较时，应具有可比的外部条件，即相同的资源禀赋状况、经济发展水平和产业结构水平。从土地利用投入的角度来说，区域经济发展水平和资源禀赋状况的差异是影响土地利用行为不可比的根本原因，而因产业结构差异的存在导致不同工业行业土地利用强度不同是土地利用行为不可比的直接原因，由于不同工业行业生产工艺、生产流程及生产设备的差异，在相同产出条件下必要用地量是不同的，正如上一小节中分析的土地利用强度的区域和行业差异是客观存在的，所以产业结构差异的存在必然导致不同地区土地利用行为的效果不同，如产出相同的情况下，通信电子行业的必要用地量显然低于石油化工、机械制造等行业，进而有较好的土地利用效果。对不同工业行业土地利用强度进行平等考量和修正处理，应是对不同区域或不同行业进行土地利用行为无差异比较的重要前提。如在进行 A、B 两地土地利用行为比较时，应对产业结构等因素进行差异修正，使其达到可比条件（如图 3-4 中，土地利用无差异比较 Ⅱ）。

第四节　工业用地投入损失测算方法

一、工业用地投入损失含义

根据本书对工业用地利用效率内涵的界定，工业用地无效率来源于过度的土地投入，从土地利用产出的角度看，过度土地投入主要表现在产出不足导致的土地浪费，是从经济角度来衡量的。而从土地利用投入的角度来看，对于不同的工业行业来说，这种过度土地投入不仅表现为存在绿地、空闲土地等非生产性用地，还表现在厂房、仓库、行政办公等生产性用地没有达到（或超过）额定的建设用地指标要求，是从自然角度来衡量的。在不同工业行业生产工艺、生产流程及生产设备差异的情况下，同等产出条件下必要用地量的不同，就导致了工业行业间土地利用强度的差异。例如，在产出相同时，通信电子行业的必要用地量低于化工制造、机械制造等行业，从而会有更高的土地利用强度。

因此，可以把工业行业的过度土地投入从投入角度和产出角度进行区分。因土地投资强度、容积率、建筑密度等反映土地利用强度的建设用地投入指标偏低造成的工业用地浪费，可以称为**工业用地投入损失**。因地均利税、地均工业增加值、地均销售收入等反映土地利用效益的建设用地产出指标偏低造成的工业用地浪费，可以称为**工业用地产出损失**。当然，工业用地投入损失与产出损失是密切相关的，投入损失的存在必定会影响产出损失的数量。无论投入损失还是产出损失都直接影响工业用地利用效率，可以说工业用地利用无效率正是由这两种损失共同导致的（图 3-5）。

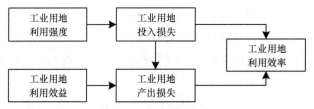

图 3-5　工业用地利用效率与工业用地利用损失的关系

目前，对于工业用地利用强度的控制，国家根据土地等别和产业类别制定了相应的《工业项目建设用地控制指标》，一些省市也根据区域经济发展水平的差异，对不同产业门类制定了相应的工业用地控制标准，如《江苏省建设用地指标》、《上海产业用地指南》、《青岛工业产业用地指南》和《深圳市工业项目建设用地控制标准》等。对于工业用地利用效益的控制，国家尚没有制定统一的控制标准，上海、青岛、深圳等市根据区域经济发展水平在用地指南中制定了适合区域产业发展的工业用地产出标准。土地利用强度和土地利用效益的控制标准是不同地区根据自身经济发展需要、产业结构水平和土地资源稀缺程度确定的工业用地使用的理想控制值，低于控制标准的工业用地即可认为存在工业用地利用损失。依据区域工业用地利用的实际水平与相关控制标准进行差异比较和分析，就可以考察不同产业、不同地区的工业用地的利用损失。

二、工业用地投入损失测算

由于常用的土地利用强度指标包括投资强度、容积率、建筑密度等，因此可以将工业用地投入损失进一步区分为投资强度损失、容积率损失和建筑密度损失，分别表示因投资强度、容积率和建筑密度达不到控制标准而导致的工业用地过度投入。下面结合这3个常用的土地利用强度指标构建工业用地投入损失的核算方法。

行业大类 i 的工业用地投入损失数量的计算方法如下：

$$IQ_{ij} = SQ_{ij} \times (1 - SZ_{ij} / QZ_i)$$
$$SIQ_i = \sum IQ_{ij}$$

（3-9）

式中，SIQ_i 表示行业 i 的工业用地投入损失量，IQ_{ij} 表示行业 i 企业 j 的工业用地投入损失量，且 $IQ_{ij} \geqslant 0$，SQ_{ij} 表示行业 i 企业 j 的工业用地实际使用量，SZ_{ij} 表示行业 i 企业 j 的投资强度、容积率或建筑密度的实际值，QZ_i 表示行业 i 投资强度、容积率或建筑密度的行业控制值，行业控制值一般可以依据相应区域各工业行业的项目建设控制指标进行确定。当 $SZ_{ij}/QZ_i < 1$ 时，$IQ_{ij} > 0$，表示该企业在当前控制标准下存在工业用地投入损失；当 $SZ_{ij}/QZ_i \geqslant 1$ 时，$IQ_{ij}=0$，表示该企业在当前控制标准下不存在工业用地投入损失。

在得到工业用地投入损失量后，行业 i 的工业用地投入损失率 SR_i 可利用下式得到：

$$SR_i = SIQ_i \bigg/ \sum SQ_{ij} \tag{3-10}$$

需要说明的是，该方法计算的工业用地投入损失是依赖土地利用控制标准得到的，而土地利用控制标准仅在一段时期内起到约束作用，伴随区域社会经济的发展和生产技术的进步，土地利用控制标准是逐渐提高的，工业用地投入损失的数量也就会随之发生变动。

第五节　工业行业标准用地面积核算方法

可以说，利用工业用地实际面积进行的工业用地利用效率研究都是建立在区域或工业行业土地利用强度有差异基础上的，其研究结论可以作为工业用地未来产业选择方向的判断依据。若针对当前的工业产业结构进行研究，在行业可比条件下判断工业用地当前经济发展水平和产业结构约束下的利用情况，为现状管理提供依据，首先需要消除行业间有差异的土地利用强度对工业用地面积的影响。如图 3-6 所示，消除区域间工业用地利用强度的差异，需要对工业行业进行细分后，按行业重新核算用地面积，然后加总形成新的区域工业用地修正面积。限于当前土地利用现状分类中没有细分到工业行业的统计数据，并且由于我国地域辽阔，东中西部不同省份间资源禀赋条件、经济发展水平等差异较大，对工业用地利用强度的控制要求各不相同，因此，消除区域工业用地利用强度的差异是一件

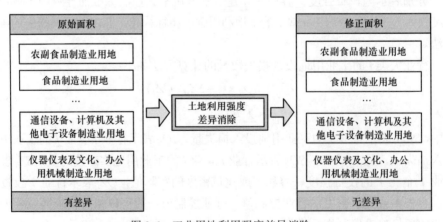

图 3-6　工业用地利用强度差异消除

非常复杂的事情。本节立足于修正不同工业行业用地面积，以工业企业用地面积为基础，在消除行业间土地利用强度差异的基础上，重新核算工业用地的修正面积，从而实现不同工业行业用地面积的可比。

　　要消除土地利用强度差异对不同行业工业用地利用效率的影响，必须对各工业行业（企业）原始用地面积进行重新核算。建立"**标准用地面积**"指标重新核算各工业行业（企业）用地面积，达到修正原始用地面积的目的。

一、标准用地面积核算方法

　　标准用地面积是将工业企业的原始用地面积根据不同行业的标准用地换算系数折合后的用地面积，是一种衡量各工业行业用地总量的可同度量的标准单位，折合后的标准用地面积消除了土地利用强度差异，可以实现不同工业行业用地量的可比。值得注意的是，工业企业一般会有一定面积的绿地及闲置、空闲土地，为体现可比性原则，将工业企业用地面积分为生产性用地面积和其他用地面积，此处仅对企业生产用地面积进行统一换算，并认为绿地等其他类型土地在行业间不存在土地利用强度差异。因此，企业标准用地面积等于折合后的生产用地面积与其他用地面积之和。计算公式如下：

$$RQ_{ij} = MQ_{ij} \times CB_{ik} + NQ_{ij} \tag{3-11}$$

式中，RQ_{ij} 表示行业 i 企业 j 的标准用地面积；MQ_{ij} 表示行业 i 企业 j 的生产性用地面积，包括企业内厂房及配套用地面积、企业内部行政办公及生活用地面积、露天堆场和操作场地面积、企业内部道路停车场地面积等部分；CB_{ik} 表示行业 i 与行业 k 间的标准用地换算系数；NQ_{ij} 表示行业 i 企业 j 的其他用地面积，包括厂区内预留地面积、绿地等部分。

二、换算系数计算方法

　　此处的标准用地换算系数应针对不同区域工业行业的用地特点和要求，选择的土地利用强度控制标准应能准确反映工业行业因用地规模、生产工艺、技术流程等不同而造成建设用地利用强度差异。一般当土地利用强度控制标准的适用区域较大时，土地利用强度控制标准在体现各工业行业间的产业差异的同时，往往通过进行区域差别化控制，也能够体现区域内部的经济发展水平差异。

　　利用不同工业行业与不同土地利用强度指标控制标准之间的对应关系，可以建立工业行业间的标准用地换算系数 CB_{ik} 的理论计算公式：

$$CB_{ik} = \frac{HS_i^1}{HS_k^1} \times \omega_1 + \frac{HS_i^2}{HS_k^2} \times \omega_2 + \frac{HS_i^3}{HS_k^3} \times \omega_3 + \cdots + \frac{HS_i^n}{HS_k^n} \times \omega_n \qquad (3\text{-}12)$$

式中，HS_i^n 为行业 i 的第 n 个土地利用强度指标控制值，HS_k^n 为基准行业 k 的第 n 个土地利用强度指标控制值。ω_n 为各部分的权重，可以依据不同土地利用强度指标工业用地实际面积的影响程度进行确定。

第六节　区域容积率指数构建方法

由于在省域层面缺乏分行业的工业用地统计数据，因此根据上一节思路通过将不同行业用地数量换算成标准用地面积进行无差异比较研究是不可行的。因此，本书尝试建立**容积率指数**（volume rate index，VRI）来实现区域间工业用地利用强度的整体可比，并利用其将各省份工业用地实际用地面积换算为标准用地面积。

在《工业项目建设用地控制指标》中同样对全国范围内不同等别城市建设用地设置了容积率和投资强度控制指标，但由于投资强度控制指标按城市土地等别进行划分，同一地级以上城市一般包含多个土地等别，而本书城市工业用地的来源基础是以地级以上城市为基本单位，因此，对应于此处分析较难纳入投资强度控制指标。故本节主要依据《工业项目建设用地控制指标》中容积率控制指标作为进行工业用地利用效率区域无差异分析的参考标准。

此处，本书构建容积率指数的一个重要假设是各省份的工业产出与工业用地具有匹配和对应关系，即工业产出的总量变化与工业用地的规模变化是一致的，并且区域内不同工业行业的产出规模与承载其进行工业生产的工业用地规模的变化也是相一致的。当然，由于各省份经济发展水平及工业生产技术的差异，其工业用地容积率控制标准应该是有区别的，并且根据本章第三节的分析，可以知道不同区域由于工业行业中类及小类行业的差异，其整体用地强度也是存在差异的。但是，由于《工业项目建设用地控制指标》中没有提出容积率控制标准的区域差异修正系数，且本书较难获取到相关的数据去修正同一行业大类在不同区域间产出能力及用地强度的差异，故本书尝试建立的容积率指数未能纳入这些因素导致的土地利用强度差异影响。

一、容积率换算系数确定

首先，依据《工业项目建设用地控制指标》中各工业行业容积率的控制标准来编制工业行业的容积率换算系数，容积率换算系数反映了不同工业行业单位土地利用面积的相对比例。利用不同工业行业与容积率控制标准之间的对应关系，可以建立工业行业间的容积率换算系数 RH_{ik}，计算公式为：

$$RH_{ik} = RL_i / RL_k \qquad (3\text{-}13)$$

式中，RL_i 为行业 i 的容积率控制值，RL_k 为基准行业 k 的容积率控制值。通过计算可分别获得 30 个制造业大类行业间的容积率换算系数矩阵（详见附表 1），通过该矩阵可以以任意大类行业为基准行业，比较得到其他行业的单位用地面积相对值。

二、容积率指数公式表达

下面，用 ZC_{nti} 表示地区 n 第 t 年制造业大类行业 i 的工业生产总值（或工业增加值[①]），用 m 表示地区 n 涉及的制造业行业大类数量（本书计算中，各地区 m 均等于 30），则地区 n 第 t 年的容积率指数 VRI_{nt} 可以表示为：

$$VRI_{nt} = \frac{\sum\limits_{i}^{m} ZC_{nti} \times RH_{ik}}{\sum\limits_{i}^{m} ZC_{nti}} \qquad (3\text{-}14)$$

从式（3-14）可以看出，本书构建的容积率指数反映了不同地区以工业产出表征的土地利用强度差异。由于基准行业 k 的选择不同，容积率换算系数的差异将直接影响容积率指数的大小。选择容积率控制标准较低的基准行业得到的容积率指数将大于选择容积率控制标准较高的基准行业得到的容积率指数。

由于《工业项目建设用地控制指标》中的容积率控制指标下限值介于 0.5～1.0，因此，当选择容积率控制指标下限最大值为 1.0 的行业作为基准行业时，容积率指数 $VRI \in [0, 1]$，当选择容积率控制指标下限最大值为 0.5 的行业作为基准行业时，容积率指数 $VRI \in [0, 2]$。但无论选择容积率控制标准高的行业还是控制标准低的行业，VRI 指数越小，说明该地区工业结构整体上更偏重于土地利用强度低的行业；VRI 指数越大，说明该地区工业结构整体上更偏重于土地利用强度高的行业。并且，当 VRI 指数变大时说明该地区工业结构正在向土地利用强度高的行业转变。

当然，同工业用地投入损失一样，容积率指数的计算方法是依赖全国不同制造业行业的容积率控制标准得到的，而容积率控制标准仅在一段时期内起到约束作用，伴随区域社会经济的发展和生产技术的进步，容积率控制标准也是逐渐提

---

① 一般工业增加值与工业总产值具有显著的正相关关系，对于容积率指数的计算与趋势分析影响较小。

高的，容积率指数也就会随之发生变动。

三、区域标准用地面积计算

在得到容积率指数基础上进一步分析工业用地利用效率的区域差异，同样需要计算各地区的工业标准用地面积，但区别于本章第五节的计算方法，本节工业标准用地面积通过将各地区实际工业用地面积与相应基准行业对应的容积率指数相结合得到，折合后的标准用地面积消除了土地利用强度差异，可以实现不同地区工业用地的总量可比。在得到各地区 VRI 指数的基础上，地区 n 第 t 年的工业标准用地面积 BD_{nt} 即可表示为：

$$BD_{nt} = SD_{nt} \times VRI_{nt} \tag{3-15}$$

式中，SD_{nt} 即为地区 n 第 t 年的工业用地实际面积。

第四章 城市工业用地的区域配置差异

工业用地在区域和行业间的配置受到多方面因素的影响，工业用地的配置差异首先受限于工业经济发展的基本条件，区域自然资源禀赋、基础设施条件、区位条件等的差异会对工业用地的区域和行业配置产生重要影响。由于我国城市土地国家所有的产权现状，不同时期的工业用地配置方式和工业经济发展政策，也会直接影响工业用地在区域和行业间的配置。

本章在梳理工业经济发展条件及不同时期工业用地配置方式的基础上，首先从要素密集度、轻重工业和高技术产业三个方面分析工业经济发展的区域与行业差异，借以反映工业用地配置的区域与行业差异，然后重点分析市场经济时期工业用地配置的区域差异和工业化不同阶段地区工业用地的配置特征。

第一节 工业用地配置基础条件

一、工业经济发展条件

（一）自然资源禀赋条件

自然资源禀赋条件是决定工业产业区位选择的首要因素，自然条件被视为决定产业地理分布的基本因素，资源密集型产业更加明显。自然禀赋条件包括自然条件和自然资源两个方面，自然条件主要是指人类赖以生存和发展的自然环境，包括大气圈、水圈、生物圈和岩石圈等（刘秉镰等，2010），自然资源是指在一定时空和一定条件下，能够产生经济效益，并提高人类当前和将来福利的自然因素和条件（臧旭恒等，2005）。自然条件和自然资源是城市工业发展的物质基础和先决条件，能够直接影响产业的布局和产业分工。当人类社会进入工业社会，特别是进入工业大生产阶段后，自然资源禀赋条件及分布状况直接影响产业的区位状况，工业区往往因为工业原料、燃料等要素优势而呈现出不同的聚集特征，如德国的鲁尔区。当人类社会进入工业化后期及后工业化时代，大量的工业产业集群出现，如中国在沿海地区出现的大量产业集聚区和集群，这是因为这些地区能够具有比较优势，便于发挥规模经济、降低生产成本，形成较成熟和完整的产业链，便于企业获取最大经济效益。Ellison 和

Glaeser（1999）的研究表明有 20%的产业地理分布可以归因于自然资源优势和劳动力比较优势。我国东部省份之所以能够成为工业集聚的中心，距离大港口比较近是其不可比拟的天然优势，而辽宁和山西则主要是依靠煤矿、铁矿等自然资源成为工业中心（金煜等，2006）。

（二）交通、信息等基础设施条件

产业发展的基础设施条件对工业产业发展具有重要影响，在工业化实现的时期，较好的技术基础和交通、通信条件有利于区域产业的发展，如株洲、郑州、石家庄等一些重要的交通枢纽城市发展成重工业的基地。在现代经济、技术条件下，信息技术条件及设施对区域产业发展的影响日益增大，如北京发展成中国信息产业基地，信息技术发达的地区能够准确掌握市场变动态势，企业能够较好地适应市场的变化。Goetz（1998）对美国能源密集型企业区位选择的研究表明道路基础设施条件对企业发展非常重要。Deichmann 等（2005）发现道路网能够促进地方企业集聚，道路密度对多数产业的区位选择有显著的正向影响。

（三）经济制度和政策条件

经济制度和政策对城市工业产业发展也具有重要影响。计划经济和市场经济对工业产业的发展和布局影响不同，我国的经济发展就是一个很明显的例子。在计划经济条件下，政府的政策和取向对其区域产业发展作用巨大，政府决定了区域范围内的工业产业类型和发展水平；在市场经济条件下，市场机制对区域工业产业布局起到基础性调节作用，是促进区域产业发展和演化的基本推动力。制度变化是理解中国产业地理格局的重要视角，贺灿飞等（2008）的研究表明制度因素能够显著影响中国制造业的省域分布。我国的地区分权改革导致激烈的区域竞争，地方政府在社会经济快速发展和财政收入最大化的双重目标驱动下，在一定程度上忽视区域优势，努力发展高附加值产业，导致区域产业结构趋同。经济政策也能直接影响工业产业的发展，如浙江省经济市场化程度较高，民营经济活跃，温州、宁波等城市大量中小型工业企业集聚发展。珠江三角洲实施的经济开放政策是导致这一地区在 20 世纪 70 年代后工业迅速发展的重要原因。经济政策中的对外开放政策对我国工业产业的布局和发展也起到重要作用，在对外开放过程中，四川和东北作为历史工业中心的地位被削弱，产业越来越集中在江苏、浙江、山东、广东、福建等沿海省份（Golley，2002；文枚，2004）。

（四）经济区位条件

特定的经济区位条件对工业产业发展产生一定影响。经济区位是指地球上某一地点与具有经济意义的其他地点之间的空间联系，就是指一个国家、一个地区或一座城市在国际国内的地域生产分工中所处的位置（刘秉镰等，2010）。如在我国，北京市位于京津唐经济区的中心，既是交通运输中心，又是经济发展中心。经济区位的优势通常与交通、信息条件、通信技术等要素有关，并且与市场范围关系密切。

（五）社会历史条件

社会历史因素对工业产业发展也产生一定影响，社会历史因素包括产业发展体制、国家法律政策、国际国内经济政治形势等。现有的社会经济基础主要是指以往的产业基础、文化基础和技术基础等，其中以产业基础最为重要。历史继承性是工业产业发展的先决条件之一，已有的产业基础是新产业发展的基础。例如，上海作为我国高等教育和高密度办公区的领先区域，有生产文化用品、文化办公机械和钟表的较长历史。20 世纪 80 年代早期，中国曾将化学纤维生产流水线引进到上海和江苏，使上海和江苏在相关产业上长期保持比较优势，直到1995 年，合成纤维制造业依然主要分布在上海，其他相关纺织业也主要分布在江苏（贺灿飞等，2010）。产业管理体制是影响区域工业产业发展的另一重要因素，过去的计划经济造成中国的区域产业布局的一些不合理现象。例如，出于国防安全的需要，我国在"三五""四五"计划期间进行三线建设，将一大批重工业布局在并不具有比较优势的"三西"（川西、鄂西、晋西）地区，尽管改革开放以后国家开始进行区位调整，但由于这些资本技术密集型产业厂房设备巨大，大规模搬迁的可行性不大，重新布局成本极高，因此中国西部地区很多改革前的重型产业一直保留到现在。

（六）产业特性条件

不同工业产业由于供需条件差异及要素密集度要求的不同也对地区工业的发展产生一定影响。一般资源型产业倾向于靠近资源产地，消费性产业则倾向于靠近消费市场，高技术产业倾向于布局在大城市以便及时获取信息。La Fountain（2005）研究发现，纺织、造纸、化工、石油、煤炭、电子产业分布符合自然优势，倾向于接近资源产地，食品、金属制品、工业机械、装备产业更需要接近市场。不同要素密集度的产业也在不同区域形成和发展，劳动密集型产业受劳动力结构、政策刺激以及集聚经济影响较大；资源密集型产业受地方资源分布、历史基础等影响较大；资本技术密集型产业受本地科技水平、人力资本水平的影响较大，历史基础、产业成熟度也影响到这些产业的布局。

二、工业用地配置方式

新中国成立后，面对薄弱的工业基础和帝国主义的经济封锁，为了迅速恢复国民生产，建立独立的工业体系，通过学习苏联社会主义建设的成功经验，我国逐步建立了计划经济体制，并选择了重工业优先发展战略。1978 年党的十一届三中全会后，我国开始实行改革开放，市场经济逐渐开始发展，1992 年党的十四届全国代表大会正式确立了社会主义市场经济体制。在计划经济体制和市场经济体制确立、变迁和发展过程中，我国城市工业用地配置方式伴随城市建设用地使用制度的变革经历了从"三无"（无偿、无限期、无流动）到"三有"（有偿、有限期、有流动）的转变过程，整体上可以分为"划拨使用—探索有偿使用—协议出让—招拍挂出让"四个阶段，由于城市工业用地与经营性用地在产业特性等方面的不同，两者从协议出让到"招拍挂"出让的过渡时间存在一定差异。

（一）计划经济时期

尽管 1978 年后，中国走上了改革开放的道路，市场经济逐渐开始发展，但从土地配置方式来看，整体上仍然延续着改革开放前的划拨使用方式。随着国外资本的进入和经济体制改革的深化，土地有偿使用在局部地区得到探索和发展，在 20 世纪 80 年代末才正式确立了土地有偿使用的法律地位。基于此，此处将工业用地划拨使用阶段和有偿使用探索阶段归入计划经济时期的大背景下。

1. 划拨使用（1949～1978 年）

新中国成立初期，随着新民主主义革命的胜利以及社会主义革命和建设的不断推进，我国确立了土地社会主义公有制的法律地位，并形成了一套与计划经济体制相适应的土地管理和土地利用模式，国家把国有建设用地无偿划拨给用地单位无限期使用（洪学军，2005）。新中国成立后，遭到以美国为首的西方资本主义国家的政治孤立和经济封锁，在国际国内环境以及苏联工业化道路示范的影响下，为尽快改变我国工业十分落后的面貌，20 世纪 50 年代初期，我国确立了重工业为主，轻工业为辅的工业化道路。1953 年起我国开始进行全面经济建设，大量城市建设用地被用于工业建设，"一五"期间施工的建设单位在一万个以上，由于进行基建而新增的固定资产达到 440 亿元，其中新增工业固定资产达 214 亿元，在中国的土地上出现了一批过去从来没有过的现代化工业的骨干部门

（王华生，1989），重工业得到较大发展，工业结构不断改善。1954 年 2 月，政务院发布《关于对国营企业、机关、部队学校等占用市郊土地征收土地使用费或租金问题的批复》（[1954]财政习字第 15 号），文件明确规定"国营企业经市人民政府批准占用的土地，不论是拨给公产或出资购买，均应作为该企业的资产，不必再向政府缴纳租金或使用费；机关、部队、学校经政府批准占用的土地，亦不缴纳租金或使用费"。从此，全民所有制单位使用城市建设用地一律采取无偿划拨的方式，集体用地单位和个人用地尽管收取使用费，但数额较低，基本上也是无偿的。20 世纪 60 年代中期，我国进入三线建设时期，沿海工业企业大规模内迁，中西部地区大量工业用地得以开发利用，尽管给企业后续经营发展造成了严重的浪费和不便，但三线建设有力助推了中西部地区工业化的发展，产生了长远效果。工业用地无偿划拨对新中国成立后迅速恢复工业生产，建立以重工业为主的工业结构体系起了积极作用，为改革开放之后我国经济的高速增长奠定了坚实基础。

2. 探索有偿使用（1979～1989 年）

党的十一届三中全会拉开了我国经济改革的序幕，伴随经济体制改革和对外开放的展开，传统的城市土地使用制度已不能适应经济发展的需要。国外资本开始进入中国，我国公有制下的建设用地无偿划拨使用制度受到冲击，1979 年 7 月，财政部《关于使用城市公地应否收取租金及公房变价收入如何处理等问题的答复》一文，拉开了我国城市土地使用制度变革的序幕（董柯，2000），同年，国务院颁布《中外合资经营企业法》，规定"中国合营者的投资可包括为合营企业经营期间提供的场地使用权，如果场地使用权未作为中国合营者投资的一部分，合营企业应向中国政府缴纳使用费。"1980 年 7 月，国务院又印发了《关于中外合营企业建设用地的暂行规定》（国发[1980]201 号），提出"中外合营企业用地，不论新征用土地，还是利用原有企业的场地，应计收场地使用费。场地使用费的计算，应该包括征用土地的补偿费用，原有建筑物的拆迁费用，人员安置费用以及为中外合营企业直接配套的厂外道路、管线等公共设施应分摊的投资等因素"。尽管从场地使用费的费用水平来看，还不足以体现全部的所有权权益（两项费用之和远远低于后来实现的土地出让金水平，如当时北京为 1～50 元/年·平方米，上海为 0.5～100 元/年·平方米，天津为 0.5～70 元/年·平方米，广州为 0.3～70 元/年·平方米），但是，它标志着我国土地有偿使用的开始（丛屹，2001）。20 世纪 80 年代末期，随着我国经济体制改革不断深化，计划经济向市场经济逐步过渡，对开放城市土地市场的需求愈加迫切。1987 年 4 月，国务院第一次提出了土地使用权可以有偿转让的政策，同年 9 月，深圳市以定向议标的方式成功出让了第一块国有土地使用权，开了我国城市土地使用制度改革的先例。1988 年 4 月，七届全国人大第一次会议根据中共中央的建议对《宪法》第 10 条第 4 款进行修改，废除了土地不得出租的规定，增加了"土地的使用权可以依照法律的规定转让"。1988 年 12 月，七届全国人大常委会第五次会议又进一步对《土地管理法》第 2 条进行修改，补充规定"国家依法实行土地有偿使用制度，国有土地和集体所有的土地的使用权可以依法转让"，并授权国务院制定国有土地有偿使用和土地使用权转让的具体办法（李开国，2006）。改革开放的前 10 年，在经济体制改革和市场经济发展的推动下，我国城市建设用地使用制度改革迅速，实现了土地有偿使用制度从无到有的跨越，《宪法》和《土地管理法》的修订，最终确立了土地有偿使用制度的法律地位。

（二）市场经济时期

进入 20 世纪 90 年代后，市场经济已逐渐取代计划经济，工业化、城镇化进程日益加快，农业用地大规模向城镇建设用地转化，我国工业用地配置全面进入协议出让阶段。进入 21 世纪，伴随市场经济的全面发展，协议出让浓厚的行政色彩和较差的竞争性，开始阻碍土地使用权价值的充分体现，亟须改革建设用地配置方式，提高土地资源的市场化配置效率。为此，2002 年 5 月，国土资源部发布《招标拍卖挂牌出让国有土地使用权规定》（11 号令），规定自 2002 年 7 月 1 日起，商业、旅游、娱乐和商品住宅等各类经营性用地，必须采取招标、拍卖或者挂牌方式出让。2004 年，国务院下发《关于深化改革严格土地管理的决定》（国发[2004]28号），首次提出工业用地也要创造条件逐步实行招标、拍卖、挂牌出让。

1. 协议出让（1990～2006 年）

根据全国人大常委会的授权，国务院于 1990 年 5 月制定《中华人民共和国城镇国有土地使用权出让和转让暂行条例》（国务院令第 55 号），全面结束了城市建设用地无偿、无限期、无流动的使用制度，确立了城镇建设用地使用权出让、转让制度，规定工业用地使用权最高出让年限为 50 年。为了吸收外商投资，开发经营成片土地，同年，国务院制定《外商投资开发经营成片土地暂行管理办法》（国务院令第 56 号），规定"开发企业应依法取得开发区域的国有土地使用权。开发区域所在的市、县人民政府向开发企业出让国有土地使用权，应依照国家土地管理的法律和行政法规，合理确定地块范围、用途、年限、出让金和其他条件，签订国有土地使用权出让合同，并按出让国有土地使用权的审批权限报经批准"。1992 年，邓小平同志的南方谈话和党的十四大确立了经济体制改革和土地市场培育的进程。党的十四届三中全会决定把土地使用制度改革作为整个经济体制改革的重要组成部分，并且明确规定了规范和发展土地市场的内容和要求。自此之后，通过市场进行土地资源配置的范围不断扩大，土地使用权有偿、有限期出让制度逐渐扩展到全国各地。但是，这一时期工业用地的有偿有限期使用基本通过协议出让方式完成，价格低廉，导致工业企业"圈大用小"现象严重，造成了大量工业用地闲置、低效利用。1993 年前后和 2003 年，全国各地争相设立开发区，工业用地扩张迅速，大量耕地被占用，国务院先后出台一系列政策法规，对开发区建设进行清理整顿，控制工业用地肆意扩张。据调查统计，到 2004 年年底，全国共清理出各类开发区共计 6866 个，规划面积达到 3.86 万 km^2，经过清理整顿，开发区数量下降到 2053 个，规划面积被压缩到 1.37 万 km^2。开发区核减数量占原开发区总数的 70.1%，压缩规划面积占原有规划面积的 64.5%（黄木易等，2009）。城市建设用地协议出让开创了我国土地有偿出让制度的新局面。但由于出让价格不是由市场决定，带有浓厚的行政色彩，且缺乏竞争，土地使用权价值未能在市场中体现出来，没有充分体现公平、公正、公开的市场配置制度（柴志春等，2012）。

2. "招拍挂"出让（2007 年至今）

2004 年，国务院下发《关于深化改革严格土地管理的决定》（国发[2004]28号），首次提出工业用地也要创造条件逐步实行招标、拍卖、挂牌出让，加快推进土地资源的市场化配置。但由于中央政府并未强制规定地方政府必须采取公开竞价方式，地方政府则担心招标、拍卖、挂牌会造成工业用地价格提高，从而对招商引资产生影响，因此多数地方政府并未积极采取"招拍挂"方式（万江，2012）。该文件并未对工业用地出让方式产生重大影响，2004～2006 年工业用地出让仍主要以协议方式为主，占出让供应总量的比例分别为 95.06%、95.24%、96.75%。2006 年 8 月国务院出台 31 号文件，即《关于加强土地调控有关问题的通知》，明确规定"工业用地必须采取招标、拍卖、挂牌方式出让，其出让价格不得低于公布的最低价标准"，"工业用地出让最低价标准不得低于土地取得成本、土地前期开发成本和按规定收取的相关费用之和"，当年年末国土资源部公布了《全国工业用地出让最低价标准》（国土资发[2006]307 号）。为贯彻国务院31 号文件，落实工业用地招标、拍卖、挂牌出让制度，国土资源部在 2007 年印发《关于落实工业用地招标、拍卖、挂牌出让制度有关问题的通知》（国土资发[2007]78 号），规定了工业用地"招拍挂"出让的范围、时点，以及关键环节等细则内容，并在全国开展工业用地"招拍挂"出让情况的执法监察。至此，我国工业用地"招拍挂"出让制度正式形成。上述一系列政策对政府工业用地出让行为给予了强力约束，极大地压缩了地方政府恶性竞争、企业竞相压价的空间，对于建立合理的工业用地出让价格体系、抑制工业用地低成本蔓延扩张、保障土地所有者合法权益等都发挥了重要作用（王博，2009）。2009 年，为进一步完善工业用地出让制度，国土资源部印发《国土资源部监察部关于进一步落实工业用地出让制度的通知》（国资发[2009]101 号）。2007 年以来，"招拍挂"出让成为我国工业用地供应的主要方式，挂牌出让因竞争程度低、操作简单被广泛采用，仅部分宗地由于城市规划调整、经济形势变化、企业转型等原因采取协议出让方式（柴志春等，2012），工业用地基本实现市场化配置。至 2011 年第 1 季度，工业用地"招拍挂"出让的面积和价款占出让总量的比例分别达到 92.1%和 93.6%（图 4-1）。

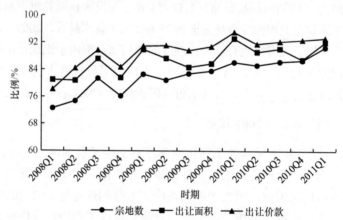

图 4-1　2008～2011 年 1 季度"招拍挂"出让占工业用地出让比例的变化情况

资料来源：吴琼和李树枝，2011

第二节　工业经济发展区域差异

　　土地利用是一个自然与经济相互交错的过程，产业发展水平和产业结构决定了土地利用的结构和特点。随着区域产业结构由低级向高级演进，土地资源将在产业间进行重新调整和分配，土地利用将更合理更经济。鉴于当前国内土地利用现状分类中尚没有系统地统计我国各级行政区域城市工业用地的利用情况，更没有按细分行业统计的工业用地面积，本节重点介绍工业产业布局，任何工业生产都必须落实在土地上才能够实现，因此，工业用地的形成与发展随工业产业的变化而变化，工业产业布局与工业用地布局应该是一致的，不同行业的工业产出规模与不同行业的工业用地规模也应具有一致性，透过工业产业的布局情况在一定程度上就能够了解和掌握工业用地的布局特征。

在充分了解了城市工业的产生和发展条件及工业用地配置方式变化之后，本节将工业产业划分为不同类型来分析我国工业生产的地区差异情况。在考察不同类型工业生产情况之前，首先来看工业经济在全国的地理分布情况，图 4-2 展示了我国工业总产值占比情况在省域尺度的分布。可以看出，改革开放以来，我国工业布局变化十分明显。1978 年，我国工业产业除新疆、西藏、青海等内陆省份规模较小外，在东中西部间布局相对比较平衡，只有上海市工业总产值占比在10%以上，四川、云南、甘肃等西部省份也占有一定比例。到 2011 年，可以看出，除内蒙古、河南等个别中西部省份工业有所发展外，我国的工业产业整体上向东部沿海地区高度集中，尤其是江苏、山东和广东，工业总产值占比分别达到12.75%、11.79%和 11.24%；西部省份比例较低，西藏、新疆、青海、甘肃、宁夏、云南、贵州等省份比例甚至不到全国的 1%；中部各省份趋于中间行列，全国工业生产呈现阶梯状分布，东、中、西部工业的分布和发展水平差异明显。改革开放后，我国工业布局产生较大变化的重要原因是，从计划经济向市场经济的转型改变了政府决定产业布局的状况。

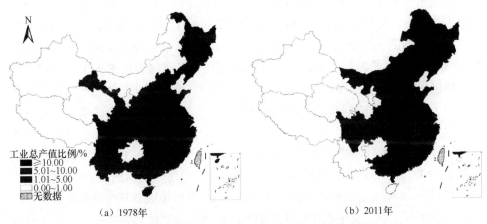

图 4-2　1978 年和 2011 年各省份工业总产值占比

资料来源：中国工业经济统计资料（1949~1984 年）和中国工业经济统计年鉴（2012 年）

一、按要素密集度划分的工业布局

从要素密集度角度来看，工业产业可以划分为劳动密集型、资源密集型、资本密集型和技术密集型。劳动密集型工业以使用大量劳动力为主要特征，对生产技术和设备的依赖程度相对较低；资源密集型工业表现为投入的生产要素中需要使用较多的土地、矿藏等自然资源；资本密集型工业表现为产品成本中投入的固定资本和流动资本相对较多；技术密集型工业表现为生产过程中，对生产技术和劳动力质量的依赖程度远超过对其他生产要素的依赖。按我国目前实行的工业行业分类目录①，劳动密集型工业的典型行业门类有纺织业、服装业、皮革制品业等，资源密集型工业的典型行业门类有黑色金属冶炼及压延工业、化学原料与化学制品制造业、石油加工及炼焦业、非金属矿物制品业等。由于在实际工业生产中，资本密集型工业与技术密集型工业交叉度较大，资本密集型工业对技术的要求较高，技术密集型工业多需要投入大量的资本，故此处将两者合并为资本技术密集型，其典型行业门类包括通用设备制造业、专用设备制造业、电气机械和及器材制造业、电子通信设备制造业、医药制造业等。

　　图 4-3 展示了 2011 年我国工业按要素密集度分类②后各省份的工业总产值占比分布情况。整体来看，劳动密集型、资源密集型和资本技术密集型工业的分布与图 4-2（b）工业总体分布具有相似的规律，但多数省份不同类型工业的占比情况区别较大，反映出不同省份生产要素比较优势及工业生产侧重的差异性，如浙江、福建等省份劳动密集型工业表现出较大优势，山西、辽宁等省份资源密集型工业表现出较大优势。就劳动密集型工业来看，江苏、山东、浙江和广东工业总产值占比较高，分别达到了 19.24%、17.50%、15.71% 和 11.44%，仅这四个省份就占到了全国的 63.89%，天津、重庆、广西等 16 个省份工业总产值占比不到1%，非国有经济的发展和出口导向战略共同促进了我国劳动密集型工业向东南沿海地区集聚。就资源密集型工业来看，山东、江苏、河北工业总产值占比居于前三位，分别达到 12.84%、12.45% 和 8.44%，广东、辽宁等 22 个省份工业总产值占比介于 1%～7%，仅北京、贵州、海南、宁夏、青海和西藏工业总产值占比不到 1%。就资本技术密集型工业来看，江苏、广东、山东工业总产值占比分别达到 19.64%、18.35% 和 10.58%，这三个省份占比将近全国的 50%，陕西、吉林、广西等 14 个省份工业总产值占比不到 1%，受市场因素及全球化的影响，资本技术密集型工业多集中在比较优势明显的东南沿海地区。整体来看，囿于资源密集型工业的发展需要靠近资源产地以降低交通成本及工业发展历史基础等原因，资源密集型工业在全国的布局比劳动密集型工业和资本技术密集型工业更加

---

　　① 2011 年年底，我国发布新版《国民经济行业分类与代码》（GB/4754—2011），由于本书使用的主要数据时段在 2001～2011 年，因此，无特殊说明，本书所说工业行业分类目录均指《国民经济行业分类》（GB/T4754—2002），此处，新旧分类目录对于按要素密集度划分工业门类没有影响。

　　② 此处分类未包括所有的工业类型，仅选择部分典型工业门类进行分析，其中，劳动密集型工业包括纺织业和纺织服装、鞋、帽制造业，资源密集型工业包括黑色金属冶炼及压延加工业、化学原料及化学制品制造业、石油加工、炼焦及核燃料加工业、非金属矿物制品业，资本技术密集型工业包括通用设备制造业、专用设备制造业、电气机械及器材制造业、通信设备、计算机及其他电子设备制造业、医药制造业。

分散,但交通条件的改善及对国外原料进口的依赖也促进了资源密集型工业逐渐向东南沿海转移。

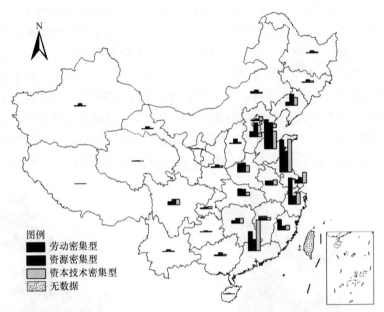

图 4-3 2011 年各省份按要素密集度划分的工业总产值占比分布

资料来源:中国工业经济统计年鉴(2012 年)

二、按轻重工业划分的工业布局

轻重工业的划分是以工业产品的主要经济用途为标志,轻工业是指提供生活消费品和制作手工工具的工业,重工业是指为国民经济各部门提供物质技术基础的主要生产资料的工业。按使用原料的不同,轻工业又可分为两大类,即以农产品为原料的轻工业和以非农产品为原料的轻工业。按生产性质和产品用途的不同,重工业又可以分为三类,即采掘工业、原材料工业和加工工业。从世界各国的发展历程来看,一个国家重工业的发展规模与生产技术水平,是体现其综合国力的重要标志。本处仅对我国工业按轻重两类进行划分,考察轻重工业在不同地区的发展情况。

图 4-4 展示了 2011 年我国按轻重工业分类后各省份的工业总产值占比分布情况。就轻工业的分布来看,工业总产值占比较高的省份主要集中在我国东南沿海一线,广东、江苏、山东工业总产值占比仍然处于我国前三位,分别达到15.18%、12.98%和 11.58%,浙江、河南、福建、四川轻工业总产值占比也较

大，分别为 9.24%、6.04%、5.18%和 4.26%，以上 7 个省份工业总产值占比合计
达到 64.46%，北京、云南、陕西等 11 个省份工业总产值占比不到 1%。就重工业
的分布来看，工业总产值占比较高的省份主要集中在我国环渤海地区及长江三角
洲地区，江苏、山东工业总产值占比超过 10%，分别达到 13.21%和 11.32%，广
东、浙江、辽宁、河南、河北、上海等 6 省市工业总产值占比在 4%以上，新
疆、云南、甘肃等 8 个省份工业总产值占比不到 1%。总体来看，由于轻工业是
重要的民生产业，具有内需型、出口导向型、创业支柱型、农业服务型的特点
（李艳芳等，2012），其布局更集中在人口密集度高、沿海港口贸易发达地区以及
主要的粮食产区。重工业兼有资源密集型和资本密集型的特点，其布局更集中在
煤炭、石油、矿产丰富的地区，并且受工业发展历史基础的影响十分明显。

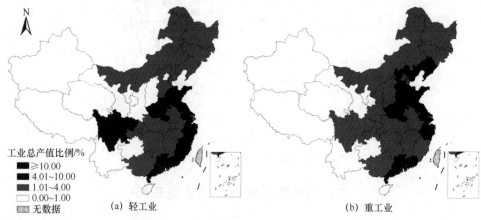

图 4-4　2011 年各省份轻工业和重工业工业总产值占比分布

资料来源：中国工业经济统计年鉴（2012 年）

三、按高技术产业划分的工业布局

　　高技术产业作为伴随科技进步和产业升级而产生的产业划分类型，国内外对
其表述不尽相同，国际上也尚无公认的划分标准，不同发展水平和技术水平的国
家对高技术产业的认定往往更贴近本国的产业发展实际。一般来说，高技术产业
需要投入大量研发资金和研发人员，具有技术密集度高、产品更新速度快、产品
附加值高、能有效地节约资源和能源的特点，并且能够波及和带动相关产业的发
展（李悦，1998；郭励弘，2000）。按照目前我国对高技术产业的划分标准[①]，主
要包括核燃料加工、信息化学品制造、医药制造业、航空航天器制造、电子及通

① 《国家统计局关于印发高技术产业统计分类目录的通知》（国统字[2002]33 号）

信设备制造业、电子计算机及办公设备制造业、医疗设备及仪器仪表制造业和公共软件服务①等八大类型。高技术产业的兴起与发展为转变经济增长方式、培育国家竞争优势、改变国家经济与军事实力对比提供了新的契机，也促进了传统产业的再生（史丹和李晓斌，2004）。

图4-5展示了2011年各省份高技术产业工业总产值占比分布情况。广东、江苏两省高技术产业的发展在全国遥遥领先，工业总产值占比分别达到了26.66%和22.04%，接近全国的一半；上海、山东、浙江分列3～5位，工业总产值占比分别为7.94%、7.01%和4.21%；广西、黑龙江等12个省份工业总产值占比不到1%。高技术产业的分布状况表现出两大特征：一是工业总产值占比高的省份多为沿海对外开放地区，经济发展速度快，产业结构水平高；二是工业总产值占比高的省份多为高等教育发展好的地区，高等院校分布密集，区域创新能力强，高技术人才集中。已有研究也表明人力资源水平和对外开放程度对高技术产业发展具有正向推动作用（史丹和李晓斌，2004；郑秀田和王雪亨，2013）。

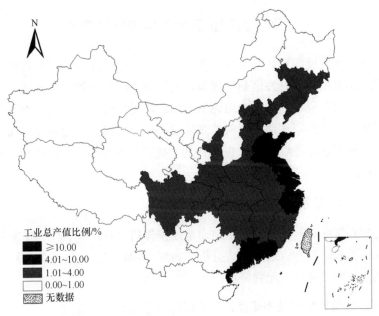

图4-5 2011年各省份高技术产业工业总产值占比分布

资料来源：中国高技术产业统计年鉴（2012年）

---

① 公共软件服务属于第三产业，不属于工业产业，由于高技术其他产业类型均属于工业，且受统计资料来源的限制，《中国工业经济统计年鉴》涉及的高技术产业只包括三、四、五、六、七类行业，故本书将高技术产业看成工业产业。

第三节　市场经济时期工业用地区域配置

改革开放以来，随着我国工业生产能力的快速增长，工业用地规模迅速扩张。改革开放的前十年，无论是工业发展还是工业用地制度都处于改革的探索阶段，工业用地规模增长相对缓慢，据原建设部对全国 455 个城市用地情况的统计，1991 年工业用地仅占城市建设用地 12 506.5 平方千米的 25.44%（杨继瑞，1994）。邓小平同志南方谈话之后，东南沿海地区利用自身比较优势，积极承接世界产业转移的历史机遇，经济得到飞速发展（邵岑和卜玉梅，2013），工业用地规模显著增加，开发区数量骤增，据国家土地管理局的统计，截至 1992 年年底，各省、地（市）和县、乡自办的开发区已有 2000 个左右，面积达 1900 平方千米（杨继瑞，1994）。进入 21 世纪后，中国基本的经济国情已从农业大国转为工业大国（陈佳贵等，2012b），工业化、城市化加速推进，工业用地规模急剧增加。

一、两个典型扩张阶段区域配置变化

在经济快速发展的背景下，20 世纪 90 年代初期和 21 世纪初期我国工业用地扩张迅速，相继出现"开发区热"现象，而后又得到快速治理，尤其是 21 世纪初期"开发区热"现象后的工业用地供给逐级趋于理性，基于此，本小节主要分析市场经济时期工业用地两个典型扩张阶段——市场经济初建阶段（20 世纪 90 年代初期）和推进完善阶段（21 世纪初期）我国及各省份工业用地增量配置与分布变化情况。

（一）市场经济初建阶段

在 1993 年前后，我国工业用地增量规模伴随"开发区热"的爆发和治理，经历了大起大落的过程。通过考察分析 1993～1994 年我国城市工业用地的增量变化情况，主要发现以下配置特征。

1. 开发区清理整顿效果明显，工业用地增量占比依然较高

从 1993 年我国城镇建设用地当年增加面积来看，城市工业用地急速扩张已经成为城市建设用地增加的最主要因素，当年增加 47 411.53 公顷，占全部城镇建设用地增量的 42.93%。为督促各地根据实际需要和经济承受能力拓展工业用地，特别是严格控制各地兴起的"开发区热"，1993 年 4 月国务院下发《关于严格审批和认真清理各类开发区的通知》（国发[1993]33 号），对开发区的审批设立

进行了严格规定，并对不符合条件的开发区开始进行清理整顿。从 1994 年镇建设用地当年增加面积来看，工业用地的供给规模出现一定回落，比 1993 年减少了 11 356.80 公顷，同比下降23.95%，但 1994 年工业用地增量占比仍然超过了城镇建设用地增量的 40%（表 4-1）。

表 4-1　1993～1994 年全国城镇建设用地当年增加面积

地类	1993 年		1994 年	
	面积/公顷	占比/%	面积/公顷	占比/%
商业服务业用地	13 051.87	11.82	10 256.40	11.62
工业用地	47 411.53	42.93	36 054.73	40.86
仓储用地	3 516.47	3.18	2 532.53	2.87
交通用地	4 503.73	4.08	5 343.00	6.05
市政府公用设施及绿化用地	3 980.33	3.60	4 420.67	5.01
公共建筑用地	7 737.13	7.01	6 173.07	7.00
住宅用地	20 625.93	18.67	16 204.27	18.36
特殊用地	1 121.60	1.02	764.27	0.87
水域用地	314.40	0.28	167.27	0.19
其他用地	8 186.53	7.41	6 325.73	7.17
合计	110 449.53	100.00	88 241.93	100.00

资料来源：中国土地年鉴（1995 年）

2. 东南沿海省份工业用地增量规模大，中西部省份工业用地增量占比高

分析各省份 1993 年、1994 年城市工业用地增量情况，广东、江苏、上海、福建、山东等东南沿海省份城市工业用地规模增加最快，中西部省份增长较慢。广东省 1993 年、1994 年城市工业用地分别增加 8408.00 公顷、4689 公顷，列全国第一位。1994 年，多数省份城市工业用地增量出现下降，但江苏、上海、山东等省份依然呈现出较大增幅，反映出这些省份工业发展较快，工业企业实际用地量较大。从各省份工业用地增量占城镇建设用地增量的比例来看，中西部及东北地区各省份工业用地增量占比较东南沿海更大，说明 20 世纪 90 年代初期，中西部地区城镇化进程相对迟缓，住宅、交通、公共设施等城市建设用地量较小，工业用地规模增加成为当时城市面积拓展的主要原因。1993 年，新疆、宁夏、内蒙古、山西、吉林等省份工业用地增量占城镇建设用地增量的比例超过 60%；内蒙古、黑龙江、辽宁、吉林、湖北、河南等省份在 1994 年工业用地增量占比

超过 50%。此外，传统工业城市天津工业用地增量占比也均在 70% 左右（图 4-6）

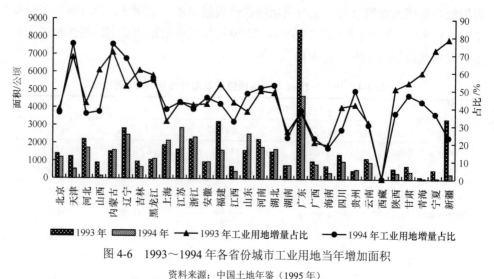

图 4-6　1993～1994 年各省份城市工业用地当年增加面积

资料来源：中国土地年鉴（1995 年）

（二）市场经济推进完善阶段

2003 年之后公布的统计资料①中，出现了城镇建设用地审批面积指标，这一指标直接反映了农用地转用和土地征用面积，能够较好反映城市新增建设用地情况。审批面积指省级以上政府（包括省级人民政府授权设区的市级人民政府）依法批准的农用地转用和土地征用面积（供地审批不包括在内）。通过考察分析 2003～2011 年我国城市工业用地的增量变化情况，主要发现以下配置特征。

1. 城镇建设用地盲目扩张得到有效抑制，但工业用地有增无减

由于 2003 年前后，我国各地在经济发展中又出现违规设立各类园区、非法圈占土地、盲目扩大建设用地规模等现象，导致 2003 年城镇建设用地审批面积达到 356 165.17 公顷（本部分所使用数据均不包括单独选址建设用地②）。当年，国务院办公厅紧急下发《关于暂停审批各类开发区的紧急通知》（国办发明电 [2003]30 号）和《关于清理整顿各类开发区加强建设用地管理的通知》（国办发 [2003]70 号），国土资源部也下发《关于加强城市建设用地审查报批工作有关问题的通知》（国土资发[2003]345 号）。2004 年 4 月，国务院办公厅又印发《关于深

---

① 主要指《中国国土资源年鉴》和《中国国土资源统计年鉴》。
② 单独选址建设用地，即在土地利用总体规划确定的城市和村庄、集镇建设用地规模范围以外，经国务院、省级人民政府批准的道路、管线工程和大型基础设施建设项目占用的土地。

入开展土地市场治理整顿严格土地管理的紧急通知》（国办发明电[2004]20号），要求清查2003年以来的土地占用和审批情况，严格建设用地审批管理，停止审批农用地转非农建设用地。从表4-2可见，2004年我国共审批城镇建设用地126 400.15公顷，仅为2003年的35.49%，城镇建设用地盲目扩张现象得到有效抑制。但是，2003年工业用地仅审批40 356.45公顷，占当年建设用地增量的11.33%，到2004年在建设用地停止审批半年的情况下，工业用地审批仍达46 774.47公顷，较2003年增加6418.02公顷，可能的原因是，2003年各地建设用地盲目扩张，违规设立各类工业园区，大量建设用地未以工业用途进行报批，产生了一些"隐形工业用地"，2004年开始逐渐消化。

表4-2　2003～2011年全国城镇建设用地审批面积

| 年份 | 审批面积/公顷 | 其中 | | | | | | | 工业用地占比/% |
		商服用地/公顷	工业用地*/公顷	仓储用地/公顷	公用设施用地/公顷	公共建筑用地/公顷	住宅用地/公顷	交通用地/公顷	
2003	356 165.17	6 549.46	40 356.45	6 569.65	6 602.77	6 223.79	14 409.65	—	11.33
2004	126 400.15	9 119.50	46 774.47	7 614.45	10 251.09	10 751.87	19 552.59	—	37.01
2005	171 703.25	10 625.47	58 807.24	9 573.27	14 130.02	18 654.62	34 117.64	—	34.25
2006	239 853.69	15 681.46	93 438.60	15 210.94	16 778.68	20 136.88	44 355.95	—	38.96
2007	246 708.21	12 348.30	94 294.85	15 350.33	20 984.09	22 195.03	50 979.72	—	38.22
2008	258 487.81	16 622.82	99 944.81	16 270.09	19 729.25	16 188.44	57 913.21	—	38.67
2009	283 531.68	26 491.82	108 844.34	17 718.85	40 119.87		64 294.79	17 046.81	38.39
2010	339 170.16	36 925.85	122 115.86	19 879.33	46 046.14		84 333.06	20 978.51	36.00
2011	371 240.82	45 061.04	130 682.13	21 273.84	47 587.00		92 993.19	25 426.22	35.20
合计	2 393 260.94	179 425.72	795 258.77	129 460.73	297 724.92		462 949.80	63 451.54	33.23

*原始统计数据中，使用工矿仓储用地指标，未将工业用地和仓储用地分开，本书根据研究需要，依据近十年《中国城市建设统计年鉴》中仓储用地与工业用地比例关系，将仓储用地按14%的比例从原指标中剥离，并分别表示工业用地和仓储用地的面积，其他同来源数据均经相同处理

资料来源：中国国土资源年鉴（2004～2011年），中国国土资源统计年鉴（2012年）；2009年增加交通用地指标

2. 全国新增工业用地面积逐年增加，新增工业用地占比持续偏高

2004年后，我国城镇建设用地新增面积逐年增加，到2011年，城镇建设用地新增面积已达371 240.82公顷。2003～2011年，我国城市工业用地新增面积累积增加795 258.77公顷，年均增加88 326.06公顷，年均增幅为16.94%。从新增工业用地占城镇建设用地增量的比例来看，除2003年外，其余年份均在38%左右。可以断定，自20世纪90年代开始，在政策稳定年份，我国新增工业用地占

城镇建设用地增量的比例均在40%左右，与新增城镇建设用地较为稳定的比例关系，反映出从全国来看，近 20 年来，工业化是城镇化发展的最重要的持续动力。但是，长期没有明显降幅的新增工业用地占比在反映出我国工业发展态势良好的同时，也说明工业用地利用方式依然较为粗放，效率水平亟待提升。

3. 城镇建设用地迅速扩张，沿海省份新增工业用地占比普遍较高

进入 21 世纪后，我国城镇化、工业化进程加速推进，各省份城镇建设用地扩张迅速。从 2003～2011 年各省份城镇建设用地和工业用地增量来看，江苏、山东城镇建设用地和工业用地规模持续增加，增速远高于其他省份，分别新增城镇建设用地 193 103.07 公顷、178 844.07 公顷，分别新增城市工业用地 89 619.27公顷、80 484.63 公顷，广东、福建、浙江、辽宁等其他沿海省份新增城镇建设用地在 10 万公顷左右。河南、湖北、湖南、重庆、江西、安徽等中西部省份城镇建设用地增量也相对较高，均超过了 10 万公顷，但从工业用地增量来看，仅河南、湖北达到 5 万公顷左右。西部地区各省份除四川、重庆城镇建设用地增量较大外，其余省份整体偏低。从新增工业用地占比指标来看，江苏、山东超过了45%，广东、福建、吉林、河南、河北等 5 省也在 40%以上，反映出工业依然是这些省份经济发展的主要动力。青海、甘肃、山西、宁夏等中西部省份工业用地增量规模和占比都普遍较低。通过比较图 4-6 和图 4-7 可见，与 20 世纪 90 年代初期相比，近十年城市新增工业用地占比整体上呈现下降的趋势。

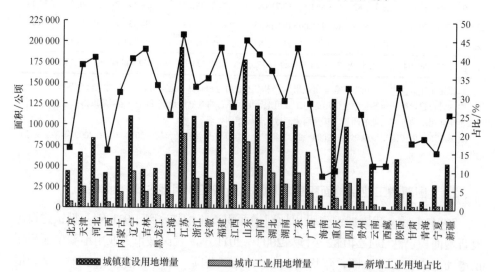

图 4-7　2003～2011 年各省份新增城市建设用地和工业用地面积及占比

资料来源：中国国土资源年鉴（2004～2011 年），中国国土资源统计年鉴（2012 年）

4. 不同区域工业用地增量变化差异明显，中西部用地需求不断增加

从 2003～2011 年我国各区域工业用地增长趋势来看，东部、中部、西部和东北呈现出不同的变化特点（图 4-8）。东部地区工业用地增量在 2004 年出现小幅回落，之后迅速提升，2006 年达到 47 359.92 公顷，到 2009 年逐步增加到 52 134.88 公顷，近两年出现大幅降低，2011 年工业用地增量仅为 41 201.68 公顷，随着东部发达省份陆续超前达到 2020 年规划建设用地指标，工业用地供需矛盾将愈加突出。中部、西部地区工业用地增量变化趋势相近，基本表现为波动中逐渐增加，但中部地区 2011 年出现小幅回落，西部地区波动中持续增加，2011 年基本达到中部地区工业用地增量水平。东北地区工业用地增量 2006 年之前高于西部地区，之后相对稳定，2006 年工业用地增量达到最大值 13 954.61 公顷。

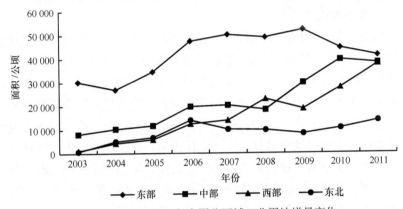

图 4-8　2003～2011 年全国分区域工业用地增量变化

资料来源：中国国土资源年鉴（2004～2011 年），中国国土资源统计年鉴（2012 年）

二、工业化不同阶段区域配置特征

本小节主要分析市场经济推进完善阶段，伴随我国工业化进程的快速推进，处于工业化不同阶段地区的工业用地增量配置与变化情况。

（一）理论关联分析

工业化是一个国家（或地区）随着工业的发展，人均收入和经济结构发生连续变化的过程，是由农业文明向工业文明转变的过程，人均收入增长和经济结构转换是工业化演进的主要标志（陈佳贵等，2006），对于发展中国家来说，工业化是经济发展过程的一个重要阶段，也是产业结构迅速转变的一个重要时期（郭克莎，2000）。

　　在工业化推进的过程中，随着人口向非农产业转移、经济规模不断扩大和产业结构调整，势必会引起对土地需求的增加和土地利用结构的变化。已有研究也表明，在不同工业化发展阶段，产业结构存在明显的差异，不同产业及其内部各部门对土地资源需求的差异，将会导致土地利用结构的调整（韦素琼和陈健飞，2006），处于不同工业化阶段的地区，其城镇建设用地扩展与工业化进程具有一定的内在关系（蓝丁丁和韦素琼，2007），建设用地扩展随着工业化的推进而表现出阶段特征，工业化进程越快，建设用地扩展越剧烈（叶玉瑶等，2011），农业用地大规模非农化是现阶段工业化过程土地资源利用的主要特征之一（陈志刚等，2008）。从资源利用角度来说，工业化过程的实质是为了满足社会经济发展的需要，对自然资源进行大规模开发和高强度利用的过程。就土地而言，工业化就是以第二产业为主的非农产业用地规模不断增加和土地利用强度不断提升的过程。

　　工业化发展与工业用地的规模变化是紧密联系的，工业用地最直接地体现工业化进程中工业生产空间的变化。根据钱纳里等的划分方法，将工业化阶段划分为前工业化阶段、工业化初期、工业化中期、工业化后期、后工业化阶段。在前工业化阶段，第一产业占主导地位，第二产业有一定发展，工业用地缓慢增长；工业化初期，第一产业在国民经济中的比例逐渐缩小，第二产业有较大发展，逐渐占主导地位，工业用地快速扩张；工业化中期，第二产业仍占主导地位，第三产业逐渐上升，工业用地加速扩张；工业化后期，第二产业比例逐渐下降，第三产业快速发展，工业用地增速放缓；在后工业化阶段，第三产业逐渐占主导地位，工业用地基本稳定，呈现小幅增长或减少趋势（图4-9）。

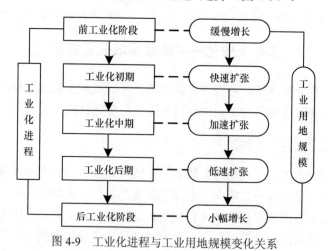

图4-9　工业化进程与工业用地规模变化关系

（二）工业化水平评价

本处主要借鉴陈佳贵等（2006，2012a）的评价方法和思路，对我国不同区域及各个省份 2003～2011 年所处的工业化阶段进行评价。

1. 评价指标选择

工业化水平全面反映了一个国家或地区的经济发展程度和产业结构层次，而不仅仅是工业产业的发展情况，因此，在进行指标选择时，需要综合考虑工业化进程中经济发展水平、产业结构水平等多方面因素。选择人均 GDP、三次产业增加值比、制造业增加值占总商品增加值比例、人口城镇化率、三次产业就业人数等 5 个指标来全面衡量各地区工业化进程，这些指标分别代表和反映了不同地区的经济发展水平、产业结构水平、工业结构水平[①]、空间结构水平和就业结构水平。在参照钱纳里等的划分方法基础上，陈佳贵等（2006，2012a）结合相关理论研究和国际经验估计确定工业化不同阶段的标志值（表 4-3）。

表 4-3　工业化不同阶段的标志值

基本指标	前工业化阶段 （1）	工业化阶段			后工业化阶段 （5）
		工业化初期 （2）	工业化中期 （3）	工业化后期 （4）	
1. 人均 GDP（经济发展水平）					
（1）1964 年美元	100～200	200～400	400～800	800～1500	1 500 以上
（2）1995 年美元	610～1220	1220～2430	2430～4870	4870～9120	9 120 以上
（2）2000 年美元	660～1320	1320～2640	2640～5280	5280～9910	9 910 以上
（3）2003 年美元	703～1407	1407～2803	2803～5617	5617～10520	10 520 以上
（4）2007 年美元	794～1588	1588～3163	3163～6339	6339～11871	11 871 以上
（5）2011 年美元	847～1694	1694～3374	3374～6762	6762～12664	12 664 以上
2. 三次产业增加值结构（产业结构）	A>I	A>20%，A<I	A<20%，I>S	A<10%，I>S	A<10%，I<S
3. 制造业增加值占总商品增加值比例（工业结构）	20%以下	20%～40%	40%～50%	50%～60%	60%以上

[①] 工业结构水平是指约翰·科迪等（1990）在联合国工业发展组织和世界银行联合主持的一项研究中提出的一种衡量工业化水平的标准，根据制造业增加值在总商品生产部门增加值额中所占的份额（简称为科迪指标），把工业化水平分为非工业化（20%以下）、正在工业化（20%～40%）、半工业化（40%～60%）、工业化（60%以上）等 4 类。其中制造业是工业的主体部分（工业还包括采掘业和自来水、电力、蒸汽、热水、煤气等行业），总商品生产增加值大体上相当于物质生产部门（第一产业、第二产业）的增加值。

基本指标	前工业化阶段 (1)	工业化阶段			后工业化阶段 (5)
		工业化初期 (2)	工业化中期 (3)	工业化后期 (4)	
4. 人口城镇化率（空间结构）	30%以下	30%～50%	50%～60%	60%～75%	75%以上
5. 第一产业就业人数占比（就业结构）	60%以上	45%～60%	30%～45%	10%～30%	10%以下

注：2003 年、2007 年、2011 年人均 GDP 标志值根据美国经济研究局网站数据获得的 GDP 折算系数计算，2003 年、2007 年、2011 年相对于 1995 年的 GDP 折算系数为 1.153 535、1.301 679、1.388 678。A、I、S 分别代表第一、第二和第三产业增加值在 GDP 中所占的比例

资料来源：陈佳贵等，2006，2012a

2. 数据来源与处理

各评价指标原始数据主要来源于 2004～2012 年《中国统计年鉴》、《中国人口统计年鉴》、《中国人口和就业统计年鉴》和《中国工业经济统计年鉴》，以及各省份《统计年鉴》。其中，人均 GDP、三次产业增加值结构、第一产业就业人数占比 3 个指标均可以从相应统计年鉴中获得，人口城镇化率指标主要通过计算非农业人口占比得到。由于现行统计数据中没有将制造业增加值单列，通过在工业增加值中扣除规模以上电气水生产和供应业增加值和规模以上采掘业增加值近似得到。因 2008 年后，全国和部分省份不再公布分行业增加值数据，本书采用"某年规模以上行业增加值=某年相应行业工业总产值×2007 年相应行业增加值率"来估算各省份规模以上电气水生产和供应业增加值和规模以上采掘业增加值。此外，本书同样选择"汇率-平价法"将人均 GDP 折算为美元，即将汇率法与购买力评价法①结合，取其平均值，这样既具有可比性，又有一定的完整性。

3. 工业化综合指数与阶段划分

工业化综合指数计算的基本思路是对上述 5 个指标进行无量纲化处理后，通过加权运算得到。首先，采用阶段阈值法对各评价指标进行无量纲化处理，计算公式为：

---

① 购买力平价（purchasing power parity，PPP）在经济学上，是一种根据各国不同的价格水平计算出来的货币之间的等值系数，以对各国的国内生产总值进行合理比较。购买力平价主要决定于各国单位货币购买力之间的比例。

$$\begin{cases} \lambda_{ik} = (j_{ik} - 2) \times 33 + (X_{ik} - \min_{kj}) / (\max_{kj} - \min_{kj}) \times 33, \; j_{ik} = 2, \, 3, \, 4 \\ \lambda_{ik} = 0, \; j_{ik} = 1 \\ \lambda_{ik} = 100, \; j_{ik} = 5 \end{cases} \qquad (4\text{-}1)$$

式（4-1）中，i 表示第 i 个地区，k 表示第 k 个指标，λ_{ik} 表示 i 地区 k 指标的评价值，j_{ik} 表示该地区 k 指标所处的工业化阶段，j_{ik} 的取值区间为 1~5，如果 $j_{ik}=5$，则 $\lambda_{ik}=100$（即表示 i 地区的 k 指标已经达到后工业化阶段的标准），如果 $j_{ik}=1$，则 $\lambda_{ik}=0$（即表示 i 地区的 k 指标还处于前工业化阶段），X_{ik} 表示 i 地区的 k 指标的实际值，$\max_{kj}$ 表示 k 指标在 j 阶段的最大参考标志值，$\min_{kj}$ 表示 k 指标在 j 阶段的最小参考标志值，$\lambda_{ik} \in [0,\ 100]$。

在得到 5 个基本指标的分值后，利用加权合成法计算得到反映地区工业化水平和进程的综合指数 K，$K \in [0,\ 100]$，计算公式为：

$$K = \sum_{i=1}^{n} \lambda_i W_i \qquad (4\text{-}2)$$

式中，λ_i 表示每个指标的评价值，n 表示评价指标的个数；W_i 表示每个评价指标的权重，权重取值依据陈佳贵等（2012a，2012b）的研究结果，见表 4-4。

表 4-4　工业化水平评价指标权重

指标	人均 GDP	三次产业产值比	制造业增加值占比	人口城镇化率	第一产业就业人数占比
权重	0.36	0.22	0.22	0.12	0.08

资料来源：陈佳贵等，2012b

得到工业化综合指数后，依据表 4-5 中不同工业化阶段的划分标准，即可以判断不同区域、不同省份所处的工业化阶段。

表 4-5　工业化各阶段的划分标准与表示方法

阶段	前工业化	工业化初期	工业化中期	工业化后期	后工业化
K 值	0	(0, 33)	[33, 66)	[66, 100)	100
符号	一	二	三	四	五

阶段	前工业化	工业化初期		工业化中期		工业化后期		后工业化
		前半阶段	后半阶段	前半阶段	后半阶段	前半阶段	后半阶段	
K 值	0	(0, 17)	[17, 33)	[33, 50)	[50, 66)	[66, 83)	[83, 100)	100
符号	一	二（Ⅰ）	二（Ⅱ）	三（Ⅰ）	三（Ⅱ）	四（Ⅰ）	四（Ⅱ）	五

资料来源：陈佳贵等，2012a

（三）阶段性配置特征判断

表 4-6 显示了全国及四大区域 2003~2011 年的工业化水平，可以看出，2011
年年末我国整体上已处于工业化后期的前半阶段[①]，在近 10 年时间内，实现了从
工业化中期前半阶段到工业化后期前半阶段的快速跨越。东部地区工业化进程稳
步推进，在 2007 年前后已进入工业化后期前半阶段。中西部地区的工业化进程
起步较晚，2003 年中西部地区仅处于工业化前期后半阶段，经过近 10 年的发
展，到 2011 年年末中部地区进入了工业化中期后半阶段，西部地区进入工业化
中期前半阶段。东北地区工业化进程推进速度较慢，仅仅完成了从工业化后期前
半阶段向工业化后期后半阶段的过渡。从工业化水平综合指数来看，除 2003 年
东北地区略高于全国水平外，其余年份中部、西部、东北均低于全国水平，而东
部地区则明显高于全国水平，可以判定，东部地区的工业化发展对全国工业化水
平的提升起到了决定性作用。

表 4-6　2003 年、2007 年和 2011 年全国及各区域工业化水平

地区	2003 年		2007 年		2011 年	
	综合指数	工业化阶段	综合指数	工业化阶段	综合指数	工业化阶段
全国	40.9	三（Ⅰ）	52.6	三（Ⅱ）	69.6	四（Ⅰ）
东部	60.0	三（Ⅱ）	71.9	四（Ⅰ）	80.2	四（Ⅰ）
中部	29.5	二（Ⅱ）	39.1	三（Ⅰ）	51.3	三（Ⅱ）
西部	20.2	二（Ⅱ）	30.3	二（Ⅱ）	41.7	三（Ⅰ）
东北	42.1	三（Ⅰ）	48.0	三（Ⅰ）	62.4	三（Ⅱ）

为充分反映工业化水平变化与新增工业用地投入之间的数量关系，此处建立
新增工业用地平均投入量指标来表征工业化水平综合指数每提高 1 个分值需要投
入的新增工业用地数量，即某时期工业用地累积增量与工业化水平综合指数累积
变化的比值。

伴随我国工业化进程的快速推进，工业生产空间迅速拓展，工业用地规模不
断扩张，在不同工业化阶段主要表现出以下配置特征：

---

① 由于本书仅计算了 2003 年、2007 年、2011 年三年的工业化水平综合指数，而不同工业化阶段的过渡并
不一定是在这三年完成，故本书对工业化轨迹的判断是近似的。根据陈佳贵等（2006，2012a，2012b）的测算结
果，在"十一五"末，中国的工业化已进入工业化后期阶段。

1. 全国新增工业用地平均投入量相对稳定，区域间差异较大

2003～2011年，我国工业化水平综合指数累积增长28.7，新增工业用地平均投入为26 345.72公顷，即我国工业化水平综合指数每提高1个分值，平均需新增工业用地26 345.72公顷，新增工业用地平均投入量在时段B（2007～2011年）内与时段A（2003～2007年）内相差不大，就全国来说，新增工业用地平均投入量相对稳定。在四大区域中，东部地区工业化水平提升需要投入的新增工业用地最多，整体上看，东部地区工业化水平综合指数每提高1个分值，平均需新增工业用地17 110.41公顷，而中部、西部和东北地区分别需8585.22公顷、6662.85公顷、3844.75公顷。从时段B与时段A新增工业用地平均投入的对比情况看，东部、中部地区相差不大，随着工业化进程的推进，东部、中部地区新增工业用地平均投入将按1.6～1.7的比例扩张；同期西部平均投入比达到2.60，反映出西部地区在后续工业化水平的提升过程中，工业用地量将有较大规模增长；而东北地区在时段B的新增工业用地平均投入量仅为时段A的0.49，可以看出东北地区工业化水平综合指数在时段B增长较快，以较少的工业用地扩张支撑了较大幅度的工业化水平增长（表4-7）。

表4-7 2003～2011年全国及各区域分时段工业用地平均投入量

地区	2003～2007年（时段A）		2007～2011年（时段B）		2003～2011年		时段B与A新增工业用地平均投入量比
	综合指数累积变化	新增工业用地平均投入量/公顷	综合指数累积变化	新增工业用地平均投入量/公顷	综合指数累积变化	新增工业用地平均投入量/公顷	
全国	11.7	24 983.29	16.9	27 291.46	28.7	26 345.72	1.09
东部	11.9	13 400.19	8.3	22 384.32	20.2	17 110.41	1.67
中部	9.7	6 427.65	12.2	10 291.66	21.9	8 585.22	1.60
西部	10.1	3 607.74	11.4	9 375.54	21.5	6 662.85	2.60
东北	6.0	6 028.92	14.4	2 941.88	20.3	3 844.75	0.49

注：由于工业化阶段综合得分根据年末数据计算，故时段A统计2004～2007年新增城市工业用地投入情况，时段B统计2008～2001年新增城市工业用地投入情况

2. 工业化阶段过渡中各省份新增工业用地平均投入差异明显

通过分析2003～2011年各省份工业化阶段的过渡情况，并结合表4-8可见，新增工业用地平均投入量较大的省份多数处于从工业化中期向工业化后期的过渡

阶段，且这些省份多数位于东部沿海地区，经济总量、人口规模、产业结构等多方面因素决定了这些省份需要消耗更大规模的工业用地来提高地区工业化水平。新增工业用地平均投入量较少的省份多数处于工业化前期向工业化中期的过渡阶段，这些省份多位于中西部地区，经济发展相对滞后、工业规模较小，在工业化进程的推进中以较少的工业用地就能支撑地区工业的发展。不难发现，随着工业化水平的不断提高，工业化水平综合指数每提高 1 个分值需要更大规模的工业用地来支撑地区工业经济的发展。

表 4-8　　2003～2011 年各省份新增工业用地平均投入量

地区	2003 年		2011 年		综合指数累积变化	工业用地累积增量/公顷	新增工业用地平均投入量/公顷	排序
	综合指数	阶段	综合指数	阶段				
江苏	60.9	三（Ⅱ）	86.6	四（Ⅱ）	25.7	67 805.83	2 633.57	1
山东	46.9	三（Ⅰ）	75.2	四（Ⅰ）	28.3	74 286.52	2 622.73	2
广东	62.4	三（Ⅱ）	81.2	四（Ⅰ）	18.7	43 661.34	2 328.62	3
湖北	39.4	三（Ⅰ）	58.8	三（Ⅱ）	19.5	43 447.26	2 231.34	4
河南	28.7	二（Ⅱ）	50.9	三（Ⅱ）	22.2	47 561.96	2 140.23	5
浙江	63.1	三（Ⅱ）	81.1	四（Ⅰ）	18	35 845.86	1 988.29	6
河北	40.1	三（Ⅰ）	58	三（Ⅱ）	17.9	33 142.99	1 854.56	7
天津	78.1	四（Ⅰ）	91.5	四（Ⅱ）	13.4	23 886.24	1 781.48	8
福建	49.1	三（Ⅰ）	75.1	四（Ⅰ）	26.1	43 072.85	1 653.36	9
辽宁	52.8	三（Ⅱ）	79.4	四（Ⅰ）	26.6	44 009.32	1 652.06	10
安徽	26.6	二（Ⅱ）	48.7	三（Ⅰ）	22.1	36 058.58	1 630.76	11
黑龙江	33.3	三（Ⅰ）	45.2	三（Ⅰ）	11.8	15 504.72	1 310.39	12
湖南	27.3	二（Ⅱ）	54.5	三（Ⅱ）	27.2	30 320.07	1 113.58	13
四川	15.8	二（Ⅰ）	47.1	三（Ⅰ）	31.3	32 105.48	1 024.44	14
江西	22.5	二（Ⅱ）	54.6	三（Ⅱ）	32.1	24 024.08	747.59	15
吉林	34	三（Ⅰ）	62.3	三（Ⅱ）	28.3	18 726.03	661.06	16
贵州	12.4	二（Ⅰ）	26.9	二（Ⅱ）	14.5	9 500.93	653.73	17
山西	35.7	三（Ⅰ）	45.4	三（Ⅰ）	9.7	6 312.46	651.75	18
陕西	19.1	二（Ⅱ）	51.4	三（Ⅱ）	32.3	19 932.14	616.80	19
广西	14.1	二（Ⅰ）	47.2	三（Ⅰ）	33.1	19 406.10	586.00	20
新疆	12.1	二（Ⅰ）	37.3	三（Ⅰ）	25.2	13 997.14	555.11	21
内蒙古	24.5	二（Ⅱ）	60	三（Ⅱ）	35.5	18 803.62	529.89	22

续表

地区	2003 年		2011 年		综合指数累积变化	工业用地累积增量/公顷	新增工业用地平均投入量/公顷	排序
	综合指数	阶段	综合指数	阶段				
重庆	31.4	二（Ⅱ）	68.7	三（Ⅱ）	37.3	13 660.21	366.16	23
云南	17.1	二（Ⅱ）	34.4	三（Ⅰ）	17.3	5 869.01	339.17	24
甘肃	19	二（Ⅱ）	31.2	二（Ⅱ）	12.2	3 698.04	302.13	25
宁夏	21.8	二（Ⅱ）	47.6	三（Ⅰ）	25.8	4 172.27	161.61	26
青海	16.2	二（Ⅰ）	50.9	三（Ⅱ）	34.7	1 908.34	55.06	27
海南	3.5	二（Ⅰ）	31	二（Ⅱ）	27.5	1 434.38	52.16	28
西藏	5.3	二（Ⅰ）	27.3	二（Ⅱ）	22	3 99.72	18.16	29
北京	89.8	四（Ⅱ）	100	五				
上海	94.2	四（Ⅱ）	100	五				

注：因北京、上海在 2003～2011 年已进入后工业化阶段，综合得分达到 100，故本表未进行相关计算。新增工业用地累积增量指 2004～2011 年各年新增工业用地的累积量

3. 工业化不同阶段，各省份新增工业用地年均增幅差异较大

通过分析 2003～2011 年各省份工业化阶段的过渡情况，并结合表 4-9，从 2003～2007 年和 2007～2011 年两个时段工业用地年均增量来看，除吉林、福建、西藏、上海、北京外，其余省份新增工业用地都存在不同程度的增幅。仅吉林、福建有小幅下降，工业用地年均增量仍然较大；西藏由于工业规模较小、制造业占比较低、工业结构不完整等原因，新增工业用地不同年份差异较大；北京、上海已进入后工业化阶段，伴随产业结构转型升级、制造业结构不断优化，新增工业用地规模下降明显。从时段 B 与时段 A 工业用地年均增量比可以看出，增量比在 1.5 以上的省份多数处于工业化前期向工业化中期的过渡阶段，且多数位于中西部地区，反映出这些省份在工业化前期向工业化中期过渡阶段推进速度较快，工业用地扩张迅速，新增工业用地需求不断增大。东部地区多数省份年均增量比在 1.5 以下，进入工业化后期阶段，工业化推进速度逐渐放缓，工业用地年均需求较稳定，涨幅相对较小。

此外，通过比较表 4-8 与表 4-9 可以发现，处于工业化中期向工业化后期过渡阶段的东部沿海省份，尽管工业化水平综合指数每提高 1 个分值需要较大规模的工业用地，处于工业化前期向工业化中期过渡阶段的中西部省份，尽管工业化水平综合指数每提高 1 个分值需要较小规模的工业用地，但是，东部沿海省份工业用地年均增量相对保持稳定，增幅较小，而中西部省份由于工业化水平推进速度较快，工业

用地年均增量涨幅较大，在后续发展中，工业用地需求将出现明显提升。

表 4-9　2003～2011 年分时段工业用地年均增量变化

地区	2003 年	2007 年	2011 年	2003～2007 年均增量（时段 A）	2007～2011 年均增量（时段 B）	时段 B 与时段 A 年均增量比	排序
山西	三（Ⅰ）	三（Ⅰ）	三（Ⅰ）	76.11	1502.01	19.74	1
贵州	二（Ⅰ）	三（Ⅱ）	三（Ⅱ）	266.40	2108.83	7.92	2
青海	二（Ⅰ）	三（Ⅱ）	三（Ⅱ）	63.26	413.82	6.54	3
甘肃	二（Ⅱ）	二（Ⅱ）	二（Ⅱ）	165.77	758.74	4.58	4
江西	二（Ⅱ）	三（Ⅱ）	三（Ⅱ）	1105.10	4900.92	4.43	5
新疆	二（Ⅰ）	三（Ⅱ）	三（Ⅱ）	744.06	2755.22	3.70	6
河北	三（Ⅰ）	三（Ⅰ）	三（Ⅱ）	1786.35	6499.40	3.64	7
四川	二（Ⅰ）	三（Ⅰ）	三（Ⅰ）	1936.55	6089.81	3.14	8
陕西	二（Ⅱ）	三（Ⅱ）	三（Ⅱ）	1220.77	3762.35	3.08	9
内蒙古	二（Ⅱ）	三（Ⅰ）	三（Ⅰ）	1271.61	3429.29	2.70	10
湖北	三（Ⅰ）	三（Ⅰ）	三（Ⅱ）	3146.16	7715.66	2.45	11
云南	二（Ⅱ）	三（Ⅱ）	三（Ⅰ）	433.30	1033.95	2.39	12
广西	二（Ⅰ）	三（Ⅱ）	三（Ⅱ）	1453.59	3397.94	2.34	13
重庆	二（Ⅱ）	三（Ⅰ）	三（Ⅰ）	1121.38	2293.67	2.05	14
河南	二（Ⅱ）	三（Ⅰ）	三（Ⅱ）	4259.39	7631.10	1.79	15
宁夏	二（Ⅰ）	二（Ⅱ）	三（Ⅰ）	389.63	653.43	1.68	16
安徽	二（Ⅱ）	三（Ⅰ）	三（Ⅰ）	3620.32	5394.33	1.49	17
浙江	三（Ⅱ）	四（Ⅰ）	四（Ⅰ）	3776.14	5185.32	1.37	18
海南	二（Ⅰ）	二（Ⅱ）	二（Ⅱ）	153.53	205.07	1.34	19
辽宁	三（Ⅰ）	三（Ⅰ）	四（Ⅱ）	4735.32	6267.01	1.32	20
湖南	二（Ⅱ）	三（Ⅰ）	三（Ⅰ）	3310.19	4269.83	1.29	21
江苏	三（Ⅱ）	四（Ⅰ）	四（Ⅱ）	7629.34	9322.12	1.22	22
广东	三（Ⅰ）	四（Ⅰ）	四（Ⅰ）	4959.81	5955.52	1.20	23
山东	三（Ⅰ）	三（Ⅱ）	四（Ⅰ）	8614.43	9957.20	1.16	24
黑龙江	三（Ⅰ）	三（Ⅰ）	三（Ⅰ）	1845.69	2030.49	1.10	25
天津	四（Ⅰ）	四（Ⅰ）	四（Ⅱ）	2894.31	3077.25	1.06	26
吉林	三（Ⅰ）	三（Ⅱ）	三（Ⅰ）	2389.68	2291.82	0.96	27
福建	三（Ⅰ）	三（Ⅱ）	四（Ⅰ）	5849.09	4919.12	0.84	28
西藏	二（Ⅰ）	二（Ⅱ）	二（Ⅱ）	66.70	33.23	0.50	29
上海	四（Ⅱ）	五	五	2852.57	1143.29	0.40	30
北京	四（Ⅱ）	四（Ⅱ）	五	1192.24	399.02	0.33	31

注：由于工业化阶段综合得分根据年末数据计算，故时段 A 统计 2004～2007 年新增城市工业用地投入情况，时段 B 统计 2008～2001 年新增城市工业用地投入情况

第四节 简要结论

我国工业格局经历了复杂的演变过程，社会历史条件、区位条件、资源禀赋条件，及国家宏观制度政策等对地区工业结构的形成在不同时期都起到了至关重要的作用。从计划经济体制到市场经济体制，历经数次城市建设用地使用制度改革，我国城市工业用地配置方式逐渐完善，已基本实现市场化配置。由于工业用地使用的复杂性和特殊性，除东部发达地区开始出现少量拍卖及小幅溢价现象外，全国大多数工业用地出让仍是《全国工业用地出让最低价标准》约束下的挂牌底价成交，市场成熟度提升缓慢。如何进一步通过完善出让方式和发挥地价杠杆作用真正撬动工业用地市场，促进资源集约利用，应是下一步工业用地供应制度改革的方向。当然，在土地资源日臻稀缺，供需矛盾不断激化的急迫现实面前，如何调动和开发广泛的农村集体非农建设用地市场，补充城市工业用地需求，也是解决当前经济发展瓶颈的重要出路。

通过分析工业经济发展的区域与行业差异状况可以看出，全国工业呈阶梯状分布，东、中、西部工业发展水平差异明显。非国有经济的发展和出口导向战略共同促进了我国劳动密集型工业向东南沿海地区集聚，资本技术密集型工业也多集中在比较优势明显的东南沿海地区，而资源密集型工业在全国的分布因资源和交通等因素的约束更具分散性；轻工业主要集中在东南沿海一线，重工业主要集中在环渤海及长江三角洲地区，并且重工业受资源、资本及历史基础的影响更加明显；高技术产业在广东、江苏分布最为集中，受对外开放程度、区域创新能力等影响明显。

面对经济发展的巨大机遇，在20世纪90年代初期和21世纪之初我国工业用地扩张迅速，尽管得到有效治理，抑制住了面上急速扩张的趋势，但已经隐性存在的工业用地并未消失，多数以其他名义和形式存活下来。近年来，伴随我国城镇化、工业化进程的加快，新增工业用地面积依然逐年增加，沿海经济发达省份仍是新增工业用地的主力军。通过分析工业化不同阶段地区的工业用地配置数量变化，可以看出，东部地区工业化水平提升需要投入的新增工业用地最多，但中西部地区在后续工业化水平的提升过程中，工业用地量也将有较大规模增长；新增工业用地平均投入量较大的省份多数位于东部地区，处于从工业化中期向工业化后期的过渡阶段；新增工业用地平均投入量较少的省份多数位于中西部地区，处于工业化前期向工业化中期的过渡阶段；随着工业化水平的提高，工业化水平综合指数每提高1个分值需要更大规模的工业用地来支撑地区工业的发展。科学判断不同地区的经济发展阶段及工业用地供需变化，制定差别化的工业用地供给策略，不断提高工业用地利用效率，尤其是鼓励东部发达省份进行制度创新和存量挖潜，都是解决工业用地供需矛盾的重要途径。

第五章 城市工业用地利用效率的区域差异[①]

中国工业产业分布极不均衡,东部沿海地区经济发达,工业产业层次高,高技术产业发展迅速,外商及港澳台投资企业多,中西部地区工业规模相对较小,产业层次相对较低,反映到土地利用上就表现出工业用地利用效率在我国不同地区存在较大差异。但无论东部地区还是中西部地区,都面临土地资源稀缺的困境,在保护耕地和保障发展的双重压力下,加快产业转型升级,提高建设用地利用效率是实现经济和谐发展的重要途径。

本章选择中国 30 个省份作为工业用地利用效率的宏观决策单元,利用 2001~2011 年省域层面工业产出与投入要素的面板数据。首先,**在有差异视角下**,采用数据包络分析方法(DEA)和随机前沿分析方法(SFA)测算各省份的工业用地利用效率;基于工业分布显著的地区差异性,利用聚类分析方法对工业用地利用效率进行区域划分与区域差异分析。然后,**在无差异的视角下**,分析容积率指数的区域差异和工业用地面积修正前后利用效率的变化。最后,利用空间计量经济方法检验影响工业用地利用效率区域差异的诸多因素,探究不同省份工业用地利用效率差异的原因,从宏观层面为制定工业用地利用效率提升的对策和措施提供理论依据。

第一节 区域工业用地利用效率测度

一、生产单元选择与变量设定

本章的主要研究目的是针对全国工业用地利用情况,在约束经济产出的条件下,从省域层面测度工业用地实际投入量与有效使用量之间的差距,并深入考察这种差距产生的主要原因,为切实有效地提高我国工业用地利用效率和集约利用水平提供理论依据。为了使测算与分析结果更具现实意义和研究参考价值,基于工业生产的地区差异性分别将中国 30 个省份(未包括港澳台、西藏)抽象化为具

---

① 本章主要内容已在《资源科学》和《自然资源学报》发表,参见:中国省域工业用地利用效率时空差异及影响因素研究,资源科学,2014,36(10):2046~2056;基于容积率指数和单要素 DEA 方法的工业用地利用效率区域差异研究,自然资源学报,2015,30(6):903-916。

有相同投入产出指标体系的工业生产单元。

在对省域工业用地利用效率进行测度时，本部分采用 2001～2011 年省域面板数据集[①]。在变量选取方面，选择土地面积（G）、劳动力规模（L）和资本存量（K）作为工业生产投入变量，选择工业总产值（Y）作为产出变量。

二、实证模型选择

本部分主要使用 2001～2011 年中国 30 个省份（未包括港澳台、西藏）的工业产出与投入要素面板数据来测度省域层面的工业用地利用效率。利用在第三章第二节中介绍的工业用地利用效率测度方法，本部分首先构建基于面板数据的 DEA 和 SFA 测度模型。

（一）DEA 模型

把各省份看成一个工业生产的决策单元时，将土地面积（G）、劳动力规模（L）、资本存量（K）作为各决策单元的生产投入，将工业总产值（Y）作为各决策单元的产出。对于决策单元 i 来说，用列向量 x_{it} 和 y_{it} 分别表示 t 时间的投入产出。对于所有 N 个决策单元，X_t 表示 t 时间的投入矩阵，Y_t 表示 t 时间的产出矩阵。通过求解下面线性规划模型可以得到每个决策单元 VRS 模型下的工业生产技术效率：

$$
\begin{aligned}
TE_{it} = &\operatorname*{Min}_{\theta,\lambda} \theta_{it} \\
\text{s.t.} \quad &-y_{it} + Y_t\lambda \geqslant 0 \\
&\theta_{it} x_{it} - X_t\lambda \geqslant 0 \\
&N1'\lambda = 1 \\
&\lambda \geqslant 0
\end{aligned}
\tag{5-1}
$$

在工业用地利用效率 DEA 测度方法的框架内构建面板数据的测度模型，VRS 模型下所要测度工业用地利用效率即是求解下列线性规划模型：

$$
\begin{aligned}
GE_{it} = &\operatorname*{Min}_{\theta,\lambda} \theta_{it}^g \\
\text{s.t.} \quad &-y_{it} + Y_t\lambda \geqslant 0 \\
&\theta_{it}^g x_{it}^g - X_t^g\lambda \geqslant 0 \\
&x_{it}^{n-g} - X_t^{n-g}\lambda \geqslant 0 \\
&N1'\lambda = 1 \\
&\lambda \geqslant 0
\end{aligned}
\tag{5-2}
$$

---

① 各变量具体数据来源与处理详见本书第一章第四节。

式中，θ_{it}^g 为决策单元 i 在 t 时间工业用地利用效率得分标量，λ 是 $N \times 1$ 阶常数向量，x_{it}^g 表示决策单元 i 在 t 时间的土地资源投入，X_t^g 是所有决策单元在 t 时间的土地资源投入矩阵，x_{it}^{n-g} 表示决策单元 i 在 t 时间的其他生产要素投入（劳动、资本），X_t^{n-g} 是所有决策单元在 t 时间的其他生产要素投入矩阵。

通过放松式（5-1）和式（5-2）中的凸约束限制条件，就可以进行 CRS 模型下工业生产技术效率和工业用地利用效率的测算。

（二）SFA 模型

目前已有的关于生产技术效率的随机前沿分析实证研究主要采用 C-D 生产函数和超对数生产函数（translog production function）模型。C-D 生产函数模型设定简单，待估参数较少，并且容易估算，但该模型假设过强；超对数生产函数是更具一般性的变替代弹性生产函数模型，可以直接采用单方程线性模型的估计方法进行估计，并且可以作为任何形式的生产函数的近似，理论上具有更广泛的适用性，超对数生产函数放宽了中性技术进步的假设，较为灵活，但会引发较严重的多重共线性，导致参数估计结果无效。因此，本书同时采用 C-D 生产函数和超对数生产函数作为随机前沿生产函数，以参数估计结果较优的模型进行效率测度分析。

本书主要选择土地面积（G）、劳动力规模（L）、资本存量（K）作为工业生产的投入变量，选择工业总产值（Y）作为工业生产的产出变量，并加入时间趋势变量 t，来反映技术变化。

1. 实证模型

分别采用 C-D 生产函数和 Translog 生产函数并进行对数处理后的随机前沿生产函数可表示为：

$$\ln Y_{it} = \beta_0 + \beta_G \ln G_{it} + \beta_K \ln K_{it} + \beta_L \ln L_{it} + \beta_t t + (v_{it} - u_{it}) \tag{5-3}$$

$$
\begin{aligned}
\ln Y_{it} = & \beta_0 + \beta_G \ln G_{it} + \beta_K \ln K_{it} + \beta_L \ln L_{it} + \beta_t t \\
& + \frac{1}{2}[\beta_{GG}(\ln G_{it})^2 + \beta_{KK}(\ln K_{it})^2 + \beta_{LL}(\ln L_{it})^2 + \beta_{tt}t^2] \\
& + \beta_{GK} \ln G_{it} \ln K_{it} + \beta_{GL} \ln G_{it} \ln L_{it} + \beta_{KL} \ln K_{it} \ln L_{it} \\
& + \beta_{Gt} t \ln G_{it} + \beta_{Kt} t \ln K_{it} + \beta_{Lt} t \ln L_{it} + (v_{it} - u_{it})
\end{aligned}
\tag{5-4}
$$

对上述模型进行参数估计时，如何准确估计随机误差项 v_{it} 和管理误差项 u_{it} 成为最关键的问题。将观测值的随机误差项和管理误差项作为整体随机项

（$v_{it}-u_{it}$）的估计结果可能是不一致的（Schmidt and Sickles，1984）。

根据 Battese 和 Coelli（1995）的方法，式（5-3）中管理误差项（技术无效率部分）u_{it} 可以被定义为：

$$u_{it} = z_{it}\delta_u + W_{it} \tag{5-5}$$

上式是对工业生产技术无效率部分外生影响因素的表述，其中，z_{it} 是与工业生产技术无效率相关的解释变量，δ_u 是待估系数，W_{it} 是随机误差项，服从对称的截尾正态分布 $N(0,\delta_u^2)$。本部分主要从区域经济发展状况、工业产业发展特征、工业研发投入 3 个方面选择 9 个指标来表征区域工业生产无效率的外生影响因素（表 5-1）。

表 5-1　工业生产无效率影响因素说明[①]

影响因素	变量名称	变量说明
区域经济发展状况	地区经济发展水平（GRPP）	人均地区生产总值（万元/人）
	工业劳动力成本（LI）	制造业城镇单位就业人员平均工资（元/年）
工业产业发展特征	国有企业产权比（GP）	国有企业占规模以上工业企业比例（%）
	大中型工业企业比（BMP）	大中型工业企业占规模以上工业企业比例（%）
	高技术产业产值比（HTP）	高技术产业总产值占地区工业总产值比例（%）
	重工业产值比（HIP）	重工业总产值占地区工业总产值比例（%）
	外商投资产值比（FDI）	外商投资工业总产值占地区工业总产值比例（%）
工业研发投入	R&D 人员比（RDP）	工业研发人员占工业从业总人员比例（%）
	R&D 投入比（RDI）	工业研发资金占地区工业增加值比例（%）

Greene（1990，2003）等发展起来的最大似然估计方法（maximum likelihood estimation）可以同时估计随机前沿函数的参数和无效率部分影响因素的系数。最大似然估计方法的基本思路是根据 Battese 和 Corra（1977）变换，利用两个参数 $\sigma^2 = \sigma_v^2 + \sigma_u^2$ 和 $\gamma = \sigma_u^2/(\sigma_v^2 + \sigma_u^2)$ 分别代替随机扰动项方差（σ_v^2）和管理误差项方差（σ_u^2），从而构建被估计方程的最大似然函数，通过计算 σ^2 和 γ 的最佳拟合值，得到 σ_v^2 和 σ_u^2（以及 u）的无偏一致有效估计。很显然，γ 的值介于 0 和 1 之间，如果 γ 接近 1，说明生产前沿函数的误差主要来源于管理误差项，是由生产技术的无效率导致；如果 γ 接近 0，说明生产前沿函数的误差主要来源于随机误差项。

---

① 地区经济发展水平（GRPP）、工业劳动力成本（LI）分别用地区生产总值价格平减指数、地区商品零售价格指数缩减为 2001 年价格水平。

假设生产单元 i 位于生产前沿面上时的产出为 $\hat{Y}_{it}$，此时不存在技术效率损失，管理误差项 $u_{it}=0$，式（5-3）和式（5-4）变为：

$$\ln \hat{Y}_{it} = \beta_0 + \beta_G \ln G_{it} + \beta_K \ln K_{it} + \beta_L \ln L_{it} + \beta_t t + v_{it} \qquad (5\text{-}6)$$

$$\begin{aligned}
\ln \hat{Y}_{it} &= \beta_0 + \beta_G \ln G_{it} + \beta_K \ln K_{it} + \beta_L \ln L_{it} + \beta_t t \\
&+ \frac{1}{2}[\beta_{GG}(\ln G_{it})^2 + \beta_{KK}(\ln K_{it})^2 + \beta_{LL}(\ln L_{it})^2 + \beta_{tt}t^2] \\
&+ \beta_{GK} \ln G_{it} \ln K_{it} + \beta_{GL} \ln G_{it} \ln L_{it} + \beta_{KL} \ln K_{it} \ln L_{it} \\
&+ \beta_{Gt}t \ln G_{it} + \beta_{Kt}t \ln K_{it} + \beta_{Lt}t \ln L_{it} + v_{it}
\end{aligned} \qquad (5\text{-}7)$$

那么生产单元 i 在时间 t 的技术效率可表示为：

$$TE_{it} = \frac{Y_{it}}{\hat{Y}_{it}} = \exp(-u_{it}) \qquad (5\text{-}8)$$

下面，假设其他生产投入要素保持不变，工业生产仍然处于有效水平，此时，最小可行土地资源投入量为 $\hat{G}_{it}$，工业产出为 $\hat{Y}_{it}^G$，经对数处理后的有效产出可分别表示为：

$$\ln \hat{Y}_{it}^G = \beta_0 + \beta_G \ln \hat{G}_{it} + \beta_K \ln K_{it} + \beta_L \ln L_{it} + \beta_t t + v_{it} \qquad (5\text{-}9)$$

$$\begin{aligned}
\ln \hat{Y}_{it}^G &= \beta_0 + \beta_G \ln \hat{G}_{it} + \beta_K \ln K_{it} + \beta_L \ln L_{it} + \beta_t t \\
&+ \frac{1}{2}[\beta_{GG}(\ln \hat{G}_{it})^2 + \beta_{KK}(\ln K_{it})^2 + \beta_{LL}(\ln L_{it})^2 + \beta_{tt}t^2] \\
&+ \beta_{GK} \ln \hat{G}_{it} \ln K_{it} + \beta_{GL} \ln \hat{G}_{it} \ln L_{it} + \beta_{KL} \ln K_{it} \ln L_{it} \\
&+ \beta_{Gt}t \ln \hat{G}_{it} + \beta_{Kt}t \ln K_{it} + \beta_{Lt}t \ln L_{it} + v_{it}
\end{aligned} \qquad (5\text{-}10)$$

在工业产出保持不变的条件下，分别假设式（5-3）与式（5-9）相等、式（5-4）与式（5-10）相等，可以得到：

$$\beta_G \ln \frac{\hat{G}_{it}}{G_{it}} + u_{it} = 0 \qquad (5\text{-}11)$$

$$\begin{aligned}
&\beta_G \ln \frac{\hat{G}_{it}}{G_{it}} + \frac{1}{2}\beta_{GG}[(\ln \hat{G}_{it})^2 - (\ln G_{it})^2] + \beta_{GK} \ln K_{it} \ln \frac{\hat{G}_{it}}{G_{it}} \\
&+ \beta_{GL} \ln L_{it} \ln \frac{\hat{G}_{it}}{G_{it}} + \beta_{Gt}t \ln \frac{\hat{G}_{it}}{G_{it}} + u_{it} = 0
\end{aligned} \qquad (5\text{-}12)$$

于是，C-D 生产函数作为随机前沿生产函数时，生产单元 i 在时间 t 的工业用地利用效率为：

$$GE_{it} = \exp(-u_{it} / \beta_G) \tag{5-13}$$

另外，依据 Reinhard 等（1999）的研究成果，Translog 生产函数作为随机前沿生产函数时，在 SFA 测度的理论方法的框架内，式（5-12）可以转换为以下求解模型，生产单元 i 在时间 t 的工业用地利用效率为：

$$GE_{it} = \exp[(-\zeta_{it} \pm \sqrt{\zeta_{it}^2 - 2\beta_{GG}u_{it}}) / \beta_{GG}] \tag{5-14}$$

式中：

$$\zeta_{it} = \frac{\partial \ln Y_{it}}{\partial \ln G_{it}} = \beta_G + \beta_{GG}\ln G_{it} + \beta_{GK}\ln K_{it} + \beta_{GL}\ln L_{it} + \beta_{Gt}t \tag{5-15}$$

需要说明的是，在弱单调性限制下，工业生产技术效率高的生产单元也一定是工业用地利用效率高的生产单元，并且当 $u_{it}=0$ 时有 $\ln GE_{it}=0$，因此，在式（5-14）中只能取正的平方根。

根据上述对工业用地利用效率测度方法的描述，可以看出，利用最大似然估计方法可以得到随机生成前沿函数的参数以及工业生产无效率影响因素的系数，工业用地利用效率的测度是根据随机前沿生产函数的参数和管理误差项计算得到的，与误差分布假设没有直接关系。因此，上述方法不能同时分析工业用地利用效率的影响因素，需要进一步构建计量回归模型进行分析。

2. 模型检验

一般来说，C-D 生产函数模型简单，不含投入要素的交互项，没有考虑要素之间的替代效应，生产函数的技术结构属于线性齐次方程，也没有考虑技术变化的非线性特征（迟海军，2013）。C-D 生产函数在总量数据的分析中被广泛采用，但此处与 Translog 生产函数相比，哪个更适合此处对省域层面工业生产技术效率的测度，需要进行模型检验。该检验的原假设 H_0：$\beta_{mj}=0$，$m \leqslant j$，m，$j=G$，K，L。

在工业生产实践中，知识的积累和技术进步会渗透到各种投入要素之中，技术是非中性的。技术中性是指管理技术存在于生产的要素投入之外，即投入要素的变化不会导致经营管理和生产技术的变化。在超对数生产函数模型中用时间 t 与投入变量的交互项来衡量技术非中性特征，为检验技术非中性，需检验原假设 H_0：$\beta_{mt}=0$，$m=G$，K，L。

另外，用时间 t 和 t^2 表示技术变量，在技术非中性模型中，技术进步不仅体现在引进先进的工业生产技术等有形载体上，而且还反映在工业生产经营管理水平的改进中。为检验是否存在技术进步，需检验原假设 H_0：$\beta_t=\beta_{tt}=0$。

以上 3 项假设检验，可利用广义似然比统计量（LR）进行检验，广义似然比统计量形式如下：

$$LR = -2\{\ln[L(H_0)/L(H_1)]\} = -2[\ln L(H_0) - \ln L(H_1)] \qquad (5\text{-}16)$$

式中，$L(H_0)$ 和 $L(H_1)$ 分别表示原假设（H_0）和备则假设（H_1）下的似然函数值，单边似然比统计量 LR 与临界值比较，如果 H_0 成立，则 LR 统计量服从 χ^2 分布，自由度为约束个数。在 Kodde 和 Palm（1986）的研究中列出了与各自由度对应的单边广义似然比检验临界值表。

三、测度结果分析

（一）DEA 方法测度结果

本书使用 2001～2011 年全国 30 个省份工业生产投入产出的数据，分别利用 DEAP 2.1 软件测算 CRS 和 VRS 模型下各省份工业生产技术效率，通过编写程序代码在 GAMS 22.0[①]软件中实现 CRS 和 VRS 模型下工业用地利用效率的测算。全国各省份 2001～2011 年工业生产技术效率与工业用地利用效率平均值见表 5-2。

CRS 和 VRS 模型下，工业生产技术效率的平均值分别是 0.716 和 0.754，说明大量省份在工业生产中存在无效率状况。在规模效益不变的 DEA 模型中，仅广东工业生产有效率，在规模收益可变的 DEA 模型中，上海、广东、海南、青海工业生产有效率。CRS 和 VRS 模型下，各省份工业用地利用效率的平均值分别是 0.477 和 0.560，工业用地使用中的无效率状况更加普遍和严重。在 CRS 模型中，同样只有广东处于有效水平，VRS 模型中，同样是上海、广东、海南、青海处于有效水平。从表 5-2 中可以看出，除广东外其余各省份，CRS 模型下的效率值均低于 VRS 模型下的效率值，说明这些省份均存在规模无效率，其中工业生产规模效率较低的有青海、宁夏，工业用地规模效率较低的有青海、宁夏、贵州等地。

表 5-2　2001～2011 年全国各省份工业用地利用效率均值（DEA）

地区	工业生产技术效率-CRS	工业生产技术效率-VRS	工业用地利用效率-CRS	工业用地利用效率-VRS
北京	0.913	0.925	0.599	0.612
天津	0.986	0.991	0.979	0.989
河北	0.599	0.612	0.431	0.443
山西	0.336	0.342	0.233	0.272
内蒙古	0.581	0.600	0.262	0.307
辽宁	0.803	0.832	0.519	0.670

---

① GAMS（the general algebraic modeling system）是一款专门用于数学规划和优化的高级建模软件。

续表

地区	工业生产技术效率-CRS	工业生产技术效率-VRS	工业用地利用效率-CRS	工业用地利用效率-VRS
吉林	0.732	0.740	0.420	0.445
黑龙江	0.625	0.640	0.311	0.324
上海	0.990	1.000	0.898	1.000
江苏	0.950	0.978	0.747	0.886
浙江	0.909	0.917	0.755	0.769
安徽	0.642	0.662	0.312	0.326
福建	0.941	0.950	0.897	0.915
江西	0.645	0.673	0.264	0.308
山东	0.873	0.903	0.658	0.753
河南	0.551	0.563	0.302	0.316
湖北	0.632	0.642	0.399	0.412
湖南	0.669	0.692	0.288	0.311
广东	0.999	1.000	0.998	1.000
广西	0.666	0.692	0.249	0.289
海南	0.964	1.000	0.839	1.000
重庆	0.711	0.737	0.412	0.448
四川	0.731	0.760	0.344	0.361
贵州	0.449	0.469	0.204	0.312
云南	0.900	0.927	0.542	0.643
陕西	0.523	0.540	0.296	0.343
甘肃	0.543	0.560	0.313	0.384
青海	0.437	1.000	0.188	1.000
宁夏	0.404	0.485	0.199	0.390
新疆	0.772	0.800	0.438	0.556
平均值	0.716	0.754	0.477	0.560

图 5-1 显示了 2001～2011 年不同 DEA 模型下，工业生产技术效率和工业用地利用效率平均值的频率分布情况。从工业生产技术效率来看，所有省份效率分值都在 0.3 以上，在区间 0.6～0.7 和 0.9～1.0，分布较集中。CRS 模型下有一半省份效率分值高于 0.70，VRS 模型下超过一半省份效率分值高于 0.70。从工业用地利用效率来看，超过一半省份效率分值在 0.5 以下，在区间 0.2～0.3 和 0.3～

0.4，分布较集中。图 5-2 显示了工业生产技术效率与工业用地利用效率累积频率分布情况，可以明显看出，相比工业生产技术效率，更多省份存在较低的工业用地利用效率。

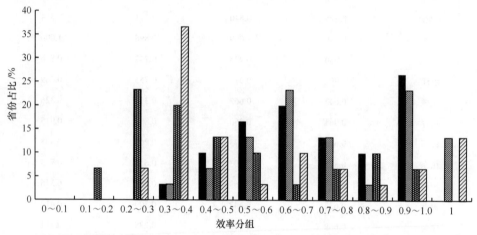

图 5-1　工业生产技术效率与工业用地利用效率频率分布（DEA）

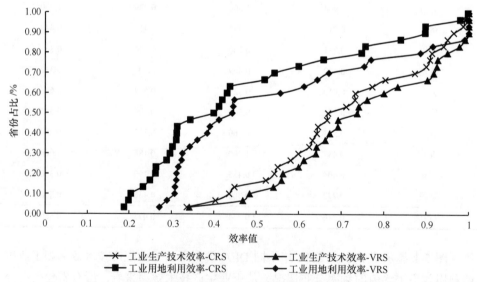

图 5-2　工业生产技术效率与工业用地利用效率累积频率分布

　　为了进一步确定工业生产技术效率与工业用地利用效率之间的关系，本书使用 SPSS 20.0 软件测算了 CRS 和 VRS 效率值的 Pearson 相关系数（表 5-3）。可以看出，CRS 模型下，工业生产技术效率与工业用地利用效率存在高度正相关关系，Pearson 相关系数达到 0.906；VRS 模型下，工业生产技术效率与工业用地利用效率也存在高度正相关关系，Pearson 相关系数为 0.891，略低于 CRS 模型。说明工业用地利用效率同工业生产技术效率一样，能够准确反映生产无效率的不同方面。使用配对样本 t 检验方法进一步验证了工业生产技术效率与工业用地利用效率之间的关系（表 5-4），可以看出，CRS 和 VRS 模型下，工业用地利用效率均显著低于工业生产技术效率，同时意味着，在工业用地利用方面，各省份无法达到工业生产的整体效率水平。

表 5-3　工业生产技术效率与工业用地利用效率 Pearson 相关系数

项目	工业生产技术效率-CRS	工业生产技术效率-VRS	工业用地利用效率-CRS	工业用地利用效率-VRS
工业生产技术效率-CRS	1.000			
工业生产技术效率-VRS	0.863***	1.000		
工业用地利用效率-CRS	0.906***	0.791***	1.000	
工业用地利用效率-VRS	0.723***	0.891***	0.841***	1.000

***表示 1%的显著性水平

表 5-4　工业生产技术效率与工业用地利用效率配对样本 t 检验

项目	差分均值	标准差	均值标准误	t-统计值
CRS：工业用地利用效率-工业生产技术效率	−0.239	0.113	0.021	−11.584***
VRS：工业用地利用效率-工业生产技术效率	−0.195	0.131	0.024	−8.138***

***表示 1%的显著性水平

（二）SFA 方法测度结果

本书使用 2001～2011 年全国 30 个省份工业生产投入和产出的数据，按照式（5-3）和式（5-4）的模型结构，利用 Frontier 4.1 软件分别估计 C-D 生产函数和 Translog 生产函数随机前沿生产函数模型。模型参数的估计结果见表 5-5。

表 5-5　随机前沿生产函数模型参数估计结果

参数	C-D 生产函数		Translog 生产函数	
	估计值	标准误	估计值	标准误
β_0	2.2870***	0.0912	2.6584***	0.7667
β_G	0.2453***	0.0307	0.7014**	0.3442

续表

参数	C-D 生产函数		Translog 生产函数	
	估计值	标准误	估计值	标准误
β_L	0.3312***	0.0317	0.2595	0.3180
β_K	0.4072***	0.0365	−0.1924	0.5057
β_t	0.0806***	0.0062	0.3142***	0.0426
β_{GG}			0.4964***	0.1212
β_{LL}			−0.0640	0.0656
β_{KK}			0.2812***	0.1010
β_{tt}			−0.0123***	0.0031
β_{GL}			−0.0818	0.1531
β_{GK}			−0.7585***	0.1631
β_{KL}			0.1608	0.1233
β_{Gt}			0.0570***	0.0160
β_{Lt}			0.0039	0.0132
β_{Kt}			−0.0631***	0.0180
δ^2	0.0363***	0.0035	0.0265***	0.0035
γ	0.9149***	0.0371	0.8296***	0.0618
Log Likelihood Function	186.3003		196.3574	
LR 似然比检验	396.3210		327.2587	

*、**、***分别表示在 10%、5%、1%水平下显著

　　可见，C-D 生产函数和 Translog 生产函数构建的随机前沿生产函数模型的估计结果显示 γ 均通过了 1%的显著性检验，并且 γ 值均在 0.8 以上，意味着工业生产中的技术无效率是导致产出不足的主要原因。C-D 生产函数模型中，γ 值为 0.9149，说明有 8.51%的生产无效率是由随机误差导致的，Translog 生产函数模型中，γ 值仅为 0.8296，随机误差对生产无效率的影响将近 20%，通过比较 γ 值可以看出 C-D 生产函数模型的对工业生产技术无效率的解释能力更强。从模型参数的估计结果来看，C-D 生产函数模型的待估参数均通过了 1%的显著性检验，且各要素对工业产出均表现出正向关系，各参数的估计结果也大致符合工业生产的实际情况，时间趋势变量 t 也表现出显著的正向影响，表明工业生产有逐年增长的趋势，存在明显的技术进步。Translog 生产函数模型的三个要素投入变量的待估参数仅土地要素的参数通过了显著性检验，但参数估计值偏大，劳动和资本要素参数没有通过显著性检验，且资本要素的参数表现出了负向影响，符号方向

与工业生产的经济意义不一致，时间趋势变量 t 的一次项表现出显著的正向影响，二次项表现出较明显的负向影响，说明工业产出出现下降趋势。

从表 5-6 模型的检验结果可以看出，C-D 生产函数与 Translog 生产函数构建的生产前沿函数模型存在显著差异，C-D 生产函数模型具有较高的 γ 值，对生产无效率的解释能力更强，通过对模型形式的检验也可以看出，在 1% 的显著性水平下，原假设不能被拒绝[①]，说明 C-D 生产函数模型更适合此处对于省域工业生产技术效率的测度。技术非中性和技术进步检验在 1% 的显著性水平下，原假设均被拒绝，说明在工业生产中存在明显的技术进步，并且这种技术进步渗透在要素投入中，对本书而言，现实中最明显的技术非中性现象，即工业设备的不断改良可以渗透在资本变化之中，劳动力素质的提高可以渗透在劳动力规模的变化之中。当然，需要注意 C-D 生产函数要素间替代弹性为固定常数不具有伸缩性（王学渊，2008），将导致测度得到的工业生产技术效率与工业用地利用效率在省域间具有相同的排序。

表 5-6　随机前沿生产函数模型假设检验结果

检验内容	模型	原假设	LR 统计量	自由度	临界值	检验结果
C-D 函数	C-D	H_0: $\beta_{mj}=0$	20.114	10	48.976	接受
技术非中性	Translog	H_0: $\beta_{mt}=0$	83.152	3	23.942	拒绝
技术进步	C-D	H_0: $\beta_t=0$	282.095	1	13.270	拒绝
	Translog	H_0: $\beta_t=\beta_{tt}=0$	55.911	2	19.268	拒绝

注：临界值显著性水平为 1%

在利用 C-D 生产函数模型得到相关参数估计结果的基础上，根据式（5-8）和式（5-13）可以测算得到历年各省份工业生产技术效率和工业用地利用效率。表 5-7 汇总了 2001～2011 年全国各省份工业用地利用效率测度结果的平均水平，结果显示，我国工业生产技术效率的平均水平为 0.650，各省份普遍存在工业生产无效率现象。其中，天津、上海、广东、江苏等四省市工业生产技术效率相对较高，平均值都在 0.9 以上。从工业用地利用效率的测度结果来看，不同省份间差异十分明显，各省份平均值仅有 0.277，反映出在现有工业生产条件下，土地利用效率较低，粗放利用、浪费资源现象严重。由于 C-D 生产函数模型固定替代弹性，工业用地利用效率较高的省份与工业生产技术效率较高的省份一致。

---

① 此处对模型形式的检验即使放宽到 10% 的显著性水平，临界值=35.340，也不能拒绝原假设。

表5-7　全国各省份2001～2011年工业用地利用效率均值（SFA）

地区	工业生产技术效率	工业用地利用效率	地区	工业生产技术效率	工业用地利用效率
北京	0.815	0.448	湖北	0.557	0.096
天津	0.916	0.731	湖南	0.614	0.155
河北	0.577	0.120	广东	0.928	0.744
山西	0.322	0.011	广西	0.612	0.150
内蒙古	0.525	0.083	海南	0.873	0.620
辽宁	0.772	0.426	重庆	0.657	0.196
吉林	0.682	0.218	四川	0.645	0.198
黑龙江	0.580	0.117	贵州	0.397	0.024
上海	0.953	0.826	云南	0.766	0.357
江苏	0.900	0.663	陕西	0.475	0.052
浙江	0.860	0.559	甘肃	0.493	0.064
安徽	0.603	0.140	青海	0.357	0.017
福建	0.854	0.556	宁夏	0.355	0.015
江西	0.569	0.112	新疆	0.499	0.063
山东	0.825	0.482			
河南	0.510	0.069	平均值	0.650	0.277

　　图5-3显示了SFA方法测算得到的省域工业生产技术效率和工业用地利用效率的频率分布情况。可以看出，各省份工业生产技术效率均超过0.3，近40%的

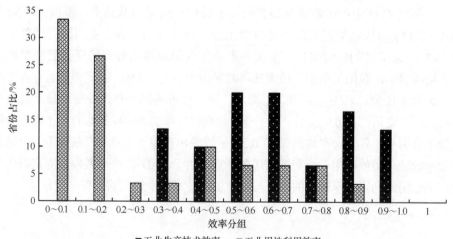

图5-3　工业生产技术效率与工业用地利用效率频率分布（SFA）

省份分布在 0.5～0.6 和 0.6～0.7 区间内，以 0.5～0.7 区间为中心，整体上表现出中间多两边少的分布特点。工业用地利用效率的频率分布与工业生产技术效率差异较大，仅有上海市工业用地利用效率超过了 0.8，多数省份效率值在 0.5 以下，60%的省份工业用地利用效率不足 0.2。SFA 测度方法本身，可能造成低效率省份数值偏低，但这并不影响效率排序的结果。

（三）两种方法测度结果比较

由于 DEA 方法和 SFA 方法在效率测度的思路、模型构建及求解方法等方面有截然不同的区别，因此，使用两种方法测算得到的工业用地利用效率必然会存在一定差异。SFA 方法考虑了随机误差对无效率项的影响，能够较准确反映管理、技术等因素导致的无效率程度。DEA 方法没有考虑随机误差的影响，侧重反映不同区域的相对效率水平，其结果往往大于 SFA 方法得到的结果。由于两种方法都基于相同的理论基础，因此，对于相同的分析对象，两种方法应该得到具有较高一致性的测度结果。为了更好地比较分析两种方法得到的测度结果，下面使用 Pearson 相关系数和配对样本 t 检验方法详细分析工业用地利用效率 SFA 和 DEA 测度结果的相关性和差异性。

利用 SFA 和 DEA 方法测度的 2001～2011 年全国各省份工业生产技术效率和工业用地利用效率平均值进行 Pearson 相关系数检验（表 5-8）。可以看出，在不同方法测度结果中，无论是工业生产技术效率还是工业用地利用效率，任何两种效率之间的 Pearson 相关系数均通过了 1%的显著性检验，说明各种方法测度得到的结果是高度相关的。对于工业生产技术效率，SFA 方法与 CRS 模型 Pearson 相关系数达到了 0.971，表现出高度的一致性，相比 VRS 模型，SFA 方法与 CRS 模型的测度结果更具说服力。对于工业用地利用效率，SFA 方法与 CRS 模型的 Pearson 相关系数也达到 0.960，相比 VRS 模型，同样表现出较高的一致性。Pearson 相关系数检验说明，对于省域工业用地利用效率的测度，非参数的 DEA 方法在规模收益不变的情况下与参数 SFA 方法可以得到较理想的测度结果。

表 5-8　SFA 方法与 DEA 方法测度结果 Pearson 相关系数

项目		工业生产技术效率			工业用地利用效率		
		SFA	DEA-CRS	DEA-VRS	SFA	DEA-CRS	DEA-VRS
工业生产技术效率	SFA	1.000					
	DEA-CRS	0.971***	1.000				
	DEA-VRS	0.819***	0.863***	1.000			

续表

项目		工业生产技术效率			工业用地利用效率		
		SFA	DEA-CRS	DEA-VRS	SFA	DEA-CRS	DEA-VRS
工业用地利用效率	SFA	0.952***	0.915***	0.818***	1.000		
	DEA-CRS	0.912***	0.906***	0.791***	0.960***	1.000	
	DEA-VRS	0.708***	0.723***	0.891***	0.830***	0.841***	1.000

***表示 1%的显著性水平

　　将 SFA 方法的测度结果分别与 DEA-CRS 模型、DEA-VRS 模型的测度结果进行配对样本 t 检验（表 5-9）。可以看出，SFA 方法与任意 DEA 模型测度结果之间的配对样本 t 检验均通过了 1%的显著性检验，说明 SFA 方法与 DEA 方法的测度结果存在显著区别。具体来看，无论是工业生产技术效率还是工业用地利用效率，SFA 测度结果均明显小于 DEA 测度结果，但 SFA 与 DEA-CRS 的差别更小。由于 SFA 测度方法本身的原因，导致 SFA 与 DEA 的差分均值在工业用地利用效率的结果上表现出更大的差异。

表 5-9　SFA 方法与 DEA 方法测度结果配对样本 t 检验

项目		差分均值	标准差	均值标准误	t-统计值
工业生产技术效率	SFA－CRS	−0.066	0.046	0.008	−7.874***
	SFA－VRS	−0.105	0.113	0.021	−5.064***
工业用地利用效率	SFA－CRS	−0.200	0.072	0.013	−15.070***
	SFA－VRS	−0.283	0.154	0.028	−10.078***

***表示 1%的显著性水平

　　基于以上比较结果可以看出，SFA 方法与规模收益不变的 DEA 方法对工业用地利用效率的测度结果具有更好的一致性和更小的差异性，说明这两种方法的测度结果是可信的，都能准确反映工业用地利用效率水平。因此，下文对省域工业用地利用效率的区域差异及影响因素研究中，主要使用 SFA 方法与规模收益不变的 DEA 方法得到的测度结果。

第二节　工业用地利用效率的区域差异

　　通过上节的研究，利用 DEA 和 SFA 方法测度得到了 2001～2011 年全国各省份工业用地利用效率的实际水平。一方面，由于我国幅员辽阔，经济发展、工业布局等方面存在巨大的区域差异，工业用地利用效率也具有明显的区域特征，表现出不同的变化规律；另一方面，尽管保护耕地和保障发展的矛盾在全国各地普遍存在，但是由于区域间经济发展不均衡，土地资源稀缺程度是不同的，不同地区土地利用管理的压力不同导致管理手段和措施、土地使用的门槛和要求也是不一样的，对于工业用地更是如此。因此，通过进行工业用地利用效率的区域差异比较和分析，掌握工业用地利用效率的区域规律，有利于提出差别化的工业用地利用效率提升措施。本节将首先采用统计学中的系统聚类方法对工业用地利用效率进行区域划分，比较不同区域的效率特征。然后，对工业用地利用效率的变化趋势与分布特点进行分析。

一、聚类分区分析

通过比较 2001～2011 年全国各省份工业用地利用效率平均水平（表 5-2 和表 5-7）可以发现，我国东中西部之间，工业用地利用效率存在较明显的梯度变化，并且同一区域不同省份之间也存在较大差异，为进一步了解省份间的差异特征，本部分采用系统聚类方法，按照工业用地利用效率测度结果对 30 个省份进行区域划分。为了减少不同效率测算方法之间的估计偏差，根据上节对两种方法的比较结果，选择 SFA 方法和规模报酬不变 DEA 方法测度结果作为聚类分析的对象。

聚类分析是统计学中研究"物以类聚"问题的一种分类方法，能够把样本数据（变量）按照其在性质上的亲疏关系在没有先验知识的情况下自动进行分类，产生的不同类别具有显著的非相似性。在分类过程中，不需要事先指定一个分类标准，聚类分析能够根据样本数据客观确定分类标准（鲍艳等，2006）。常用的聚类分析方法包括系统聚类法、动态聚类法、模糊聚类法等（徐建华，2002）。系统聚类法也称层次聚类分析法，是目前国内外学者使用较普遍的一种聚类分析方法，其基本思路是：先将 n 个样本各自看成一类，然后规定样本之间的聚类及类别之间的距离，通过不断计算类间距离，归并距离最小的一对成为一类，每次减少一类，直至所有样本都归并为一类为止。类与类之间的亲疏程度可以通过最短距离法、最长距离法、中间距离法、重心法、类平均法、离差平方和法等确定。

对全国各省份工业用地利用效率进行系统聚类分析就是按照效率分值的相近程度将不同省份进行归并，利用统计软件 SPSS 20.0 实现系统聚类分析。计算个体距离时运用平方欧式距离方法，类间距采用组间平均连锁距离方法来反映个体与小类间的亲疏程度。根据聚类分析结果，将全国 30 个省份划分为 3 个效率区，按工业用地利用效率的高低依次是工业用地利用高效区、工业用地利用中效区和工业用地利用低效区（表 5-10）。从 SFA 和 DEA 测度结果的均值情况来看，三类区域的效率范围是：0.871（广东）～0.657（浙江），0.570（山东）～0.450（云南），0.319（吉林）～0.103（青海）。

在表 5-10 中，同时报告了 2001～2011 年工业用地单要素生产率①均值的系统聚类分析结果，三个效率区的工业用地生产率范围分别是：56.48（天津）～34.72（山东），30.44（辽宁）～22.20（湖北），20.05（新疆）～11.02（宁夏）。通过比较两个评价指标的聚类结果可以看出，两者之间既具有整体的相似性，也表现出一定差异，整体来看，东南沿海经济发达省份无论是工业用地利用效率还是工业用地生产率都明显领先中西部地区，中西部地区多数省份都位于工业用地利用低效区。对于工业用地来说，单要素生产率仅仅衡量了土地投入与工业产出之间的比例关系，并没有考虑其他生产要素的配合影响，不能体现技术效率的真实变化，在土地要素投入不变的情况下，工业用地生产率的提高往往是由资本、劳动等生产要素的投入变化引起的。工业用地利用效率则是在考虑全部生产要素的条件下，控制资本、劳动等生产要素及产出数量，来考察工业生产技术有效时工业用地的目标投入面积与实际投入面积之间的关系，在方法上更能反映土地要素本身的利用特征。以山东省为例，本地劳动力资源丰富，重工业基础雄厚，工业用地规模大，在众多生产要素的共同投入下，工业用地生产率聚类结果显示其位于利用高效区，但工业用地利用效率的聚类结果显示其位于利用中效区，说明在现有工业产出水平下，与工业用地利用效率高的地区相比，土地资源存在过度投入、利用效率较低的问题。而海南省的聚类结果则显示出其工业用地单要素生产率仅处于利用中效区，但在现有的资本、劳动等其他要素的投入水平下，工业用地利用充分，达到了较高的利用效率。

表 5-10　工业用地利用效率与生产率聚类分区结果比较

项目	工业用地利用效率	工业用地单要素生产率
工业用地利用高效区	天津、上海、江苏、浙江、福建、广东、海南	天津、江苏、浙江、福建、山东、广东
工业用地利用中效区	北京、辽宁、山东、云南	北京、河北、辽宁、吉林、上海、湖北、重庆、海南、云南
工业用地利用低效区	河北、山西、内蒙古、吉林、黑龙江、安徽、江西、河南、湖北、湖南、广西、重庆、四川、贵州、陕西、甘肃、青海、宁夏、新疆	山西、内蒙古、黑龙江、安徽、江西、河南、湖南、广西、四川、贵州、陕西、甘肃、青海、宁夏、新疆

① 此处单要素生产率计算公式为：工业用地单要素生产率=工业总产值/工业用地面积（亿元/平方千米），工业总产值已统一换算为 2001 年价格水平。

图 5-4 显示了各省份工业用地利用效率和生产率的聚类分区情况，从图中不难看出，工业用地利用高效区均位于东部及东南部沿海地区，尤其以长江三角洲和珠江三角洲地区为主，出现这一结果是不难理解的，这些省份工业经济发达程度明显高于中西部地区，可以说这些省份处在我国工业产业梯度的最高层次，装备制造、电子通信、医药、新能源等高附加值、高技术产业发展迅速，外商投资、港澳台投资密集，工业生产技术和管理水平都非常高。此外，这些省份建设用地开发程度较高，土地资源供需矛盾尖锐，工业用地市场化水平较高。众多因素共同促使这些省份工业用地利用强度大、产出能力强，投入产出效率高。从工业用地利用效率来看，利用中效区主要包括辽宁、山东、北京以及云南四省市，其中，辽宁、山东两省均为我国传统工业基地，工业用地规模大，重工业水平高，与长江三角洲、珠江三角洲地区的省份相比，工业用地利用效率略显不足；北京作为我国首都，也具备较强的工业基础，近年来产业转型迅速，随着第三产业的快速发展，工业规模占比逐渐缩小，但工业用地利用效率需要进一步提升；云南省是中西部地区唯一进入工业用地利用中效区的省份，尽管工业化水平较落后，但国有企业、大中型企业占比较高，在现有投入水平下，工业用地得到较充分利用。工业用地利用低效区包括了我国中西部地区的绝大多数省份，及河北、吉林、黑龙江等东部、东北地区省份。

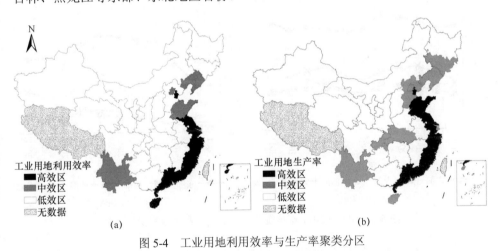

图 5-4　工业用地利用效率与生产率聚类分区

二、区域差异分析

为进一步分析我国不同地区工业用地利用效率的变化趋势，本小节分别按传统的东、中、西、东北部划分方法和聚类分区结果将 30 个省份划分为不同的区域，探讨不同区域工业用地利用效率的波动与差异状况。

（一）基于传统分区的区域效率差异

图 5-5（a）和图 5-5（b）分别显示了不同测度方法下 2001～2011 年我国东中西及东北部工业用地利用效率的变化趋势情况。无论是 DEA 方法还是 SFA 方法，都呈现出东部地区工业用地利用效率明显高于其他三个区域，东北地区次之，中西部地区趋于一致、效率水平最低的整体特征。从 DEA 方法的结果来看，2001～2011 年各区域工业用地利用效率波幅较小，东部地区均值围绕 0.8 上下波动，多数年份在 0.8 以下，2005 年效率最高；东北地区围绕 0.4 上下波动，多数年份高于 0.4，2003 年和 2008 年效率相对较高；中西部地区集中分布在 0.3 上下，区别较小，其波动趋势与东北地区较一致，历年均值显示西部地区略高于中部地区。从 SFA 方法的结果来看，2001～2011 年东部、东北部工业用地利用效率波动明显，且趋势基本一致，整体上呈现倒 U 形，2007 年达到效率最高点，之前长期处于效率上升状态，2009 年之后略有上升；中西部地区波幅较小，整体上也呈现倒 U 形，中部地区 2008 年达到效率最高点，西部地区 2007 年达到效率最高点，2009 年之后略有上升。

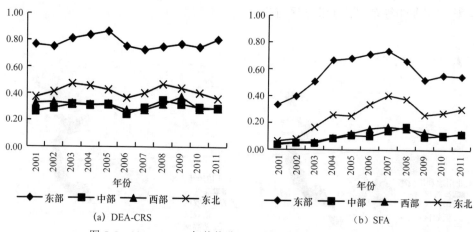

图 5-5 2001～2011 年传统分区工业用地利用效率变化趋势

为了客观反映各区域工业用地利用效率差异水平，分别以各省份工业用地面积和工业总产值作为权重，计算各区域 2001～2011 年 DEA（CRS）方法工业用地利用效率加权变异系数 CV-Land 和 CV-Output。变异系数以相关区域各省份工业用地利用效率的平均值作为标准，来反映相对于这个标准加权偏差的平均程度，变异系数越大，表明各省份之间效率的平均差异程度越高。由图 5-6 可见，各区域的 CV-Land 和 CV-Output 具有相同的变化趋势，2001～2011 年东部地区工业用地利用效率内部平均差异程度明显高于中西部及东北地区，且差异变化较复杂，分别以 2005 年和 2008 年为波谷和波峰振荡变化。西部地区工业用地利用效率内部平均差异程度明显高于中部和东北地区，波动中呈下降趋势，省份间差异逐渐变小。中部及东北部地区内部平均差异程度较小，且历年保持稳定。比较 CV-Land 和 CV-Output 可以看出，中部及东北部的 CV-Land 值和 CV-Output 值基本相同，说明这两个区域内各省份工业产出与工业用地匹配程度较稳定，东西部地区 CV-Output 值整体高于 CV-Land 值，反映出工业产出的不均衡程度大于工业用地配置的不均衡程度。

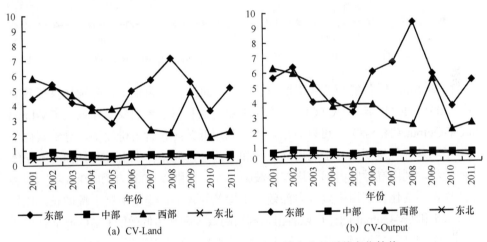

(a) CV-Land　　　　　　　　　　(b) CV-Output

图 5-6　2001～2011 年传统分区 DEA 效率变异系数变化趋势

（二）基于聚类分区的区域效率差异

图 5-7（a）和图 5-7（b）分别显示了不同测度方法下 2001～2011 年高、中、低三个效率区工业用地利用效率变化趋势情况。相比图 5-5 可以看出，历年三个效率区的效率平均值没有交叉，具有明显的梯度差异，且离散程度较稳定。由于利用高效区与东部地区、利用低效区与中西部地区省份重合度较大，导致相关曲线表现出较一致的特征。从 DEA 方法的结果来看，2001～2011 年各区域工业用地利用效率波幅较小，利用高效区效率均值围绕 0.9 上下波动，多数年份在 0.9 以下，2004 年效率最高；利用中效区效率均值围绕 0.6 上下波动，2009 年效率最高；利用低效区效率均值围绕 0.3 上下波动，2008 年效率最高。从 SFA 方法的结果来看，2001～2011 年利用高效区、利用中效区波动明显，且趋势基本一致，利用低效区波幅较小，三个区域整体上呈现倒 U 形，分别在 2007 年、2007 年和

2008 年达到效率最高点，之前整体处于效率上升状态，2009 年之后略有上升。

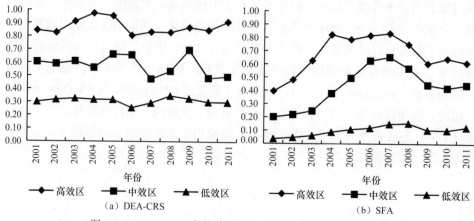

图 5-7　2001～2011 年聚类分区工业用地利用效率变化趋势

同图 5-6，以各省份工业用地面积和工业总产值作为权重，分别计算了各效率区 2001～2011 年 DEA（CRS）方法工业用地利用效率加权变异系数 CV-Land 和 CV-Output（图 5-8）。可以看出，由于利用低效区包含省份较多，导致其内部效率平均差异程度明显高于利用高效区和中效区，但整体上出现差异程度不断缩小的趋势。利用高效区内部平均差异波幅较大，分别以 2004 年和 2008 年为波谷和波峰振荡变化。利用中效区内部效率平均差异较小，稳定中有小幅增长。比较 CV-Land 和 CV-Output 同样可以看出，利用高效区和利用低效区 CV-Output 值整体高于 CV-Land 值，说明工业产出的不均衡程度大于工业用地配置的不均衡程度。

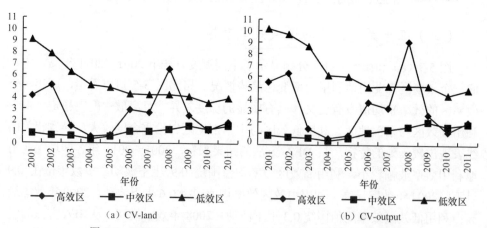

图 5-8　2001～2011 年聚类分区 DEA 效率变异系数变化趋势

　　综上所述，无论是基于传统分区还是聚类分区，两种分区方法结果的一致性较高。DEA 方法结果的变化趋势较为稳定，在观测时段内没有大的波动，而 SFA 方法结果的变化趋势较大，整体上呈倒 U 形变化。不同区域，两种方法结果的离散程度也较稳定，没有出现不同区域间效率值趋同现象，说明目前我国区域间工业发展具有较明显的梯度差异，自东向西工业发展水平逐渐降低。另外，从传统分区来看，尽管西部地区工业用地利用效率均值较小，但内部不同省份间差异程度较大；从聚类分区来看，表现为利用低效区均值较小，内部不同省份间差异程度较大。变异系数显示两种区域划分结果的省份间平均差异程度整体上呈减小的趋势，不同区域间的差异程度也在逐渐降低。随着工业化、城镇化进程的加快，各地工业产业发展迅速，区域间的差异正在逐渐缩小，并且随着东部地区产业转型升级的加快以及中西部地区产业承接能力的加强，大量沿海工业产业逐渐向内陆迁移，也促进了中西部地区工业快速发展。

第三节　容积率指数的区域差异

一、基准行业设定与容积率指数计算

　　本节根据《工业项目建设用地控制指标》中的容积率控制指标，设定控制标准相对较低的石油加工、炼焦及核燃料加工业（容积率≥0.5）和控制标准较高通信设备、计算机及其他电子设备制造业（容积率≥1）作为基准行业。使用 30 个省份 2001～2011 年各制造业大类行业的工业总产值（在附表 2 和附表 3 中，以北京市和天津市为例，报告了各制造业大类行业的工业总产值情况），并结合各制造业大类行业与两个基准行业的容积率换算系数，分别计算得到各省份 2001～2011 年的容积率指数Ⅰ和容积率指数Ⅱ（详见附表 4 和附表 5）。

二、容积率指数区域差异分析

　　在图 5-9 中，比较了 2011 年全国 30 个省份的容积率指数，可以看出，VRIⅠ指数整体介于 1.2～2.0，VRIⅡ指数整体介于 0.6～1.0。2011 年，VRIⅠ指数均值为 1.491，VRIⅡ指数均值为 0.746，其中，黑龙江（VRIⅠ=1.935，VRIⅡ=0.968）在全国处于领先地位，工业产业结构中土地利用强度高的行业占比最大，山西（VRIⅠ=1.283，VRIⅡ=0.642）工业产业结构中土地利用强度高的行业占比最小。整体来看，VRI 指数高的区域更多地分布在我国的东南沿海地区，VRI 指数低的区域更多地分布在我国的中西部地区，与区域经济发展水平与产业结构差异存在正相关，并且反映出我国东南沿海地区工业产业结构中土地利用强度高的行业占比整体高于中西部地区。

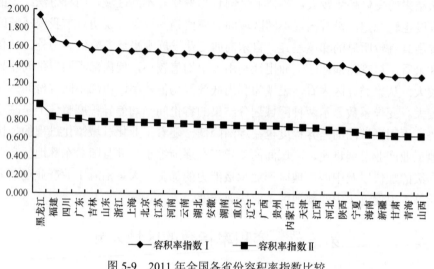

图 5-9　2011 年全国各省份容积率指数比较

从图 5-9 中，可以看出 *VRI* Ⅰ 和 *VRI* Ⅱ 具有相同的变化规律，因此在图 5-10 中，仅比较了全国不同区域 2001～2011 年容积率指数（*VRI* Ⅰ）的变化情况。可以发现，2004 年之前，东部地区 *VRI* 指数高于其他三个区域，2004 年之后东北地区 *VRI* 指数超过东部地区。东部地区近些年来 *VRI* 指数整体表现出下降趋势，说明东部地区工业结构中土地利用强度低的行业规模占比正在逐渐增加。中部和西部地区 *VRI* 指数变化趋势相近，整体上呈 U 形变化，其中，中部地区 2001～2004

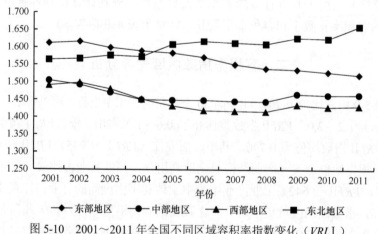

图 5-10　2001～2011 年全国不同区域容积率指数变化（*VRI* Ⅰ）

年处于下降状态，2004～2008 年相对稳定，2008 年后呈上升趋势；西部地区 2001～2006 年处于下降状态，2006～2008 年相对稳定，2008 年后呈上升趋势。而东北地区自 2001 年开始，基本处于稳步上升状态，地区工业结构中土地利用强度高的行业规模占比在逐渐增加。

第四节　修正前后工业用地利用效率比较

在无差异视角下，进行区域工业用地利用效率测度之前，需要首先将各省份实际工业用地面积根据第三章第五节中的公式（3-15）并结合本章第三节得到的 VRI Ⅰ 指数和 VRI Ⅱ 指数，计算各省份标准用地面积 Ⅰ 和标准用地面积 Ⅱ。

由于在本章第一节中，通过对 SFA 方法和 DEA 方法进行比较后发现，DEA-CRS 模型和 SFA 方法对区域工业用地利用效率的测度结果具有更好的一致性和更小的差异性，因此，本节中主要使用 DEA-CRS 模型进行无差异视角下工业用地利用效率的测度，实证模型选择同本章第一节。

利用 2001～2011 年全国 30 个省份工业生产投入产出数据，并将工业用地实际面积分别用标准用地面积 Ⅰ 和 Ⅱ 代替，通过编写程序代码在 GAMS 22.0 软件中实现 DEA-CRS 模型下工业用地利用效率的测算。全国各省份 2001～2011 年工业用地利用效率平均值见表 5-11。从表 5-11 中可以首先看出，采用容积率指数基准行业的选择不同并不会对工业用地利用效率测度产生影响，这是因为本书构建的容积率指数选择不同于基准行业时，仅反映了容积率控制指标之间的比例关系。

从表 5-11 中各省份工业用地面积修正前后的效率变化可以看出，整体上工业用地利用效率增大了 0.018，但不同省份间表现出差异的变化规律，25 个省份工业用地利用效率增大，5 个省份工业用地利用效率下降。甘肃、新疆、陕西、辽宁等省份工业用地利用效率相对增幅较大，黑龙江省工业用地利用效率相对下降最大。

将表 5-11 中各地区工业用地利用效率按变化幅度分成四组并标示在图 5-11 中，各组划分标准为：效率增加大（0.035～0.066）、效率增加较大（0.011～0.028）、效率增加较小（0.005～0.010）和效率下降（−0.052～−0.001）。从图 5-11 中可以看出，工业用地利用效率增加大和较大的省份在我国中西部地区分布较为集中，而工业用地利用效率下降的省份主要出现在东南沿海地区，结合图 5-9 中各省份容积率指数分布可以发现，工业用地利用效率增加的地区恰恰多为 VRI 指数较小的地区，而工业用地利用效率下降的地区恰恰多为 VRI 指数较大的地区，由此即可说明，不同地区工业用地利用强度的差异的确影响了区域间工业用地利用效率的比较，并且工业用地利用效率的无差异比较方法，能够在一定程度上剔除工业用地利用强度差异导致的影响，从而反映区域间相对可比的工业用地利用水平。

表 5-11　2001～2011 年各省份工业用地利用效率均值（DEA-CRS）

地区	实际用地	标准用地 I	标准用地 II	修正前后	
				效率变化	变化排序
甘肃	0.313	0.380	0.380	0.066	1
新疆	0.438	0.499	0.499	0.061	2
山西	0.233	0.288	0.288	0.056	3
辽宁	0.519	0.572	0.572	0.053	4
河北	0.431	0.473	0.473	0.042	5
青海	0.188	0.225	0.225	0.037	6
重庆	0.412	0.447	0.447	0.035	7
吉林	0.420	0.448	0.448	0.028	8
宁夏	0.199	0.227	0.227	0.028	9
陕西	0.296	0.320	0.320	0.024	10
海南	0.839	0.861	0.861	0.022	11
江西	0.264	0.284	0.284	0.021	12
湖北	0.399	0.420	0.420	0.021	13
天津	0.979	0.995	0.995	0.015	14
湖南	0.288	0.302	0.302	0.014	15
贵州	0.204	0.218	0.218	0.013	16
安徽	0.312	0.325	0.325	0.013	17
浙江	0.755	0.767	0.767	0.011	18
江苏	0.747	0.757	0.757	0.011	19
内蒙古	0.262	0.272	0.272	0.010	20
云南	0.542	0.550	0.550	0.008	21
河南	0.302	0.310	0.310	0.008	22
广西	0.249	0.257	0.257	0.007	23
山东	0.658	0.664	0.664	0.007	24
四川	0.344	0.349	0.349	0.005	25
广东	0.998	0.996	0.996	−0.001	26
北京	0.599	0.595	0.595	−0.005	27
上海	0.898	0.889	0.889	−0.008	28
福建	0.897	0.888	0.888	−0.009	29
黑龙江	0.311	0.259	0.259	−0.052	30
平均值	0.477	0.495	0.495	0.018	

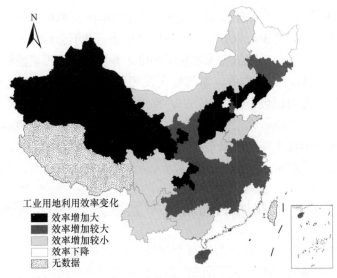

图 5-11　工业用地利用效率变化幅度区域分布

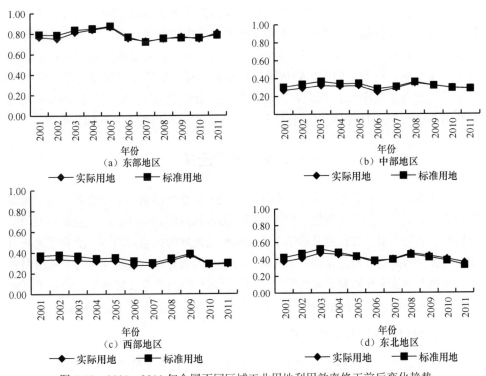

图 5-12　2001~2011 年全国不同区域工业用地利用效率修正前后变化趋势

　　从表 5-11 及图 5-12 全国不同区域使用实际用地面积和标准用地面积的工业用地利用效率变化趋势中可以看出，采用标准用地后并不会导致工业用地利用效率发生剧烈变化，这也反映出在土地利用强度之外还有众多因素能够决定和影响工业用地利用效率。具体来看，东部地区在使用标准用地面积后，整体变化较小，仅 2004 年之前出现小幅增大；中西部地区使用标准用地面积后，整体趋势变化相对较大，中部地区在 2001～2008 年工业用地利用效率出现增大，西部地区在所有年份均出现不同程度增大；东北地区使用标准用地面积后，以 2007 年为分界点，之前工业用地利用效率出现增大，之后工业用地利用效率出现下降。

第五节　工业用地利用效率区域差异的影响因素

　　我国工业的发展具有显著的地理空间特征，如环渤海地区、长江三角洲地区、珠江三角洲地区、成渝地区等的相邻省份在工业产业结构、经济基础等方面具有较高的一致性，劳动力、资本流动等耦合形成的经济行为在地理空间上相互影响、相互作用，工业研发投入产出行为及相关政策在地理空间上具有示范作用和激励效应，并伴随着地方政府之间在经济发展中的竞争行为。空间计量经济方法较传统计量经济方法能够反映出经济资源和经济活动对地理空间的依赖，对观测个体在空间、时间上的溢出效应进行识别和度量，对其在空间溢出效应中的作用与功能进行量化分析，因此，本处采用空间计量经济模型，利用 2001～2011年全国 30 个省份的面板数据进行区域层面工业用地利用效率影响因素研究。

一、影响因素选择

　　在表 5-1 中，概括了工业生产技术效率的主要影响因素，土地资源作为工业生产的投入要素之一，与工业生产技术效率有诸多相同的影响因素，一些影响工业生产技术效率的因素，往往也是影响工业用地利用效率的因素。当然，工业用地利用效率的影响因素是非常复杂的，宏观因素与微观因素并存，政府原因与企业原因并存，此处主要从宏观影响因素出发，选择了区域经济与产业发展水平、企业所有制结构与企业规模、工业用地价格、工业研发投入等几方面因素予以分析。

1. 区域经济与产业发展水平

　　经济发展水平的高低不仅意味着劳动力、政府财政支付能力的差距，而且也能反映出工业基础设施、劳动力受教育水平、高级科技与管理人才比例等方面的差距。相比而言，经济发展水平高的地区具有较大的发展优势。一般来说，经济发展水平高的地区具有较先进的工业产业结构，在相同面积的工业用地上势必较经济发展水平一般的地区有更多的产出，进而会有较高的工业用地利用效率。此外，经济发展水平高的地区土地开发利用强度大，土地资源相对更加稀缺，建设用地供给压力也较大，因而更倾向于选择建设产出水平高的工业企业，以提高工业用地利用效率。

2. 企业所有制结构与企业规模

从企业所有制结构来看，国有企业由国家投资建设，涉及工业内部各行业门类，国有企业工业用地取得方式较复杂，多以划拨用地为主，且一般占地面积较大，用地相对宽松，缺乏节约用地意识，另一方面，国有企业规模较大，产出能力强，且经营稳定，对工业用地利用效率的影响尚需验证。外资及港澳台资企业具有较高的管理水平和薪资标准，并且多为先进的工业产业，能够较好地发挥企业员工的积极性和潜能，对工业用地利用效率具有积极影响。此外，企业规模对工业用地利用效率的影响也需进一步验证，一般来说规模较大的企业具有完善的部门设置和生产分工、较高的管理水平和员工素质，有利于提高工业用地利用效率，同时规模较大的工业企业具有生产经营的优势，能为地方提供较多就业机会，带动第三产业发展，因此，土地获取相对容易，且常受到政策优惠，易导致节约用地意识淡薄，而中小企业由于受到资金限制，可以比大企业更有效地做到集约利用土地，提高工业用地利用效率。

3. 工业用地价格

土地价格是宗地区位条件与稀缺性的综合反映，是影响建设用地利用效率的重要因素。对商服用地和住宅用地的影响尤其明显，土地成本是商服、住宅开发成本的主要组成部分，土地价格较高的地区，往往有较高的容积率和建筑密度，土地使用的收益水平也较高。目前，国内工业用地取得成本较低，土地价格与商服、住宅用地有较大差距，是导致工业用地利用较粗放的重要原因。工业用地价格在一定程度上也反映了工业用地市场化水平和工业用地政策变化，工业用地市场化水平越高，越有可能出现明显的竞价现象，提高工业用地价格的同时能够促进用地企业提高工业用地利用效率。工业用地价格受政策影响也较明显，2006年《全国工业用地出让最低价标准》实行后，各地工业用地价格不得低于相应土地等级标准，2009年国土资源部调整工业用地出让最低价标准，对优先发展产业且用地集约工业项目、农林牧渔业产品粗加工为主的工业项目、中西部地区利用未利用地工业项目实行不同程度的土地价格优惠政策。总的来说，伴随工业化水平和工业用地价格的逐渐升高，各地对工业企业的选择性将不断增大，企业间用地竞争将逐渐显现，并将直接促进工业用地利用效率水平提高。

4. 工业研发投入

当前工业产业的发展日益体现科学研究的新成果和生产技术的高水平，工业行业对科学水平要求越来越高、技术越来越密集，特别是光伏、新能源、通信电子等先进工业行业更多地依赖基础研究的发展和前沿科学研究的突破。增加研发投入和研发人员能够不断增强工业企业的核心竞争力，提高产出水平，进而促进提升工业用地利用效率。

二、空间计量模型确定

空间面板数据通常是指一定空间单元的时间序列观测，其回归模型将面板数据模型的优点和空间计量经济学方法相结合，不仅同时考虑时空特征，而且将空间效应纳入模型中，使得模型估计更加有效（季民河等，2011）。空间相关性主要来自于两方面：一方面是不同地区经济变量样本数据的采集可能存在空间上的测量误差，另一方面是相邻地区间的经济联系客观存在（Anselin and Griffith，1988）。空间面板的基本方法是通过空间权重矩阵定义研究单元空间上的邻居，通过时间滞后定义研究单元时间上的邻居（Anselin et al.，2006）。

两个基本的空间常系数回归模型是引入空间滞后因变量的空间滞后模型（spatial lag model，SLM）和引入空间滞后误差项的空间误差模型（spatial error model，SEM），Lesage 和 Pace（2009）以及 Elhorst（2010）在此基础上发展出空间杜宾模型（spatial Durbin model，SDM），同时包含了空间滞后的内生变量和外生变量。基本形式如下：

1. 空间滞后模型（SLM）

$$y = \rho Wy + X\beta + \varepsilon \tag{5-17}$$

式中，y 是因变量，X 为 $n×k$ 阶外生解释变量矩阵，β 为解释变量系数，ρ 为空间回归相关系数，W 为 $n×n$ 阶空间相邻权重矩阵，Wy 为空间滞后因变量，度量在地理空间上邻近地区的空间溢出效应，ε 为随机误差项向量。空间滞后模型（SLM）又称为空间自回归模型（spatial autoregressive model，SAR）。

2. 空间误差模型（SEM）

$$y = X\beta + \varepsilon, \quad \varepsilon = \lambda W\varepsilon + \mu \tag{5-18}$$

式中，ε 为随机误差项向量，λ 为 $n×1$ 阶的截面因变量向量的空间误差系数，衡量了样本观察值之间的空间依赖作用，μ 为服从正态分布的随机误差项向量。

　　在对上述两个模型进行估计时，如果仍采用普通最小二乘法（OLS），将得到有偏或无效的系数估计值，因此，需要利用工具变量法、极大似然法或广义最小二乘估计等方法来进行估计（吴玉鸣，2006）。根据 Anselin 和 Griffith（1988）的方法，一般采用极大似然法估计空间滞后模型和空间误差模型。对于因变量存在空间自相关的检验一般使用 Moran's I 指数检验，Moran's I 取值范围为[-1，1]，大于 0 表示正相关，小于 0 表示负相关，越趋近±1，相关性越大，等于 0 则表示不相关。空间滞后模型和空间误差模型的选择通常采用拉格朗日乘数（LM-Lag、LM-Err）和稳健拉格朗日乘数（R-LM-Lag、R-LM-Err）进行检验，如果 LM-Lag 比 LM-Err 更显著，且 R-LM-Lag 显著而 R-LM-Err 不显著，则可以判定适合空间滞后模型，反之，则可以断定适合空间误差模型。

3. 空间杜宾模型（SDM）

$$y = \rho W y + X \beta + W X \theta + \varepsilon \tag{5-19}$$

　　同式（5-17）相比，式（5-19）既包含了因变量的空间滞后项，也包含了自变量的空间滞后项。

　　在对上述三个模型进行选择时，主要依据 Wald 检验，如果 Wald_spatial_lag、Wald_spatial_error 的 P 值都显著，说明 SDM 是适用的。若 Wald_spatial_lag 值不显著，且 LM-lag 值显著，则适用 SLM；若 Wald_spatial_error 值不显著，且 LM-Err 值显著，则适用 SEM；但有一个条件不符合时，如 Wald_spatial_error 值不显著，且 LM-Err 值也不显著，两者的模型指向相反，则采用 SDM，SDM 包含了 SLM 和 SEM 的信息（Elhost，2012）。

三、模型设定与结果分析

1. 空间相邻权重矩阵构造

　　空间相邻权重矩阵实现了研究单元之间空间关系的表达，是空间计量模型的关键，体现了不同区域的空间影响方式。根据空间关系的判定标准不同，空间相邻权重矩阵包括 Queen 权重矩阵、Rook 权重矩阵、左右相邻权重矩阵、上下相邻权重矩阵、阈值权重矩阵、Cliff-Ord 权重矩阵、K 最近点权重矩阵、基于距离权重矩阵、Dacey 权重矩阵等（徐彬，2007）。

　　本书遵循 Queen 标准来定义空间邻居并创建空间相邻权重矩阵，当区域 i 与 j 有公共边或同一顶点时，$w_{ij}=1$；当 $i=j$ 或区域 i 与 j 没有公共边且没有同一顶点时，

$w_{ij}=0$。在构造空间相邻权重矩阵时，大陆 30 个省份除海南省外均有陆地相邻，为了便于研究，在此假设海南省仅与广东省存在陆地相邻。需要注意的是，由于本书采用空间面板数据方法，将面板数据与空间特征相结合，所以此处使用的空间权重矩阵 W 不是基于横截面数据的 $n \times n$ 阶方阵，而是 $(n \times t) \times (n \times t)$ 的分块对角矩阵，各省份地理空间相对位置的不变性决定了对角线上各分块是相同的。

2. 变量选择与模型设定

影响因素变量选择方面，本书主要选择地区经济发展水平（GPRR）、高技术产业产值比（HTP）变量表征区域经济与产业发展水平；选择国有企业产权比（GP）、外商投资产值比（FDI）、大中型工业企业比（BMP）变量来表征企业所有制结构与企业规模；选择 R&D 投入比（RDI）变量来表征工业研发投入水平。由于缺少连续年份的工业用地价格数据，此处未找到合适的替代变量，故没有验证工业用地价格对经济效率的影响。变量说明详见表 5-12。

表 5-12　工业用地利用效率影响因素变量选择

影响因素	变量名称	变量说明
区域经济与产业发展水平	地区经济发展水平（GRPP）	人均地区生产总值（万元/人）
	高技术产业产值比（HTP）	高技术产业总产值占地区工业总产值比例（%）
企业所有制结构与企业规模	国有企业产权比（GP）	国有企业占规模以上工业企业比例（%）
	外商投资产值比（FDI）	外商投资工业总产值占地区工业总产值比例（%）
	大中型工业企业比（BMP）	大中型工业企业占规模以上工业企业比例（%）
工业研发投入	R&D 投入比（RDI）	工业研发资金占地区工业增加值比例（%）

本书以全国 30 个省份为研究对象，即全部总体，不需要通过特定个体性质来推断总体性质，适合使用固定效应模型。模型中控制了两类非观测效应，即空间固定效应和时间固定效应，前者反映随地域变化而不随时间变化的背景变量对稳态水平的影响，后者反映随时间变化而不随地域变化的背景变量对稳态水平的影响。

3. 空间相关性检验

分别以本章第一节 DEA-CRS 和 SFA 方法测算得到的 2001～2011 年 30 个省份工业用地利用效率为被解释变量，利用 Matlab R2009 软件进行普通最小二乘估计，并进行空间相关性检验。

表 5-13 显示了 DEA 测算结果为解释变量时的估计结果，从空间固定效应和时间固定效应的 LR-test 检验统计量可以发现，模型空间固定效应和时间固定效应均显著，从模型的拉格朗日乘数和稳健拉格朗日乘数的估计结果可以看出，SLM 比 SEM 模型更适合。另外，还可以看出 LM-lag 和 LM-error 统计量在混合估计模型和时间固定模型中更加显著，空间相关性更明显。表 5-14 以 SFA 测算结果为解释变量时的估计结果中，同样可以得出上述结论。并且比较表 5-13 和表 5-14 可以发现，SFA 结果的空间相关性较 DEA 结果更加显著，拟合优度 R^2 值更大，对工业用地利用效率的解释能力更强，因此，在 Wald 检验和空间面板模型估计时均采用 SFA 测算结果。

此外，从表 5-15 中空间杜宾模型 Wald 检验结果可以看出，在空间固定、时间固定和双固定模型中 Wald_spatial_lag 值和 Wald_spatial_error 值均同时在 1%显著水平下通过检验，说明对于工业用地利用效率的影响因素考察，适合使用 SDM 模型进行估计。

根据上述空间相关性检验结果，本书倾向选择时间固定效应的 SDM 模型。

表 5-13　普通最小二乘估计结果与空间相关性检验（DEA）

变量	混合估计	空间固定	时间固定	双固定
截距项	0.2993***			
GRPP	0.0698***	0.0153	0.1027***	−0.0150
HTP	0.0112***	0.0004	0.0085***	−0.0001
GP	−0.0006	0.0012	−0.0031***	0.0028**
FDI	0.0092***	0.0018	0.0084***	0.0023
BMP	−0.0023	−0.0030**	0.0009	−0.0048**
RDI	−0.0907***	−0.0192	−0.0913***	−0.0300
R^2	0.5778	0.0225	0.6145	0.0326
Durbin-Watson	2.3651	1.7075	2.4043	1.8429
LM-lag	14.1192***	1.8597	10.7974***	0.0129
Robust LM-lag	18.9571	1.2457	15.4543***	0.0022
LM-error	2.6241***	2.1715	1.3516	0.0141
Robust LM-error	7.4620***	1.5575	6.0085**	0.0035
空间固定效应 LR-test		358.4331***		
时间固定效应 LR-test		23.4778**		

*、**、***分别表示在 10%、5%、1%水平下显著

表 5-14　普通最小二乘估计结果与空间相关性检验（SFA）

变量	混合估计	空间固定	时间固定	双固定
截距项	0.1512***			
GRPP	0.0684***	0.0642***	0.0986***	0.0609***
HTP	0.0065***	0.0032	0.0059***	0.0033
GP	−0.0024***	−0.0011*	−0.0028***	0.0025**
FDI	0.0111***	0.0062***	0.0095***	0.0037***
BMP	−0.0056***	−0.0098***	−0.0029	−0.0099***
RDI	−0.0531***	−0.0232	−0.0532***	−0.0454***
R^2	0.6956	0.3144	0.7014	0.1636
Durbin-Watson	2.1501	1.6769	2.2165	2.0634
LM-lag	41.8760***	50.9258***	36.9722***	5.9815**
Robust LM-lag	29.0830***	9.8291***	27.2485***	3.5095*
LM-error	15.3683***	41.3786***	12.3266***	4.0778**
Robust LM-error	2.5753	0.2818	2.6029	1.6058
空间固定效应 LR-test		398.1482***		
时间固定效应 LR-test		103.8161***		

*、**、***分别表示在 10%、5%、1%水平下显著

表 5-15　空间杜宾模型 Wald 检验结果（SFA）

统计量	空间固定	时间固定	双固定
Wald_spatial_lag	72.8491***	122.1471***	28.5882***
Wald_spatial_error	65.8967***	116.7851***	25.1215***

*、**、***分别表示在 10%、5%、1%水平下显著

4. 估计结果与分析

为进一步考察工业用地利用效率影响因素，根据空间相关性检验结果，利用 Matlab R2009 软件估计了时间固定效应空间杜宾模型，并且为了便于对比分析同时估计了时间固定效应空间误差模型和时间固定效应空间滞后模型。

从表 5-16 中可以发现，三个空间面板数据模型估计结果中，各变量系数的符号、大小和显著性等方面基本一致，反映出模型设定的准确性和稳定性。从拟合优度来看，SDM 最高，为 0.7817，模型解释能力最强，其次是 SEM，为 0.7084，SLM 最低。空间自回归系数估计值（空间误差项和空间内生变量滞后项

的系数）分别为 0.4070、0.2361、0.2361，且均通过了 1%的显著性检验，说明我国省份间工业用地利用效率存在明显的空间相关性，一个地区工业用地利用效率不仅取决于自身的因素，还受到相邻地区的影响。SEM 模型空间自回归系数估计值为 0.4070，表明相邻地区随机性冲击对本地区工业用地利用效率具有较大影响，存在溢出效应。SLM 和 SDM 模型空间自回归系数估计值均为 0.2361，说明一个地区工业用地利用效率提高 1%，其中 0.2361%得益于相邻地区的效率提高。相邻地区具有相近的资源禀赋和区位条件，并在经济结构、用地政策、产业发展等方面相互效仿学习，具有较高的相似性，某个产业在某个地区发展到一定程度后，随着产业的自然增长，有向周边扩散的趋势。此外，相邻地区在工业发展方面又存在竞争性，多方面原因导致相邻地区工业用地利用效率存在显著空间相关关系。

表 5-16　时间固定效应空间面板数据模型估计结果（SFA）

变量	SEM	SLM	SDM
GRPP	0.1263***	0.0978***	0.1248***
HTP	0.0029	0.0058***	0.0032*
GP	−0.0028***	−0.0029***	−0.0028***
FDI	0.0070***	0.0121***	0.0068***
BMP	−0.0014	−0.0048*	−0.0022
RDI	−0.0308*	−0.0608***	−0.0360**
W*GRPP			−0.1362***
W*HTP			0.0165***
W*GP			0.0016
W*FDI			0.0141***
W*BMP			−0.0141***
W*RDI			−0.0305
ρ		0.2361***	0.2361***
λ	0.4070***		
R^2	0.7084	0.6681	0.7817
调整 R^2	0.6902	0.6672	0.7747

*、**、***分别表示在 10%、5%、1%水平下显著

　　为了进一步比较无差异视角下工业用地利用效率差异的影响因素与有差异研究中的异同。在表 5-17 中报告了以本章第四节中无差异视角下工业用地利用效率

为被解释变量的空间计量模型估计结果。通过比较表 5-16 和表 5-17 可以看出，工业用地利用效率的影响因素在土地利用强度差异修正前后并没有发生显著变化，反映出土地利用强度之外的影响因素并没有因为行业间土地利用强度的消除而发生改变，这些因素对工业用地利用效率的影响是稳定的。

表 5-17　时间固定效应空间面板数据模型估计结果（标准用地 DEA-CRS）

变量	SEM	SLM	SDM
GRPP	0.1027***	0.0889***	0.1197***
HTP	0.0059***	0.0065***	0.0044**
GP	−0.0030***	−0.0029***	−0.0029***
FDI	0.0083***	0.0116***	0.0067***
BMP	0.0018	0.0000	0.0021
RDI	−0.0804***	−0.0842***	−0.0631***
W*GRPP			−0.1548***
W*HTP			0.0132***
W*GP			0.0012
W*FDI			0.0125***
W*BMP			−0.0085
W*RDI			0.0373
ρ		0.2361***	3.0415***
λ	0.1200*		
R^2	0.5893	0.5542	0.6572
调整 R^2	0.5842	0.5601	0.6499

*、**、***分别表示在 10%、5%、1%水平下显著

下面，主要结合表 5-16 中的估计结果，对各解释变量加以分析说明：

从 SDM 模型的估计结果来看，各解释变量作用方向与影响因素理论分析的方向基本一致。地区经济发展水平（GRPP）对工业用地利用效率具有显著的正向影响，人均地区生产总值每提高 1 万元，能促进工业用地利用效率提高 0.1248。经济发展水平高的地区工业产业结构更优，地方政府有更多的财政资金投入到工业基础设施的建设、劳动力和管理人员的培训中，并且建设用地资源在发达地区更加稀缺，一系列外部因素共同促使工业企业有更高的工业用地利用效率。高技术产业产值比（HTP）通过了 10%的显著性检验，对工业用地利用效率也具有显著正向影响，高技术产业总产值占地区工业总产值的比例增加，能促进工业用地利用效率的提

高。高技术产业总产值越高反映出工业结构水平越高，高技术企业的产品附加值高，企业盈利能力强，单位土地产出更多，但从估计结果来看，在当前各省份的工业结构中，高技术产业总产值占比普遍不高，因此其带动能力尚显薄弱。

国有企业产权比（GP）通过了 1%的显著性检验，对工业用地利用效率具有显著的负向影响，国有企业在工业企业中的占比越高，越不利于工业用地利用效率的提高，可能的原因如前所述，国有工业企业往往占地面积较大，用地相对宽松，缺乏节约用地意识。当然，此处结果并非表明需要削弱国有工业企业数量，仅说明当前国有工业企业用地较为粗放，在我国现有体制下，国有工业企业对于基础工业产品和能源的生产控制起着非常重要的作用。外商投资产值比（FDI）通过了 1%的显著性检验，对工业用地利用效率具有显著的正向影响，外商投资工业总产值占比越高，越利于提高工业用地利用效率，外商投资工业企业生产技术、管理水平普遍较先进，单位土地的工业产出能力较强。大中型工业企业比（BMP）在 SDM 模型中符号为负，没有通过显著性检验，在 SLM 模型中，通过了 10%的显著性检验，表现出负向影响，通过比较可以判定，规模较大的企业不利于工业用地利用效率的提升，需要促进其节约集约利用土地。

R&D 投入比（RDI）通过了 5%的显著性检验，但表现出了负向影响，与理论分析相悖，导致这一结果的可能原因是目前我国工业企业研发规模较小，每年研发投入波动较大，研发成果转化为产出的能力不稳定，往往有新产品需求时，研发投入会增多，还没有形成从研发投入到产出增长的长效机制。

第六节　简 要 结 论

在进行工业用地利用效率的测度研究中，本书同时进行了工业生产技术效率的测度，从 DEA 方法的分析结果来看，大量省份在工业生产中存在无效率现象，相比工业生产技术效率，更多省份存在较低的工业用地利用效率；通过相关性检验可以发现，工业用地利用效率同工业生产技术效率一样，能够准确反映生产无效率的不同方面。从基于 C-D 生产函数模型的 SFA 方法的分析结果来看，工业生产无效率现象更加普遍，工业用地利用效率整体偏低。通过对两种方法结果的比较可以发现，SFA 与 DEA-CRS 方法对工业用地利用效率的测度结果具有更好的一致性和更小的差异性，都能准确反映工业用地利用效率水平。

对工业用地利用效率和工业用地生产率进行聚类分区后发现，以长江三角洲和珠江三角洲为主的东南沿海经济发达地区明显领先中西部地区，中西部地区多数省份都位于工业用地利用低效区。通过比较工业用地利用效率聚类分区与传统分区的结果，可以看出两者一致性较高，反映出目前我国区域间工业发展具有较明显的梯度差异，自东向西工业发展水平逐渐降低。但是，变异系数同时显示出省份间平均差异程度整体上呈减小的趋势，区域间的差异程度正在逐渐缩小。

在无差异视角下，利用构建的"容积率指数"比较了不同区域土地利用强度的差异，并以此对工业用地实际面积进行了修正。整体来看，*VRI* 指数高的区域多分布在我国的东南沿海地区，*VRI* 指数低的区域多分布在我国的中西部地区，并且近年来东部地区 *VRI* 指数整体表现出下降趋势。在修正工业用地实际面积后，分析工业用地利用效率的区域差异发现，工业用地利用效率增大的区域多集中在中西部地区，工业用地利用效率下降的区域主要出现在东南沿海地区，与 *VRI* 指数的高低恰好成负相关关系。

由于工业经济发展在空间上具有较明显的相关性，我国不同地区之间存在千丝万缕的经济联系，本书构建能够包含地理信息的空间面板数据模型对工业用地利用效率的影响因素作进一步分析，综合验证区域经济、产业发展、制度政策、科研创新等因素后发现，地区经济发展水平、高技术产业发展、外商投资等因素能够明显促进工业用地利用效率的提高，从企业产权和规模来看，国有企业和大中型企业当前不利于工业用地利用效率的提高。并且通过验证无差异视角下工业用地利用效率的影响因素后发现，土地利用强度之外的影响因素没有因为行业间土地利用强度的消除而发生改变。

第六章　城市工业用地利用的行业差异：
基于江苏的实证

江苏省位于我国大陆东部沿海中心、长江下游，东濒黄海，东南与浙江和上海毗邻，西接安徽，北接山东，面积 10.26 万平方千米，人均国土面积在全国各省份中最少。改革开放以来，江苏经济社会发展取得了显著成就，1992 年起全省 GDP 连续 21 年保持两位数增长。近年来，全省经济在转型升级中平稳增长，产业结构调整取得明显进展，2011 年实现地区生产总值 49 110.27 亿元，增长 10.40%。

改革开放初期，苏、锡、常等地凭借临江近沪的有利区位，以及深厚的工业历史基础，开创性地走上了以工兴农的乡镇企业发展之路，形成蜚声中外的"苏南模式"。纺织、食品、化工等产业迅速崛起并壮大成为支柱产业，完成了江苏省产业结构的第一次转型（顾湘等，2006）。进入 20 世纪 90 年代后，江苏省开始引进国外资本、先进技术和管理方式，推进传统行业更新换代，大力发展现代通信设备、装备制造等行业，使江苏省工业朝资本和技术密集的重型化方向发展，实现了工业化的又一次跨越。在江苏省工业门类中，采掘业和电力、燃气及水的生产和供应业所占比例较小，并且土地利用规律特征与制造业差异明显，对制造业进行研究更具针对性和现实性，2011 年江苏省制造业增加值为 20 978.51 亿元，占工业增加值比例的 94.16%。因此，本章研究对象主要是工业中的制造业，若无特殊说明，本章中的工业均指制造业。

第一节　江苏省工业发展现状

一、工业发展特点与优势

（一）综合实力位居全国前列

改革开放以来，尤其是 20 世纪 90 年代以来，江苏工业化进程明显加快，工业经济发展显著提升。2011 年，全省实现工业生产总值为 22 280.61 亿元，位居全国第二,占全国工业生产总值的 9.61%。2001~2010 年[①],全省规模以上工业企业由 19 684 家增加到 64 136 家,实现工业总产值由 11 747.83 亿元增加到 92 056.48 亿元,实现主营业务收入、利税、利润分别达 91 077.41 亿元、9316.01 亿元、5970.56 亿元,规模以上工业企业实现工业总产值、利税、利润、主营业务收入分别是 2001 年年末的 7.84 倍、9.88 倍、14.44 倍和 8.10 倍。江苏省工业化的快速推进,同时带来经济结构的不断调整,农业生产比例逐渐下降,劳动力向非农产业逐步转移,1990 年国内生产总值的三次产业分布为 25.07∶48.89∶26.03,就业人员的三次产业分布为 56.22∶28.70∶14.75;2011 年国内生产总值的三次产业分布为 6.30∶51.30∶42.40,就业人员的三次产业分布为 21.50∶42.40∶36.10。工业用地产出也逐年提升,2009~2013 年,江苏省工业用地从 200 184.88 公顷增加至 247 509.59 公顷,年均增加 11 831.2 公顷,年均增幅为 5.91%;单位工业用地生产总值从 822.49 万元/公顷增加到 1034.80 万元/公顷,年均增幅为 6.45%。总体来说,江苏省正处于工业化的中后期阶段,尽管工业生产总值比例在国民经济中呈缓慢下降趋势(图 6-1),但努力发展工业新兴产业、不断实现工业化向更高层次迈进仍是江苏省未来经济发展的主要任务。

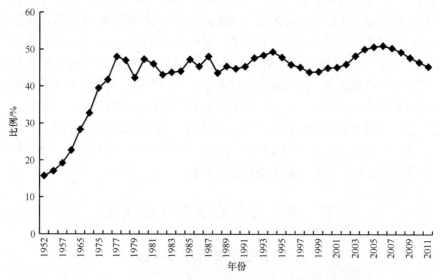

图 6-1　1952~2011 年江苏省工业生产总值占地区生产总值比例

---

① 由于规模以上工业企业 2010 年前后统计口径调整,2011 年以前统计对象为年主营业务收入为 500 万元以上企业,2011 年后为 2000 万元以上企业,故此处将 2010 年与 2001 年进行比较。

（二）先进制造业加速成长

从江苏省不同工业行业规模情况来看，2011年规模以上工业企业中企业单位个数最多的行业为纺织业（5227个），最少的为烟草制品业（5个）；工业总产值超过万亿元的行业有3类，由大到小分别为通信设备、计算机及其他电子设备制造业（14 862.25亿元），化学原料及化学制品制造业（11 738.06亿元），电气机械及器材制造业（11 653.06亿元），家具制造业（199.99亿元）则最少；出口交货值中最多的行业为通信设备、计算机及其他电子设备制造业（10 156.01 亿元），其次为电气机械及器材制造业（2096.92亿元），最少的是废弃资源和废旧材料回收加工业（0.30亿元）。2003～2011年，江苏省逐渐从工业化中期过渡到工业化后期，主要体现在食品制造、纺织服装、造纸等行业在总产值中的比例逐渐下降、主导地位逐步丧失；化工、电子机械等行业在总产值中的比例逐步上升、主导地位逐渐显现。由图6-2可以看出，位于第一象限的工业总产值年均增加较快、数值较高的行业主要集中在机械、化工、电子电气等行业，这些行业正处于发展的上升阶段，凸显了江苏省在装备制造和电子电气领域的发展优势；位于第四象限的工业总产值年均增加较快、数值较低的行业主要集中在食品、木材、医药、有色金属冶炼及加工等行业，这类行业未来仍将有一定的发展空间；而位于第三象限的工业总产值总量和年均增幅均较低的行业，如食品制造业、塑料制品业、印刷业等，基本处于发展的衰退阶段；值得注意的是位于第四象限的纺织业，尽管其总产值年均增幅较低，但主导地位依然存在。

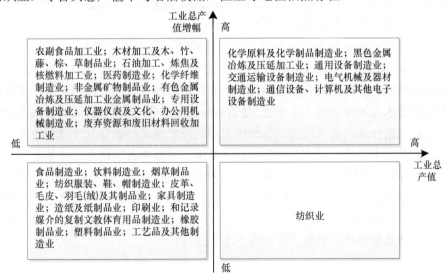

图6-2　2011年江苏省各行业工业总产值与增幅分布

随着"科技兴国"战略的实施,江苏省工业科技投入力度不断增强,以高新技术产业和战略性新兴产业为代表的一批先进制造业加速成长。2012 年,江苏省电子及通信设备制造业、新材料制造业等高新技术产业实现产值 45 041.48 亿元,占规模以上工业产值比例由 2002 年年末的 18.22%上升为 37.50%。江苏省大中型工业企业研究与发展经费内部支出总额 802.73 亿元,其中制造业支出总额 792.87 亿元;技术改造支出总额 583.63 亿元。轨道交通、风电设备等一批新兴产业发展迅速,其中光伏产业拥有自主知识产权百余项,产值约占全国的 1/2,成为继电子信息产业后的又一个世界级制造基地;船舶产业主要经济指标连续位居全国第一,2012 年实现造船完工量 2219 万载重吨,约占全国比例的 2/5。高性能精密合金、航空和核电配套、高性能纤维复合材料等产品集群已初具规模。苏州生物纳米、无锡传感网等一批在国内外处于领先地位的高端产业,已建成集人才培养、研发、生产为一体的我国新兴战略性产业基地。

(三)工业用地布局逐步优化

江苏省按照区域分为苏南、苏中、苏北三大经济板块,经济水平南北梯度差异明显。苏南地区经济水平在江苏省内居于绝对领先地位,苏北地区由于基础差、发展慢,处于落后水平。随着"四沿战略"的推进与南北共建的实施,"苏南提升、苏中崛起、苏北振兴"的协调发展格局逐步建成,全省的工业布局不断优化调整,"产业带、开发区、特色产业基地"三个层次的布局基本形成。全省沿江基础产业带、沿沪宁线高新技术产业带、沿东陇海线资源加工产业带和沿海临港产业带的"四沿"工业布局逐步清晰。

开发区产业带动能力日益明显,土地集约利用水平不断上升。2010 年,江苏省 122 家省级以上开发区,创造了全省 2/3 的工业增加值、3/4 的进出口总额。高新技术产业开发区已成为推进科技创新和经济跨越发展的重要增长点,省级及以上高新技术开发区创造了全省近 2/5 的高新技术产业产值和近 3/5 的新兴产业产值;昆山高新技术产业开发区、泰州国家医药高新技术产业开发区分别成为全国首批建在县级市的国家级高新区和医药高新区。江苏省省级特色产业基地建设成效显著,2013 年经省发改委认定的 101 家省级特色产业基地实现工业总产值 3.24 万亿元,71 家工程机械、电力电器、轨道交通、精品钢材、电子信息、高档纺织、船舶及海工装备等优势产业基地,30 家节能环保、新材料、生物纳米技术、新能源等新兴产业基地产量和实力不断提升。

二、工业发展的主要问题

（一）工业污染较为严重

江苏省工业发展为经济社会作出巨大贡献的同时，也带来了较严重的自然环境污染。大量工业污染物排放到自然环境中，对土壤、地下水和近海环境造成难以逆转的长期损害，严重影响着公众的健康。2012 年，工业废水排放量为 23.61 亿吨，工业源化学需氧量排放量为 23.14 万吨，占全部排放量的 19.33%，工业源二氧化硫排放量为 95.92 万吨，占全部排放量的 96.69%，工业源烟（粉）尘排放量则为 44.32 万吨，占全部排放量的 89.35%，产生一般工业固体废弃物 10 224.44 万吨，工业污染防治施工项目年度投资 55.87 亿元，同比增加 30.60%。

从工业行业具体情况来看，工业废水排放总量居前列的是纺织业（60 115.21 万吨）、化学原料和化学制品制造业（48 129.03 万吨），两类行业直接排入环境的工业废水高达 63 399.38 万吨，并且两者的化学需氧量排放量和氨氮排放量也位居前两名，合计分别为 94 533 吨、7649 吨；黑色金属冶炼和压延加工业、有色金属冶炼和压延加工业的废气排放量分别为 4497.12 亿立方米、17 010.56 亿立方米，名列前两位，其中有色金属冶炼和压延加工业的二氧化硫排放量、烟（粉）尘排放量、一般工业固体废弃物产生量均位居第一，氮氧化物排放量位居第二，数据显示，化工、金属冶炼和压延、纺织为江苏省污染排放较大的行业。

（二）资源消耗总量大，部分行业产能过剩

2012 年，江苏省能源消耗总量为 28 849.84 万吨标准煤，其中工业能源消耗为 22 636.42 万吨标准煤，占省内总消耗比为 78.46%，占全国工业能源消耗的 8.97%，地均能源消耗为 935.83 吨标准煤/公顷。消耗能源总量居于前三的分别为原煤、焦炭和原油；工业用水量为 193.1 亿立方米，占省内用水总量的 34.97%，占全国工业用水总量的 13.99%，地均工业用水量为 7.98 亿立方米/平方米，单位产值工业用水量为 0.008 立方米/元，超出全国平均水平（0.006 立方米/元），水资源利用效率仅高于上海、安徽、湖南、西藏等 7 个省份，水资源消耗总量较大，且利用效益偏低。

利用存货水平[①]指标来直观反映工业产能利用情况，2012 年，江苏省制造业存货水平为 0.09，略低于全国平均水平（0.097），在全国 31 个省份中排名 22，说明江苏省生产产品总的供应能力与市场需求平衡的水平高于全国的大部分地区。分行业看，2012 年 14 个行业的存货水平高于全省平均水平，尤其是烟草制品业（0.29），专用设

---

① 存货水平=存货产值/销售产值。

备制造业（0.15），铁路、船舶、航空航天和其他运输设备制造业（0.15）这3个行业存货水平较高，产能闲置严重；而木材加工和木、竹、藤、棕、草制品业（0.05），计算机、通信和其他电子设备制造业（0.06）等行业的存货水平偏低，产能负荷较重。

（三）新兴产业用地供给与保障政策不足

近年来，战略性新兴产业规模不断壮大，产业比例不断增加，已成为地方经济发展和产业转型升级的新动力。江苏省战略性新兴产业主要集中在新一代信息技术、新材料和高端装备制造三个方向。战略性新兴产业项目用地需求具有以下特点：一是用地相对集中，伴随着产业集聚，战略性新兴产业用地呈现出相对集中的态势，主要依托现有的开发园区、科技园区、工业集中区建设特色产业基地。二是用地性质多样，战略性新兴产业的发展有其独特的产业形态和自身的商业运营模式。一些战略性新兴产业用地功能混合、性质复杂，既有研发机构用地，又有"孵化器"与中试试用地，还有技术推介、市场链接平台以及物流等现代服务业用地。三是用地需求旺盛。各地普遍认识到，发展战略性新兴产业有利于增强新型工业化的发展动力，有利于提高工业经济和企业核心竞争力。四是用地投入产出高，战略性新兴产业用地投入产出均高于一般的传统产业。

江苏省在战略性新兴产业用地保障方面仍存在一些不足：一是规划缺乏有机衔接，战略性新兴产业是近年来涌现出的尚处在成长初期的未来发展潜力巨大的产业，这类产业因国家政策鼓励迅速成长，缺乏长远的产业规划。在本轮土地利用总体规划修编时，很多战略性新兴产业发展规划尚未形成，其用地大多未能列入新一轮土地利用总体规划之中。二是政策支撑力度不足。针对战略性新兴产业项目的多样性以及用地性质的复杂性，国家层面目前尚缺乏具体而明确的有关战略性新兴产业培育与发展的土地政策。战略性新兴产业建设项目的用地性质、用地定额标准、供地方式以及地价确定等目前无统一标准。三是供需矛盾依然突出。由于当前正处在产业转型升级的初级阶段，传统产业退出机制尚未有效形成，在新兴产业项目完全发挥效益之前，无论是地方政府还是企业自身都不会轻易淘汰传统产业。战略性新兴产业本身也存在技术创新、产业趋同竞争等风险，可能出现产能过剩，进而导致产业与供地脱节，造成土地闲置浪费。

第二节　江苏省工业行业地理集聚

鉴于当前国内相关部门尚没有系统统计我国工业行业的用地规模情况，江苏省亦没有覆盖所有工业企业的用地数据，本节通过对江苏省工业行业的结构和地理集聚进行分析，间接反映江苏省工业用地在工业行业及区域间的配置特征，并利用 1092 家典型工业企业样本数据概述不同行业的投入产出特点。其中，本节数据主要来源于《中国工业企业数据库》（2011），从中筛选出江苏省规模以上制造业企业 41 217 家，占当年江苏省统计年鉴所涉及规模以上制造业企业（共 42 832 家）的96.23%，其中涉及制造业大类行业 30 个，制造业中类行业 166 个，制造业小类行业 469 个，此处重点关注 30 个制造业大类行业的发展情况。

江苏省是我国的经济大省，也是工业大省和强省，2011 年全省工业增加值达到 22 280.61 亿元，占全国的11.82%，制造业总产值占全国的14.05%。从图 6-3 江苏省制造业各大类行业总产值占比情况可以看出，化学纤维制造业（33.99%）、仪器仪表及文化、办公用机械制造业（32.16%）、通信设备、计算机及其他电子设备制造业（23.30%）、电气机械及器材制造业（22.66%）、纺织服装、鞋、帽制造业（20.71%）等 5 个大类行业占全国相应行业总产值的比例超过 20%；化学原料及化学制品制造业（19.30%）、纺织业（18.64%）等11 个大类行业占全国的比例超过 10%。化工、纺织、电子电气、机械制造等行业构成了江苏省工业的主导产业，无论从行业比例还是行业结构差异来看，江苏省都领先于全国的经济发展水平和发展阶段。

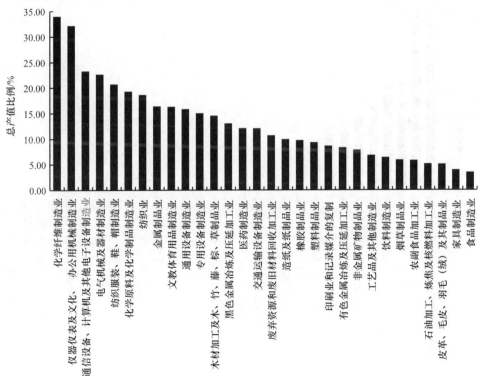

图 6-3　江苏省制造业大类行业总产值占全国的比例

资料来源：江苏统计年鉴（2012）和中国统计年鉴（2012）

一、工业行业结构

　　2011 年江苏省规模以上制造业企业就业人数达到 1196.12 万人。通信设备、计算机及其他电子设备制造业发展迅速，具有明显优势，是我国企业规模最大、最密集的省份，就业人数达到 178.20 万人，占全省比例的 14.90%，而在 2004 年就业比例仅为 9.54%。纺织业就业规模处于第二位，是江苏省的传统优势行业，就业人数达到 171.65 万人，占全省比例的 14.35%。纺织服装、鞋、帽制造业和通用设备制造业就业规模占全省比例均超过了 8%，化工、装备制造相关行业也都具有较高的就业规模（图 6-4），皮革、毛皮、羽毛（绒）及其制品业等 12 个大类行业就业规模占全省比例低于 2%。总体来看，江苏省形成了以电子信息、装备制造、纺织化工为主导的产业结构，同时，近年来高技术产业和战略性新兴产业发展迅速，高端装备制造、光电、新能源、新材料、生物技术和新医药、节能环保等产业已初具规模，逐渐成为江苏经济新的支柱产业和重要增长点（陈佳贵等，2012a）。

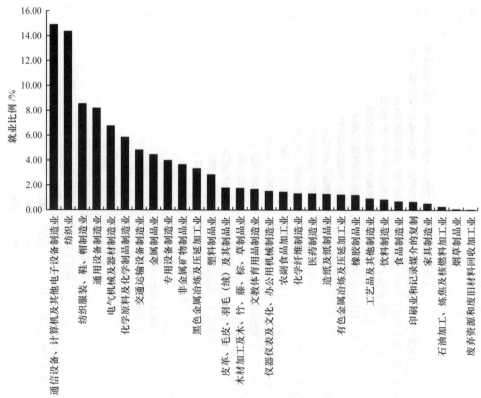

图 6-4　江苏省制造业大类行业就业比例

资料来源：中国工业企业数据库（2011）

图6-5显示了江苏省制造业就业的区域分布情况①，可以明显看出，就业规模从苏南到苏北存在显著的区域差异，呈阶梯状递减变化。就业人数最密集的地区是苏州、无锡、常州和南京等地，2011 年这四个城市规模以上制造业企业达到 20 573 家，就业人数 744.33 万人，分别占全省的 49.91%和 62.22%。县级行政区中就业规模最大的是昆山市，就业人数达到 94.66 万人，占全省的 7.91%，此外，江阴、吴江、常熟、张家港四市就业人数也都超过了 40 万人。地级市中就业规模最小的是连云港市，仅有 18.31 万人，苏北地区的县级行政区就业规模普遍在 5 万人以下。

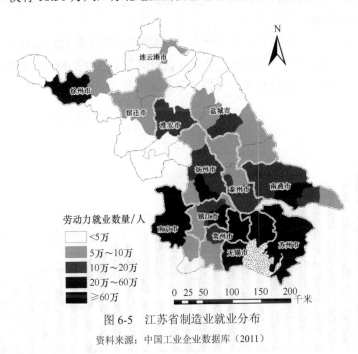

图 6-5　江苏省制造业就业分布

资料来源：中国工业企业数据库（2011）

二、工业行业集聚

产业地理集聚是产业空间分布的显著特征之一，产业在空间上呈现出非均匀布局，即表现为产业地理集聚。马歇尔在其著作《经济学原理》中首先描述了产业地理集聚的现象，并将集中于特定地区的工业称为地方性工业。江苏省不同区域区位条件、历史基础、经济水平等诸多因素存在显著差异，导致制造业呈现出明显的地理集聚现象。现有文献中有多种方法可以测量产业地理集中和集聚，如

① 此处将地级市的市辖区合并为一个区域，即城市市区，地级市所辖县市分别作为不同区域，共包括 13 个地级市市区和 50 个县级行政区的就业情况。

赫芬戴尔系数、赫希曼-赫芬戴尔系数、胡弗区位化系数、熵指数、锡尔系数和基尼系数等（贺灿飞等，2010），本书首先使用集聚率指数（CR_n）来反映制造业大类行业在江苏省的集聚情况，计算公式为：

$$CR_n^i = \sum_{j=1}^{n} S_{ij} \Big/ \sum_{j=1}^{N} S_{ij} \qquad (6\text{-}1)$$

该式表示行业 i 就业人数最多的 n 个城市的就业总人数占全部 N 个城市就业总人数的比例，CR_2 即表示行业 i 就业人数最多的 2 个城市的就业总人数占全省就业总人数的比例。

图 6-6 显示了江苏省制造业大类 13 个地级市就业规模 CR_2 指数，结合表 6-1 可以看出，江苏省 30 个制造业大类行业表现出了不同程度的产业集聚现象，CR_2 普遍较高，平均值达到49.54%。有 12 个制造业大类行业CR_2大于50%，其中，CR_2

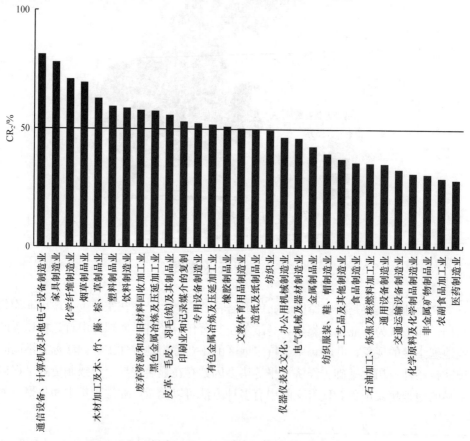

图 6-6　江苏省制造业大类行业地级市就业规模 CR_2 指数

最高的是通信设备、计算机及其他电子设备制造业，达到 81.36%，主要集中在苏州市和无锡市；其次是家具制造业，达到 78.08%，主要集中在苏州市和南通市。

表 6-1　江苏省制造业大类行业地级市就业规模 CR_2 及前两位城市

行业	CR_2/%	第一位	第二位	行业	CR_2/%	第一位	第二位
农副食品加工业	29.66	盐城市	南通市	化学纤维制造业	70.86	苏州市	无锡市
食品制造业	36.15	苏州市	南京市	橡胶制品业	51.15	苏州市	无锡市
饮料制造业	58.77	徐州市	宿迁市	塑料制品业	59.48	苏州市	无锡市
烟草制品业	69.47	淮安市	徐州市	非金属矿物制品业	31.18	苏州市	无锡市
纺织业	49.66	苏州市	无锡市	黑色金属冶炼及压延加工业	57.58	无锡市	苏州市
纺织服装、鞋、帽制造业	39.81	苏州市	南通市	有色金属冶炼及压延加工业	51.94	苏州市	无锡市
皮革、毛皮、羽毛（绒）及其制品业	55.93	苏州市	扬州市	金属制品业	42.75	苏州市	无锡市
木材加工及木、竹、藤、棕、草制品业	62.81	徐州市	宿迁市	通用设备制造业	35.60	苏州市	无锡市
家具制造业	78.08	苏州市	南通市	专用设备制造业	52.47	苏州市	无锡市
造纸及纸制品业	50.09	苏州市	镇江市	交通运输设备制造业	33.27	苏州市	无锡市
印刷业和记录媒介的复制	53.16	苏州市	无锡市	电气机械及器材制造业	46.27	苏州市	无锡市
文教体育用品制造业	50.31	苏州市	扬州市	通信设备、计算机及其他电子设备制造业	81.36	苏州市	无锡市
石油加工、炼焦及核燃料加工业	35.87	南京市	无锡市	仪器仪表及文化、办公用机械制造业	46.63	苏州市	南通市
化学原料及化学制品制造业	31.61	苏州市	南京市	工艺品及其他制造业	37.57	扬州市	苏州市
医药制造业	28.90	苏州市	常州市	废弃资源和废旧材料回收加工业	57.90	苏州市	南京市

从表 6-1 中可以明显看出，江苏省的制造业大类行业表现出高度的产业集聚现象，主要集中在苏州市和无锡市。在 30 个制造业大类行业中，苏州市有 25 个行业位列就业前两位城市，其中，23 个行业就业人数位居全省第一；无锡市有 15 个行业位列就业前两位城市，仅 1 个行业就业人数位居全省第一。江苏省其余 11 个地级市制造业集聚规模与苏州、无锡差距较大，盐城、徐州、淮安、南京、扬州分别有 1～2 个行业就业人数位居全省第一。

三、工业行业集中

克鲁格曼的区位基尼系数可以用来反映经济活动在地理上分布的不均匀程度（吴三忙和李善同，2010），下面本书采用广泛使用的基尼系数测量 2011 年江苏省各市县制造业大类行业的地理集中程度，取值范围为[0, 1]。基尼系数公式如下：

$$G_i = \frac{1}{2n^2\mu}\sum_j\sum_k \left| s_{ij} - s_{ik} \right| \tag{6-2}$$

式中，s_{ij} 和 s_{ik} 分别为 i 行业在区域 j 和 k 的就业比例，μ 为 i 行业在各区域就业比例的平均值，n 为区域个数。G_i 值越大表示 i 行业地理集中程度越高，如果 i 行业在各区域平均分布，则 G_i=0，如果 i 行业集中在一个区域，则 G_i=1。

表 6-2 中从地级市和区县两个层面反映了江苏省制造业大类行业的基尼系数。从区县角度来看，江苏省制造业大类行业基尼系数最高的是烟草制品业，达到 0.95，几乎全部集中在一个城市，主要是江苏中烟工业公司分布在南京、淮安、徐州的三个卷烟厂。其次是通信设备、计算机及其他电子设备制造业和家具制造业，分别达到 0.89 和 0.87。基尼系数最低的三个行业分别是非金属矿物制品业（0.54）、化学原料及化学制品制造业（0.52）、农副食品加工业（0.43），这些行业在江苏省内分布相对均匀。基于地级市尺度测算的基尼系数都要低于区县尺度，结果相似，但排序上存在一定差异。从地级市层面来看，江苏省制造业大类行业基尼系数排在前三位的是通信设备、计算机及其他电子设备制造业（0.79）、烟草制品业（0.77）和家具制造业（0.76），基尼系数最低的三个行业分别是医药制造业（0.32）、农副食品加工业（0.31）、非金属矿物制品业（0.30）。地级市尺度和区县尺度基尼系数差异最大的三个行业是石油加工、炼焦及核燃料加工业、医药制造业、交通运输设备制造业，说明这些行业分布多集中在区县层面。

表 6-2　江苏省制造业大类行业基尼系数[①]

行业	地级市	区县	行业	地级市	区县
农副食品加工业	0.31	0.43	化学纤维制造业	0.70	0.82
食品制造业	0.35	0.62	橡胶制品业	0.49	0.69
饮料制造业	0.54	0.74	塑料制品业	0.56	0.69
烟草制品业	0.77	0.95	非金属矿物制品业	0.30	0.54
纺织业	0.54	0.61	黑色金属冶炼及压延加工业	0.61	0.80

① 本表地级市层面测算了 13 个地级市制造业大类行业的基尼系数，区县层面测算了 13 个地级市市区和 50 个县市制造业大类行业的基尼系数。

行业	地级市	区县	行业	地级市	区县
纺织服装、鞋、帽制造业	0.43	0.59	有色金属冶炼及压延加工业	0.49	0.64
皮革、毛皮、羽毛（绒）及其制品业	0.57	0.71	金属制品业	0.48	0.65
木材加工及木、竹、藤、棕、草制品业	0.62	0.77	通用设备制造业	0.39	0.62
家具制造业	0.76	0.87	专用设备制造业	0.53	0.68
造纸及纸制品业	0.49	0.64	交通运输设备制造业	0.43	0.71
印刷业和记录媒介的复制	0.54	0.73	电气机械及器材制造业	0.50	0.67
文教体育用品制造业	0.47	0.66	通信设备、计算机及其他电子设备制造业	0.79	0.89
石油加工、炼焦及核燃料加工业	0.40	0.82	仪器仪表及文化、办公用机械制造业	0.54	0.79
化学原料及化学制品制造业	0.33	0.52	工艺品及其他制造业	0.40	0.68
医药制造业	0.32	0.62	废弃资源和废旧材料回收加工业	0.56	0.84

第三节　江苏省工业行业用地利用效益

典型企业问卷调查获取的 1096 家有效工业企业样本，均为规模以上工业企业，涉及制造业门类中除烟草制品业、废弃资源和废旧材料回收加工业以外的其他28 个行业大类。但家具制造业、印刷业和记录媒介的复制、工艺品及其他制造业三大类行业分别仅有 2 家、1 家、1 家企业匹配，不足以代表整个大类行业的工业用地利用水平，从图 6-5 可以看出，这三大行业就业人数在江苏省占比较小，对分析江苏省主要工业行业土地利用行为的影响可以忽略，故而舍弃。因此，本节以 1092家典型企业样本为分析对象，从企业用地面积、单要素生产率、利税、R&D 活动等方面分析典型企业所涉及 25 个工业行业大类的土地利用情况。

一、工业企业用地面积

图 6-7 展示了江苏省 1092 家典型工业企业的按 25 个行业大类划分后的数量和面积分布情况。可以看出，纺织化工、机械制造、电子电气等行业无论是数量还是面积都拥有较大的占比，其中，通信设备、计算机及其他电子设备制造业涉及典型企业数量最多，化学原料及化学制品制造业涉及的企业用地面积最大。文教体育用品制造业、石油加工、炼焦及核燃料加工业涉及的企业数量和用地面积都较小。

从企业平均用地情况来看，化学纤维制造业企业平均用地量最大，达到32.10 公顷，农副食品加工业企业平均用地量最小，仅为 5.17 公顷。文教体育用品制造业等 7 个行业大类，企业平均用地面积为 10～15 公顷，纺织业等 7 个行业大类，企业平均用地面积为8～10公顷，黑色金属冶炼及压延加工业等10个行业大类，企业平均用地面积为 5～8 公顷。可以看出，企业用地规模较大的行业以石油化工、机械制造等为主，而企业用地规模较小的行业以食品加工、饮料制造、服装制造等为主（表6-3）。

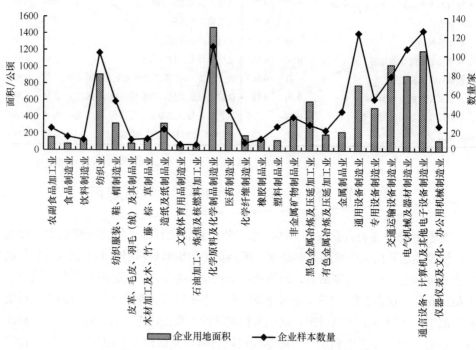

图 6-7　　1092 家典型工业企业样本行业分布情况

表 6-3　　工业企业分行业平均用地规模分组

平均用地面积/公顷	工业行业大类
≥15.00	化学纤维制造业（32.10）
10.01～15.00	文教体育用品制造业（14.65）；石油加工、炼焦及核燃料加工业（13.21）；医药制造业（12.86）；电气机械及器材制造业（12.74）；金属制品业（12.13）；橡胶制品业（11.92）；通用设备制造业（11.38）
8.01～10.00	纺织业（9.60）；有色金属冶炼及压延加工业（9.37）；化学原料及化学制品制造业（9.19）；通信设备、计算机及其他电子设备制造业（8.88）；仪器仪表及文化、办公用机械制造业（8.15）；交通运输设备制造业（8.15）；木材加工及木、竹、藤、棕、草制品业（8.02）
5.00～8.00	黑色金属冶炼及压延加工业（7.80）；食品制造业（7.52）；造纸及纸制品业（7.37）；非金属矿物制品业（7.01）；塑料制品业（6.84）；专用设备制造业（6.74）；皮革、毛皮、羽毛（绒）及其制品业（6.62）；纺织服装、鞋、帽制造业（6.16）；饮料制造业（5.96）；农副食品加工业（5.17）

二、工业用地单要素生产率

从表 6-4 中，以地均工业总产值表征的工业用地单要素生产率来看，不同工业行业存在显著差异的同时，也表现出明显的区域差异性。整体来看，通信设备、计算机及其他电子设备制造业的地均工业总产值明显高于其他行业，达到4.82 亿元/公顷，地均工业总产值最低的文教体育用品制造业，仅为 0.56 亿元/公顷。并且江苏省主导产业的地均工业总产值整体表现出电子电气>化工医药>机械制造>纺织服装的生产特点。江苏省三大区域间，苏南地区地均工业总产值明显高于苏中和苏北，整体上达到 2.68 亿元/公顷，而苏北仅为 0.85 亿元/公顷。从各行业的区域差异来看，苏南相对苏中并非都表现出较大的优势，苏中地区医药制造业、橡胶制品业等 9 个行业在三大区域中均处于最高，特别是医药制造、橡胶塑料制品等行业相比苏南更具优势。

在表 6-4 中，同时报告了各行业地均工业总产值在不同级别开发区间的比较情况。可以看出，国家级开发区内的工业用地相比省级开发区具有更强的产出能力。国家级开发区内工业用地总产值（3.47 亿元/公顷）接近江苏省平均水平（1.85 亿元/公顷）的两倍，而省级开发区内工业用地均总产值（1.15 亿元/公顷）还不及苏中地区的平均水平（1.48 亿元/公顷）。从各行业的差异情况来看，省级开发区内仅纺织服装、鞋、帽制造业和化学纤维制造业的地均工业总产值略高于国家级开发区，其他行业均明显低于国家级开发区。国家级开发区内农副食品加工业、医药制造业、黑色金属冶炼及压延加工业、有色金属冶炼及压延加工业等行业表现出较大的生产优势。

表 6-4　地均工业总产值分行业区域差异

行业大类	全部/（亿元/公顷）	苏南/（亿元/公顷）	苏中/（亿元/公顷）	苏北/（亿元/公顷）	国家级开发区/（亿元/公顷）	省级开发区/（亿元/公顷）
全部行业	1.85	2.68	1.48	0.85	3.47	1.15
农副食品加工业	2.39	6.24	1.49	1.12	6.43	0.99
食品制造业	1.18	1.64	0.86	0.61	1.69	0.87
饮料制造业	0.62	0.74	1.11	0.49	—	0.62
纺织业	1.01	1.50	1.22	0.49	—	0.84
纺织服装、鞋、帽制造业	1.06	1.53	1.27	0.89	0.79	1.06
皮革、毛皮、羽毛（绒）及其制品业	1.44	1.99	2.24	0.83	1.82	1.38
木材加工及木、竹、藤、棕、草制品业	2.06	3.64	—	1.15	—	2.06

行业大类	全部/（亿元/公顷）	苏南/（亿元/公顷）	苏中/（亿元/公顷）	苏北/（亿元/公顷）	国家级开发区/（亿元/公顷）	省级开发区/（亿元/公顷）
造纸及纸制品业	1.22	1.36	0.61	0.47	1.42	0.56
文教体育用品制造业	0.56	0.94	0.65	0.44	—	0.56
石油加工、炼焦及核燃料加工业	1.89	1.91	—	1.07	2.73	1.33
化学原料及化学制品制造业	1.45	1.66	1.49	0.96	2.03	1.18
医药制造业	1.97	1.53	3.17	1.53	4.54	0.74
化学纤维制造业	2.10	1.75	2.30	0.93	1.83	2.15
橡胶制品业	2.09	2.19	4.23	1.53	2.12	1.99
塑料制品业	1.01	0.90	2.22	0.59	2.61	0.75
非金属矿物制品业	0.72	0.81	1.59	0.55	1.03	0.62
黑色金属冶炼及压延加工业	2.28	3.68	1.25	0.91	9.95	1.36
有色金属冶炼及压延加工业	1.42	1.70	2.76	0.58	5.90	1.09
金属制品业	1.16	1.30	1.48	0.54	1.66	1.04
通用设备制造业	1.36	1.82	1.12	0.73	2.89	1.01
专用设备制造业	1.21	1.59	1.32	0.67	1.66	0.94
交通运输设备制造业	1.41	2.29	1.04	1.19	2.59	1.14
电气机械及器材制造业	1.75	2.59	1.23	0.97	2.52	1.47
通信设备、计算机及其他电子设备制造业	4.82	5.33	1.92	1.05	5.63	1.78
仪器仪表及文化、办公用机械制造业	2.90	4.03	2.56	1.42	3.92	2.40

"—"表示该区域无此大类行业典型企业数据

三、工业用地地均利税

从表 6-5 中可以看出，不同工业行业地均利税情况存在显著差异的同时，也表现出明显的区域差异性。整体来看，医药制造业、橡胶制品业等行业的地均利税明显高于其他行业，分别为 2356.09 万元/公顷和 2110.26 万元/公顷，地均利税最低的同样是文教体育用品制造业，仅为 468.26 万元/公顷。江苏省工业行业地均利税整体表现出医药制造、电子电气>石油化工>纺织服装的特点。值得注意的是，尽管通信设备、计算机及其他电子设备制造业在地均工业生产总值上表现出绝对优势，但在地均利税上并不突出，这与当前江苏省通信电子行业代工组装生产占比较大，研发生产占比较小有直接关系。江苏省三大区域间，地均利税同样表现出苏南地区>苏中地区>苏北地区的区域特征，苏南地区工业用地地均利税是苏中的1.53倍、苏北的2.62倍。从各行业的区域差异来看，绝大多数行业在苏南地区的地均利税情况都优于苏中和苏北地区，相较苏南地区，苏中仅在塑料制品业、非金属矿物制品业和饮料制造业表现出利税优势，苏北仅在医药制造业和石油加工、炼焦及核燃料加工业表现出利税优势。从各工业行业地均利税在不同级别开发区间的比较可以看出，国家级开发区内的工业用地地均利税约为省级开发区的 2 倍。从各行业的差异情况来看，省级开发区内仅皮革、毛皮、羽毛（绒）及其制品业和纺织服装、鞋、帽制造业的地均利税高于国家级开发区，其他行业均明显低于国家级开发区。

表6-5　地均利税分行业区域差异　　　　（单位：万元/公顷）

行业大类	全部	苏南	苏中	苏北	国家级开发区	省级开发区
全部行业	1222.81	1665.14	1089.88	635.10	1981.78	892.55
农副食品加工业	1201.05	2803.03	951.68	617.89	2472.07	758.65
食品制造业	1799.23	3043.00	776.82	278.15	2356.22	1463.73
饮料制造业	475.27	475.34	1141.65	322.10	—	475.27
纺织业	575.91	911.00	678.59	249.36	1178.21	481.63
纺织服装、鞋、帽制造业	575.43	1098.52	758.09	385.82	218.23	577.58
皮革、毛皮、羽毛（绒）及其制品业	1173.95	2310.37	2085.55	409.96	929.53	1216.99
木材加工及木、竹、藤、棕、草制品业	718.03	1292.55	—	383.13	—	718.03
造纸及纸制品业	981.64	1049.41	652.55	638.35	1084.64	652.56
文教体育用品制造业	468.26	1848.11	295.49	301.80	—	468.26
石油加工、炼焦及核燃料加工业	1056.22	1055.70	—	1082.95	1723.82	608.64
化学原料及化学制品制造业	1306.60	1665.46	1494.16	415.61	1428.03	1252.51
医药制造业	2356.09	2104.86	1752.86	2962.75	4875.45	1161.53
化学纤维制造业	774.59	5117.87	139.82	286.28	4298.38	147.14
橡胶制品业	2110.26	3200.05	457.71	355.57	2497.58	529.18
塑料制品业	1355.37	1546.51	2789.81	424.18	3248.86	1055.42
非金属矿物制品业	530.48	575.36	888.02	459.12	645.90	493.83
黑色金属冶炼及压延加工业	1423.99	2069.20	1004.71	785.47	6620.45	800.53
有色金属冶炼及压延加工业	746.81	923.43	708.16	343.17	788.25	743.76
金属制品业	719.55	1041.72	636.00	243.97	1164.10	614.75
通用设备制造业	1178.98	1610.67	662.34	770.27	2652.83	835.99
专用设备制造业	1343.39	1918.90	1004.88	731.80	2008.90	953.28
交通运输设备制造业	1627.52	2555.36	1560.52	778.25	2538.33	1416.74
电气机械及器材制造业	1085.93	1761.18	532.76	653.56	1825.40	813.55
通信设备、计算机及其他电子设备制造业	1600.11	1663.68	1277.19	1061.79	1775.42	941.99
仪器仪表及文化、办公用机械制造业	1857.65	2522.30	1582.58	1315.42	2502.96	1534.49

"—"表示该区域无此大类行业典型企业数据

四、工业企业 R&D 活动

从不同工业行业涉及企业的研发活动①来看，江苏省工业企业 R&D 活动比例约为 29.21%。仪器仪表及文化、办公用机械制造业企业 R&D 活动比例最高，达到 53.85%，其次是医药制造业和专用设备制造业。化学纤维制造业等 6 个行业企业 R&D 活动比例为 30%～40%，塑料制品业等 6 个行业企业 R&D 活动比例为 20%～30%，有色金属冶炼及压延加工业等 7 个行业企业 R&D 活动比例为 10%～20%，木材加工及木、竹、藤、棕、草制品业等 3 个行业企业 R&D 活动比例低于 10%。可以看出，企业 R&D 活动比例较大的主要是电子电气、医药制造、装备制造等新兴行业，而企业 R&D 活动比例较小的主要是石油化工、纺织服装、食品等传统行业。从要素密集程度来看，企业 R&D 活动占比较高的行业多为资本技术密集型行业，劳动密集型行业和资源密集型行业中进行 R&D 活动的企业占比较少（表6-6）。

表 6-6　工业企业分行业 R&D 活动占比分组

R&D 活动比例	工业行业大类
≥40%	仪器仪表及文化、办公用机械制造业（53.85%）、医药制造业（47.62%）、专用设备制造业（46.30%）
30%～40%	化学纤维制造业（37.50%）；电气机械及器材制造业（37.38%）；通信设备、计算机及其他电子设备制造业（37.30%）；非金属矿物制品业（37.14%）；化学原料及化学制品制造业（34.86%）；交通运输设备制造业（32.05%）
20%～30%	塑料制品业（28.00%）；黑色金属冶炼及压延加工业（25.93%）；金属制品业（21.95%）；农副食品加工业（21.74%）；食品制造业（21.43%）；通用设备制造业（21.14%）
10%～20%	有色金属冶炼及压延加工业（19.05%）；纺织业（18.63%）；饮料制造业（18.18%）；皮革、毛皮、羽毛(绒)及其制品业（18.18%）；石油加工、炼焦及核燃料加工业（16.67%）；橡胶制品业（16.67%）；造纸及纸制品业（13.64%）
<10%	木材加工及木、竹、藤、棕、草制品业（8.33%）；纺织服装、鞋、帽制造业（5.88%）；文教体育用品制造业（0.00%）

五、工业企业劳动力吸纳

从不同工业行业涉及企业的劳动力吸纳情况来看，江苏省工业企业每公顷劳动力吸纳约为 88.52 人。通信设备、计算机及其他电子设备制造业和仪器仪表及文化、办公用机械制造业企业地均劳动力吸纳人数最多，分别为 262.19 人

---

① 主要指存在研发投入的企业，企业 R&D 活动比例即该行业存在研发投入的企业数量与该行业企业总数的比值。

和 235.89 人，其次是食品、服装等轻工行业。食品制造业等 5 个行业企业地均劳动力吸纳人数为 100~200 人，文教体育用品制造业等 12 个行业企业地均劳动力吸纳人数为 50~100 人，有色金属冶炼及压延加工业等 6 个行业企业地均劳动力吸纳人数小于 50 人（表 6-7）。可以看出，电子电气行业从大类属性上尽管可以归为资本技术密集型行业，但从江苏省当前电子电气企业实际状况来看，由于代工生产、组装生产企业较多，整体上仍具有劳动密集型的企业特点。相反，诸如石油化工、金属冶炼等行业随着生产设备不断升级、智能化生产逐渐普及，劳动力吸纳人数要少得多。

表 6-7 工业企业分行业地均劳动力吸纳分组

地均劳动力（人/公顷）	工业行业大类
≥200	通信设备、计算机及其他电子设备制造业（262.19）；仪器仪表及文化、办公用机械制造业（235.89）
100~200	食品制造业（139.93）；皮革、毛皮、羽毛（绒）及其制品业（130.21）；橡胶制品业（128.12）；木材加工及木、竹、藤、棕、草制品业（123.13）；纺织服装、鞋、帽制造业（118.34）
50~100	文教体育用品制造业（89.77）；纺织业（89.45）；电气机械及器材制造业（78.39）；医药制造业（76.97）；交通运输设备制造业（66.34）；通用设备制造业（66.16）；金属制品业（64.10）；农副食品加工业（57.83）；专用设备制造业（57.35）；塑料制品业（55.93）；非金属矿物制品业（55.71）；黑色金属冶炼及压延加工业（50.14）
<50	有色金属冶炼及压延加工业（44.06）；化学原料及化学制品制造业（31.59）；饮料制造业（29.55）；造纸及纸制品业（27.03）；化学纤维制造业（23.55）；石油加工、炼焦及核燃料加工业（22.47）

第四节　江苏省工业用地自然环境成本

工业用地自然环境成本包括资源消耗、环境损失等。由于工业用地利用具有强生产性，工业用地利用过程中产生的"废气""废水""废渣"等对生态环境有较大负面影响，造成生态环境的污染和破坏。为实现科学发展观，转变经济发展方式，在工业用地利用过程中，不仅要注意到对污染物排放进行控制和处理，同时要加大对生态的投入和建设，不断提升区域的生态环境质量。

一、资源消耗

一般来说，根据行业的生产特点和生产工艺，石化和化工、钢铁、造纸、火电、食品、纺织等行业属于用水量较大的行业，这些行业的取水量约为整个工业取水量的一半（王家诚，2007）。图 6-8 显示了 2011 年 24 个行业①的地均标准煤综合能耗、地均工业用水量这两个指标的对比情况。各行业的地均工业用水量介于 2.19 万～211.38 万吨/公顷，高于 100 万吨/公顷的行业有 4 类，其中造纸和纸制品业的地均工业用水量最大（211.38 万吨/公顷），其次分别为黑色金属冶炼和压延加工业（184.84 万吨/公顷）、化学纤维制造业（153.95 万吨/公顷）、化学原料和化学制品制造业（101.88 万吨/公顷），地均工业用水量最小的行业为文教、工美、体育和娱乐用品制造业，行业间的水资源消耗差异明显。江苏省通过大量引进节水新技术和装备，采用高效短流程前处理工艺、节水型冷却方式、综合污水处理回用等先进技术，提高了高用水行业的用水效率和重复使用率，但由于江苏省工业起步较早，尤其是纺织、冶金、轻工等传统行业中存在大量的老企业，工艺落后，处理能力较弱，导致高用水行业的平均用水量较大，落后于天津等先进地区。

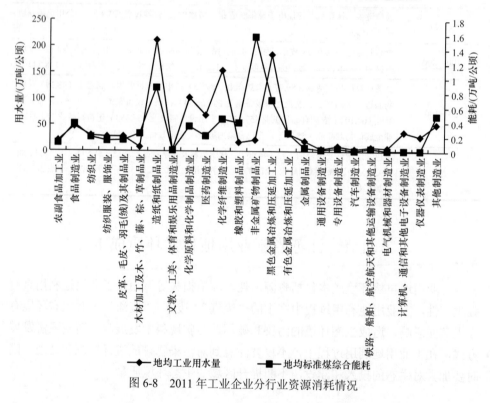

图 6-8　2011 年工业企业分行业资源消耗情况

---

① 本章第四节、第五节进行相关分析时，为与资源能耗、环境污染等数据匹配，采用《国民经济行业分类与代码》（GB/4754—2011）对 1092 家工业企业数据进行处理，形成 24 个行业大类，新旧分类对本书制造业行业大类的影响主要表现为橡胶制品业和塑料制品业合并为橡胶和塑料制品业，交通运输设备制造业拆分为汽车制造业和铁路、船舶、航空航天和其他运输设备制造业。

在工业行业中化工、冶金、煤炭、石油等资源密集型产业通常属于高能耗工业，地均标准煤综合能耗总排名较前的行业为非金属矿物制品业（1.57万吨/公顷）、造纸和纸制品业（0.87万吨/公顷）、黑色金属冶炼和压延加工业（0.70万吨/公顷），计算机、通信和其他电子设备制造业、汽车制造业的地均标准煤综合能耗较小，分别为 0.005 万吨/公顷、0.008 万吨/公顷，能耗水平由大至小总体为资源密集型行业、劳动密集型行业、资本技术密集型行业。由于经济粗放型增长的态势未达到根本转变，资源密集型行业能源利用水平较低、浪费严重，大量的自然资源被低效率消耗，资源密集型行业的技术装备也较为落后。需要说明的是，化工行业由于其用地面积相对较大，以及原料处理技术的提升，其地均标准煤能耗排名依然靠前，但小于其他高能耗工业行业。资本技术密集型产业能源利用的效率较高，能源投入增加对总体效益提升作用有限，地均能耗也较小。

二、工业废水排放

工业废水是指工业生产过程中产生的废水、污水和废液，其排放量大小与工业生产用料、中间产物和产品以及生产过程有密切关系。图 6-9 显示，2011 年地均工业废水排放量较大的行业分别为造纸和纸制品业（62.75 万吨/公顷），皮革、毛皮、羽毛及其制品和制鞋业（20.89 万吨/公顷），纺织业（19.91 万吨/公顷）和纺织服装、服饰业（18.75 万吨/公顷），较小的行业有汽车制造业（0.60 万吨/公顷）、通用设备制造业（1.33 万吨/公顷）、电气机械和器材制造业（1.33 万吨/公顷）等。地均工业废水排放量最大的造纸和纸制品业造成的水体污染远远高于其他行业。根据国家环境统计公报数据折算，造纸及纸制品业的 COD 排放量占全国工业 COD 排放量（203.3 万吨）的 40.8%，位居行业 COD 排放量的首位。纸业是中国工业污染的主要产业之一，主要是因为中国传统造纸业的工艺和技术仍较落后，加上造纸业结构问题，造成相当一部分企业没有资金和实力进行污染治理。再加上林业与造纸业分离，就造成"用材不造林"，林纸分离，大量使用草浆，规模小，污染失控，超出环境容量，不顾及生态生产力，在其生产过程中排放大量废水、废气、废渣，对环境造成极大影响。江苏省外资造纸企业比较集中，原料多以进口木浆为主，产品以高档文化用纸和涂布纸为主，并有相当数量出口，其中，外资企业实现清洁生产，污染治理达到世界先进水平，而内资企业污染治理任务仍然很重，在清洁生产、节水、节能、降耗和提高劳动生产率等方面差距仍然很大。

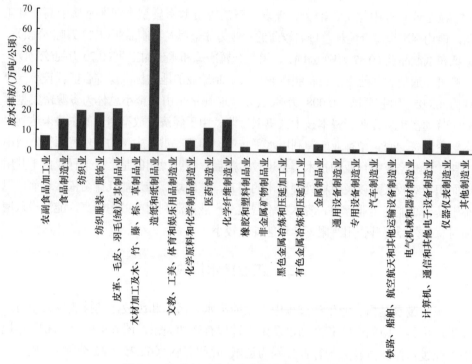

图 6-9　2011 年工业企业分行业废水排放情况

三、工业废气排放

大气污染在空间上具有极快的流动性，近年来，江苏省乃至全国的空气质量引起了广泛关注，根据气象观测资料，1980～2012 年江苏省霾日增加，雾霾从延续时间上、严重程度上、区域范围上都有显著增加（林积泉，2005），工业粉尘、烟尘的逐年超标排放则是雾霾形成的主要原因。从图 6-10 可以看出，2011年地均工业废气排放总量较大的行业分别为非金属矿物制品业（6.68 亿立方米/公顷），黑色金属冶炼和压延加工业（4.11 亿立方米/公顷），木材加工和木、竹、藤、棕、草制品业（3.2 亿立方米/公顷）等，较小的行业有文教、工美、体育和娱乐用品制造业（0.15 亿立方米/公顷），电气机械和器材制造业（0.21 亿立方米/公顷），仪器仪表制造业（0.24 亿立方米/公顷）等，主要受不同行业生产原料、加工工艺、生产环境的影响。研究显示，90%的二氧化硫排放与化石燃料燃烧有关，95%的氮氧化物排放是化石燃料贡献的，环境中的总悬浮颗粒物或 PM2.5 也与燃料燃烧排放的烟尘和排放的工业粉尘有关（林积泉，2005）。地均工业废气排放总量最大的非金属矿物制品业，以非金属矿物和岩石为主要原料，生产的产品有水泥制品、砖瓦、石灰等建筑材料、石墨及碳素制品、玻璃、陶瓷等，排放物中含有大量二氧化硫、烟（粉）尘，因此地均废气排放量较大。黑色金属冶炼和压延加工业中的钢铁工业主要由采矿、选矿、烧结、炼铁、炼钢、轧钢、焦化以及其他辅助工序（如废料的处理和运输等）所组成，各生产工序都不同程度地排放污染物，生产 1 吨钢要消耗原材料六七吨，包括铁矿石、煤炭、石灰石、接矿等，其中约 80% 变成各种废弃物或有害物进入环境中。

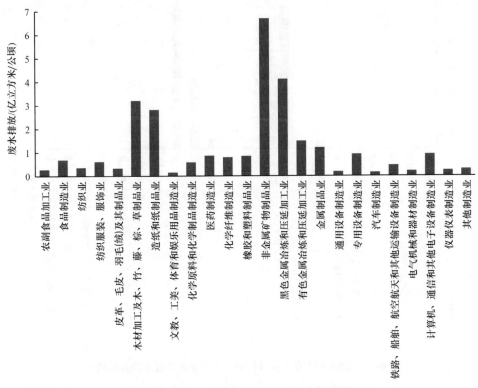

图 6-10　2011 年工业企业分行业废水排放情况

四、固体废弃物污染

工业固体废弃物较多存在于冶金、石化等行业，工业固体废弃物对土壤、水、大气均具有较大的破坏作用，目前对其处理方式主要有两种，分别为储存和处置。将固体废弃物进行储存，不但侵占了用地空间，在运输过程中极易造成二次污染，此外，如果固体废弃物渗透至地下水，会引起整个流域的用水灾难，后果难以估计；将固体废弃物进行处置，不可避免地会将其中某些化学成分带入自然环境，潜在的问题不可估计。图 6-11 显示了 2011 年工业企业分行业一般工业固体废弃物排放情况，24 个行业中地均一般工业固体废弃物排放量大于 0 的行业有 14 个，有色金属冶炼和压延加工业（1087.78 吨/公顷）、化学原料和化学制品制造业（1072.06 吨/公顷）、黑色金属冶炼和压延加工业（529.43 吨/公顷）三个行业固体废弃物排放量最多，纺织、机械、电子电气等行业基本没有固体废弃物产生。

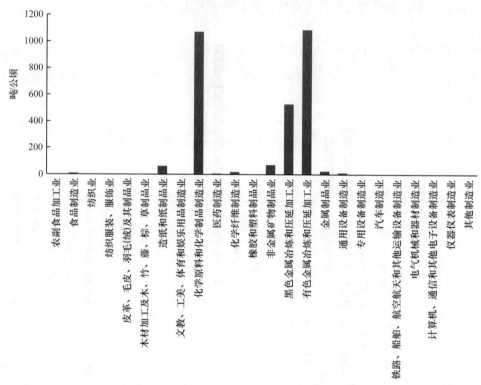

图 6-11　2011 年工业企业分行业一般工业固体废弃物排放情况

第五节　江苏省工业用地绿色效益

一、基本内涵

20 世纪 80 年代以来，随着环境保护运动的发展和可持续发展理念的兴起，国内外学者尝试将资源环境要素以及人文要素纳入国民经济核算体系，以发展新的国民经济核算体系，按照新的国民经济核算体系统计出的 GDP 可称为绿色 GDP，是对传统 GDP 指标的一种调整。绿色 GDP 是扣除了自然资产（包括资源、环境）损失之后新创造的真实国民财富的总量指标，能够综合反映经济增长的数量和质量，更为科学地衡量一个国家或区域的真实发展和进步。

借鉴绿色 GDP 的核算思路，工业用地绿色效益通过对单一的经济效益表征指标进行核算，增加对社会贡献、资源损害、污染排放治理等效益的反映，以得到工业用地利用效益净值。工业用地绿色效益是单位面积土地投入与消耗在社会、经济、生态等方面所实现的有效成果，综合反映了经济发展、社会满足、生态破坏等正负效益的影响，能够量化工业用地利用效益的数值和质量。

二、核 算 思 路

对于工业用地绿色效益核算而言，常用的工业用地经济效益指标是地均工业总产值。工业总产值是以货币形式表现的工业企业在一定时间内生产的工业最终产品和提供服务的总量，从工业总产值的构成来看，包括生产成品价值、自制半成品在制品期末相对于期初的差额、对外加工费收入三方面，反映的是工业生产的总产出的价值体现。对于不同的企业而言，工业总产值与企业利润并不成正比，这是因为企业利润测算时需要扣除相应的成本和费用，如缴纳税金、运营费用、原材料成本、运输成本、人工成本、污染排放处理成本等，因此计算工业用地净效益必须减去产生的全部成本支出，但相关数据获取难度较大。部分研究中也将地均利税总额作为反映经济效益的指标，利税总额是企业利润与税金（增值税、销售税等）的总和，能反映一定期间内企业实现的净收入和部分社会贡献的数值，此处的净收入是工业用地综合效益中实际可以获得的那部分效益，此处的部分社会贡献的受益对象为全社会这一范围。需要指出的是，企业自身员工也包含于全社会这一范围，但占比较小，可以忽略不计，因此，此处的部分社会贡献可以看成企业对企业外其他人的社会贡献。考虑到利税总额数据获取的较为方便，将地均利税总额作为反映工业用地经济效益和部分社会效益的因子，这也是进行工业用地绿色效益核算的基础因子。

按照绿色 GDP 核算的思路，需要对工业用地利用产生的环境退化成本进行核减。目前，我国相关部门对各类污染物的排放标准进行了规定，大部分企业已按照排放标准进行了污染物处理，污染物处理也离不开经济的投入，但利税总额中已经扣除了企业污染物排放前污染治理的成本，并不对其进行核减。对于企业经处理后排放的污染物（达标或非达标），由于和未排放之前的生态环境相比，这一行为将使得生态环境遭到破坏，破坏的影响有可能并不存在于排放时，但污染排放的累积将严重影响自然环境，因此，需对这部分效益损失进行核减。污染物主要分为三类：一是工业废水中的污染物，具体包括化学需氧量、氨氮、石油类、氰化物、重金属；二是工业废气中的污染物，具体是氮氧化物、二氧化硫、工业烟（粉）尘；三是工业固体废弃物，具体为危险固体废弃物和一般工业固体废弃物。通过将各类污染物单位排放量和单位治理成本进行乘法运算，就可以求得污染排放的环境降级成本。

此外，考虑到利润总额扣除了人工成本，即不包括企业对自身员工所给予的社会效益那一部分，而进行工业用地绿色效益核算时，社会效益也应统计在内。以单个企业为例，其产生的社会效益一部分以税收的形式体现，另一部分则以员工收入的形式表现，因此，进行工业用地绿色效益核算时需要增加企业员工所得到的效益，通常用员工工资来表示。通常情况下，水污染、大气污染等还对人体健康造成损害，从而增加社会医疗成本，由于员工工资包含了这一部分负效益的支出，所以不单独进行核算。

综上所述，在数据可获取性的前提下，工业用地绿色效益核算的总体思路是在地均利税总额的基础上，增加地均工资，扣减地均环境污染治理成本，以得到经过社会、生态因素调整的真正效益。

三、核 算 方 法

工业用地绿色效益核算的公式如下：

$$工业用地绿色效益=地均利税总额+地均吸纳劳动力人数×$$
$$人均工资-环境污染治理成本 \tag{6-3}$$

环境污染治理成本=废水污染治理成本+废气污染治理成本+固体废弃物污染治理成本=地均化学需氧量排放量×单位化学需氧量排放治理成本+地均氨氮排放量（废水）×单位氨氮排放治理成本（废水）+地均石油类排放量×单位石油类排放治理成本+地均氰化物排放量×单位氰化物排放治理成本+地均重金属排放量×单位重金属排放治理成本+地均氮氧化物排放量（大气）×单位氮氧化物排放治理成本（大气）+地均二氧化硫排放量×单位二氧化硫排放治理成本+地均工业烟（粉）尘排放量×单位工业烟（粉）尘排放治理成本+地均危险废弃物存储量×单位危险废弃物治理成本+（地均一般工业固体废弃物排放量+地均一般工业固体废弃物存储量）×单位一般工业固体废弃物治理成本 （6-4）

王万茂（1993）介绍了估算环境污染造成经济损失常用的三种方法，即直接计算法、分析计算法和经验估算法，并指出估算需要大量能反映环境污染程度与环境功能损害两者之间关系的定量资料。对于工业用地绿色效益核算来说，各类污染物治理的成本是影响核算结果精确与否的重要因素，由于获取的难度较大，本部分进行测算时综合借鉴了罗锡莲（2008）的相关成果（表6-8、

表 6-9、表 6-10），该成果根据有关专家据实际治理运行成本和调查结果，对不同行业的总治理运行成本进行宏观估算，得出了适用于环境污染经济核算的技术参数，参数较为齐全和准确，适用于本书的研究。本部分根据行业类别的变化，结合王彤（2007）的部分成果参数，对橡胶和塑料制品业、汽车制造业和其他制造业的治理成本进行补充和修正，同时，对大气污染中的治理成本用均值法进行修正。

需要说明的是，该方法计算的工业用地绿色效益是与污染物排放、污染物治理成本紧密相连的，而污染物排放量、污染物治理成本仅在一段时期内维持一定水平，伴随企业治污能力的发展和生产技术的进步，污染物排放量、污染物治理成本是逐渐变化的，工业用地绿色效益的数值也就会随之发生变动。

表 6-8　工业废水污染物治理成本　　　　　　（单位：元/千克）

行业类别	重金属	氰化物	COD	石油类	氨氮
农副食品加工业	1.20	1.10	18.34	1.92	8.64
食品制造业	1.30	0.20	33.70	1.22	2.06
纺织业	1.70	1.69	20.68	1.40	5.80
纺织服装、服饰业	4.61	4.30	26.20	6.00	9.94
皮革、毛皮、羽毛（绒）及其制品业	0.00	7.10	47.37	3.81	9.83
木材加工及木、竹、藤、棕、草制品业	4.60	3.19	3.16	1.10	8.90
造纸和纸制品业	3.50	6.20	25.42	9.11	4.70
文教、工美、体育和娱乐用品制造业	1.39	9.43	17.00	0.39	0.76
化学原料和化学制品制造业	2.00	5.35	33.81	9.70	3.39
医药制造业	8.20	9.94	33.98	2.75	5.86
化学纤维制造业	12.10	0.00	12.00	9.70	4.18
橡胶和塑料制品业	10.46	3.66	3.69	2.11	3.59
非金属矿物制品业	10.35	10.98	2.54	9.22	2.72
黑色金属冶炼和压延加工业	26.44	5.42	1.56	2.00	2.48
有色金属冶炼和压延加工业	24.61	3.26	3.78	2.27	1.85
金属制品业	2.05	6.05	3.51	8.11	2.72
通用设备制造业	2.19	8.94	2.58	1.87	2.43
专用设备制造业	2.07	5.62	2.36	4.55	3.24
汽车制造业	7.06	1.18	5.24	5.84	3.53
铁路、船舶、航空航天和其他运输设备制造业	7.06	1.18	5.24	5.84	3.53
电气机械和器材制造业	8.52	3.46	4.16	8.97	1.51
计算机、通信和其他电子设备制造业	7.52	7.73	7.63	2.37	2.84
仪器仪表制造业	6.19	2.09	3.74	1.53	1.70
其他制造业	8.84	9.08	9.00	2.79	0.33

表 6-9　工业大气污染物治理成本　　　　　　（单位：元/吨）

行业类别	二氧化硫	烟、粉尘	氮氧化物
其他行业	765.00	186.00	3030.00
非金属矿物制造业	765.00	103.50	3030.00

表 6-10　工业固体废弃物治理成本　　　　　　（单位：元/吨）

项目	金额
一般工业固体废弃物处置单位治理成本	20.00
危险废弃物处置单位治理成本	1500.00

四、结果分析

将各行业各指标的值代入式（6-3）和式（6-4），利用表 6-8、表 6-9、表 6-10 中的各类污染治理成本，可以求得各个行业的工业用地绿色效益。结果表明，24 个行业的工业用地绿色效益介于 646.35 万～2958.91 万元/公顷。效益位居前三名的行业分别为仪器仪表制造业、铁路、船舶、航空航天和其他运输设备制造业（2721.21 万元/公顷），计算机、通信和其他电子设备制造业（2388.01 万元/公顷）；效益居于倒数第一、第二的行业分别是其他制造业、有色金属冶炼和压延加工业(表 6-11)。

表 6-11　工业企业分行业工业用地绿色效益　　　　（单位：万元/公顷）

行业类别	工业用地绿色效益	行业类别	工业用地绿色效益
农副食品加工业	1400.79	非金属矿物制品业	975.24
食品制造业	1383.20	黑色金属冶炼和压延加工业	1226.09
纺织业	1009.80	有色金属冶炼和压延加工业	810.36
纺织服装、服饰业	1145.38	金属制品业	1209.92
皮革、毛皮、羽毛及其制品和制鞋业	1008.54	通用设备制造业	1558.16
木材加工和木、竹、藤、棕、草制品业	1579.44	专用设备制造业	1555.32
造纸和纸制品业	945.77	汽车制造业	1522.24
文教、工美、体育和娱乐用品制造业	1165.22	铁路、船舶、航空航天和其他运输设备制造业	2721.21
化学原料和化学制品制造业	1457.41	电气机械和器材制造业	1647.83
医药制造业	1846.78	计算机、通信和其他电子设备制造业	2388.01
化学纤维制造业	1287.85	仪器仪表制造业	2958.91
橡胶和塑料制品业	1559.62	其他制造业	646.35

第六节　简要结论

　　江苏省是我国改革开放和现代化、工业化发展的领头羊，对全国经济社会的发展具有重要影响。江苏省工业综合实力位居全国第二位，仅次于广东省，近年来，新兴制造业发展迅速，装备制造、电子电气、生物医药等行业蓬勃发展，省内南北差异逐渐缩小。江苏省主导产业以化工、纺织、电子电气、机械制造等行业最具代表性，仅通信设备、计算机及其他电子设备制造业和纺织业两个行业就业规模就接近全省的30%，苏州、无锡、常州和南京等地就业人数最为密集。集聚率指数反映出江苏省制造业大类行业表现出高度产业集聚的特征，如通信设备、计算机及其他电子设备制造业主要集中在苏州市和无锡市，就业人数占全省的 81.36%。基尼系数反映出烟草制品业、通信设备、计算机及其他电子设备制造业和家具制造业等行业在全省的分布相对集中、均衡性最差，农副食品加工业、非金属矿物制品业等行业在全省的分布相对均匀。

　　江苏省工业用地单要素生产率和地均利税在不同工业行业间存在显著差异的同时，也表现出明显的地域差异性，通信设备、计算机及其他电子设备制造业的地均工业总产值明显高于其他行业，医药制造业、橡胶制品业等行业的地均利税明显高于其他行业，苏南地区地均工业总产值和地均利税明显高于苏中和苏北。尽管通信设备、计算机及其他电子设备制造业在地均工业生产总值上表现出绝对优势，但在地均利税上并不突出。国家级开发区内的工业用地在产出和利税方面相比省级开发区具有更强的能力。从工业企业 R&D 活动比例来看，电子电气、医药制造、装备制造等新兴行业企业 R&D 活动比例较大，石油化工、纺织服装、食品等传统行业企业 R&D 活动比例较小。值得注意的是，电子电气行业尽管是资本技术密集型行业，但由于代工生产和组装生产企业较多，整体上表现出较强的劳动密集型特点。

　　工业用地自然环境成本方面，造纸和纸制品业的地均工业用水量最大，非金属矿物制品业地均标准煤综合能耗最高。地均工业废水排放量最大的造纸和纸制品业造成的水体污染远远高于其他行业，地均工业废气排放总量最大的是非金属矿物制品业，有色金属冶炼和压延加工业固体废弃物排放量最多。通过核算工业用地绿色效益发现，前三位行业分别为仪器仪表制造业，铁路、船舶、航空航天和其他运输设备制造业，计算机、通信和其他电子设备制造业。

第七章　城市工业用地利用效率的行业差异：
基于江苏的实证[①]

我国各省份在资源禀赋、地理位置、经济发展水平、城市化水平、参与全球化程度以及政府行为等诸多方面存在显著不同，各省份由此形成了差异鲜明的工业产业结构。但在市场经济条件下，企业竞争日益激烈，逐利行为不断强化，加之，财政分权加剧了区域竞争，重复建设，产业结构趋同；此外，在工业用地管理中，出让价格尚未形成良好竞争态势、土地使用缺乏有效监管等问题也逐渐凸显，产业发展环境的变化和工业用地管理的不足共同导致工业用地利用效率较低。本章以江苏省为分析对象，重点探讨工业用地利用效率的行业差异及影响因素，力图为完善工业用地的区域和行业监管提供有效依据。

本章选择 1092 家典型企业作为工业用地利用效率的微观决策单元，利用 2011 年各企业投入产出的截面数据。首先，**在有差异的视角下**，采用数据包络分析方法（DEA）和随机前沿分析方法（SFA）测算各工业行业（企业）的工业用地利用效率，并分析其差异的整体特征和区域特征。然后，**在无差异视角下**，测算和分析工业用地投入损失的行业差异和工业用地面积修正前后利用效率的变化。最后，利用计量经济方法检验影响工业用地利用效率行业差异的多种因素，从微观层面为制定工业用地利用效率提升的对策和措施提供理论依据。

第一节　工业用地利用效率测度

一、生产单元选择与变量设定

本章的主要研究目的是针对不同工业行业的土地利用情况，在约束经济产出的条件下，从企业层面测度工业用地实际投入量与有效使用量之间的差距，汇总得到工业行业的土地利用效率，并深入考察这种差距产生的主要原

---

① 本章主要内容已在《中国人口•资源与环境》发表，参见：城市工业用地利用损失与效率测度，中国人口•资源与环境，2015，25（2）：15-22。

因，从而为切实有效地提高我国工业用地利用效率和集约利用水平提供理论依据。为了使测算与分析结果更具现实意义和研究参考价值，本书将每个样本企业抽象化为具有相同投入产出指标体系的工业生产单元。因此，将针对江苏省1092家典型工业企业及其涉及的25个制造业行业大类进行分析。1092家样本企业工业总产值达到15 608.81亿元，占江苏省规模以上制造业企业总产值的14.50%，这些企业建设用地利用强度和利用效益较高，能够充分代表江苏省制造业土地利用的层次和水平。

　　与第五章变量选取方法一致，选择企业用地面积（G）、劳动力规模（L）和固定资产净值（K）作为工业生产投入变量，选择工业总产值（Y）作为产出变量。即假定工业企业均投入土地、劳动、资本三种生产要素，获得工业总产值一种产出，由于不同企业管理水平、生产能力等条件不同，导致不同行业投入和产出水平出现差距，从而影响工业用地利用效率。

二、实证模型选择

　　采用获取的工业企业截面数据，从企业层面进行工业用地利用效率测度，首先根据第三章工业用地利用效率测度的理论方法，建立适合截面数据运算的DEA和SFA测度模型。

（一）DEA模型

　　把各工业企业看成工业生产的决策单元时，将企业用地面积（G）、劳动力规模（L）、固定资产净值（K）作为各决策单元的生产投入，将工业总产值（Y）作为各决策单元的产出。对于决策单元 i 来说，用列向量 x_i 和 y_i 分别表示投入和产出。对于所有 N 个决策单元，用 X 表示投入矩阵，用 Y 表示产出矩阵。通过求解下面线性规划模型可以得到每个决策单元 VRS 模型下的工业生产技术效率：

$$
\begin{aligned}
TE_i = &\underset{\theta, \lambda}{\text{Min}}\, \theta_i \\
\text{s.t.} \quad &-y_i + Y\lambda \geqslant 0 \\
&\theta_i x_i - X\lambda \geqslant 0 \\
&N1'\lambda = 1 \\
&\lambda \geqslant 0
\end{aligned}
\tag{7-1}
$$

工业用地利用效率的 VRS 测度模型，即是求解下列线性规划模型：

$$GE_i = \operatorname*{Min}_{\theta,\lambda} \theta_i^g$$
$$\text{s.t.} \quad -y_i + Y\lambda \geq 0$$
$$\theta_i^g x_i^g - X^g \lambda \geq 0 \qquad (7\text{-}2)$$
$$x_i^{n-g} - X^{n-g} \lambda \geq 0$$
$$N1'\lambda = 1$$
$$\lambda \geq 0$$

式中，θ_i^g 为决策单元 i 工业用地利用效率得分标量，λ 是 $N \times 1$ 阶常数向量，x_i^g 表示决策单元 i 土地资源投入，X^g 是所有决策单元的土地资源投入矩阵，x_i^{n-g} 表示决策单元 i 其他的生产要素投入（劳动、资本），X^{n-g} 是所有决策单元其他生产要素的投入矩阵。

同样，通过放松式（7-1）和式（7-2）中的凸约束限制条件，就可以进行 CRS 模型下工业生产技术效率和工业用地利用效率的测算。

（二）SFA 模型

对工业企业用地经济效率的研究，与省域工业用地利用效率测度方法相同，仍然同时采用 C-D 生产函数和超对数生产函数作为随机前沿生产函数，以参数估计结果较优的模型进行效率测度分析。

分别采用 C-D 生产函数和 Translog 生产函数并进行对数处理后的生产前沿函数式（7-3）可表示为：

$$\ln Y_i = \beta_0 + \beta_G \ln G_i + \beta_K \ln K_i + \beta_L \ln L_i + (v_i - u_i) \qquad (7\text{-}3)$$

$$
\begin{aligned}
\ln Y_i = {}& \beta_0 + \beta_G \ln G_i + \beta_K \ln K_i + \beta_L \ln L_i \\
& + \frac{1}{2}[\beta_{GG}(\ln G_i)^2 + \beta_{KK}(\ln K_i)^2 + \beta_{LL}(\ln L_i)^2] \\
& + \beta_{GK} \ln G_i \ln K_i + \beta_{GL} \ln G_i \ln L_i + \beta_{KL} \ln K_i \ln L_i \\
& + (v_i - u_i)
\end{aligned}
\qquad (7\text{-}4)
$$

假设生产单元 i 位于生产前沿面上时的产出为 $\hat{Y}_i$，此时不存在技术效率损失，管理误差项 $u_i = 0$，生产单元 i 的技术效率可表示为：

$$TE_i = \frac{Y_i}{\hat{Y}_i} = \exp(-u_i) \qquad (7\text{-}5)$$

关于工业生产技术无效率部分外生影响因素的表述，即式（7-5）中管理误差项（技术无效率部分）u_i 被定义为：

$$u_i = z_i \delta_u + W_i \qquad (7\text{-}6)$$

本部分主要选择工业企业的个体属性信息和区位信息作为表征企业工业生产无效率的外生影响因素。企业个体属性信息包括企业投产时间（TIM）、企业规模（SCL）、控股情况（KGS）、产业类型（IQZ），企业区位信息包括所在开发区级别（KFQ）、地理位置（GWZ）。具体指标说明详见表 7-1。

表 7-1　典型企业工业生产无效率影响因素说明

变量名称	变量说明
企业投产时间（TIM）	连续变量，至 2011 年企业投产时间
企业规模（SCL）	虚拟变量，大中型企业=1，小型企业=0
控股情况（KGS）	虚拟变量，港澳台、外商控股企业=1，其他=0
产业类型（IQZ）	虚拟变量，轻工业=1，重工业=0
开发区级别（KFQ）	虚拟变量，国家级=1，省级=0
地理位置（GWZ）	虚拟变量，GWZ1 苏北、苏南=0，苏中=1 GWZ2 苏北、苏中=0，苏南=1

模型中的参数同样采用最大似然估计方法（maximum likelihood estimation）同时估计随机前沿函数的参数和无效率部分影响因素的系数。

生产单元 i 工业用地利用效率指在工业产出和其他投入要素保持不变的情况下，该行业进行工业生产时最小可能土地使用量与实际土地使用量之比。基于 C-D 生产函数和超对数生产函数的企业 i 的工业用地利用效率测算公式可分别表示为：

$$GE_i = \exp(-u_i / \beta_G) \qquad (7\text{-}7)$$

$$GE_i = \exp[(-\zeta_i \pm \sqrt{\zeta_i^2 - 2\beta_{GG} u_i}) / \beta_{GG}] \qquad (7\text{-}8)$$

式中，

$$\zeta_i = \frac{\partial \ln Y_i}{\partial \ln G_i} = \beta_G + \beta_{GG} \ln G_i + \beta_{GK} \ln K_i + \beta_{GL} \ln L_i \qquad (7\text{-}9)$$

三、测度结果分析

（一）DEA 方法测度结果

使用 2011 年 1092 家典型工业企业投入产出的数据，分别利用 DEAP 2.1 软件测算规模收益不变（CRS）和规模收益可变（VRS）模型下各企业工业生产技术效率，通过编写程序代码在 GAMS 22.0 软件中测算 CRS 和 VRS 模型下各企业工业用地利用效率。1092 家典型企业工业生产技术效率与工业用地利用效率的频数分布见表 7-2、表 7-3。

无论 CRS 模型还是 VRS 模型的测度结果，都可以看出一个显著特征，工业企业两种效率的测度值均普遍较小，产生这一结果的直接原因是 DEA 方法需要对每个生产单元进行线性规划分析，对于异常生产单元非常敏感，会造成生产前沿面较大波动。此处使用 1092 家典型企业，样本容量大，企业间规模差异、行业间生产技术、生产设备差异非常显著，导致样本间投入产出差异较大，少数投入产出能力强的生产单元决定了生产前沿面，拉大了生产单元之间的效率差异程度，导致多数企业处于相对低效水平。需要说明的是，有效生产单元仅表明在当前技术水平下，忽略行业间生产工艺和生产设备的差异，该生产单元的生产能力和土地利用水平是最优的，无效生产单元仅表明该企业存在生产技术的改进空间和土地利用的提升空间，效率的测度结果并不能推断出具体的提升空间，但能准确反映不同企业效率水平的相对次序，判断不同企业效率水平的相对高低。

从表 7-2 中可以看出，规模收益不变（CRS）模型中，工业生产技术效率的平均值是 0.121，63.74% 的企业工业生产技术效率小于 0.1，超过 95% 的企业效率值小于 0.4，说明当前绝大多数企业没有达到生产有效状态，存在较大规模的生产要素投入冗余。相比工业生产技术效率，工业用地利用效率测度值的分布更加集中，效率平均值仅为 0.039，92.95% 的企业工业用地利用效率小于 0.1，工业企业普遍存在土地投入过多的现象。

表 7-2 典型企业工业生产技术效率与工业用地利用效率频数分布（DEA-CRS）

效率分布	工业生产技术效率		工业用地利用效率	
	样本数/个	比例/%	样本数/个	比例/%
0.0～0.1	696	63.74	1015	92.95
0.1～0.2	228	20.88	34	3.11
0.2～0.3	77	7.05	14	1.28
0.3～0.4	37	3.39	8	0.73
0.4～0.5	16	1.47	5	0.46
0.5～0.6	9	0.82	3	0.27
0.6～0.7	12	1.10	4	0.37
0.7～0.8	6	0.55	0	0.00
0.8～0.9	1	0.09	0	0.00
0.9～1.0	2	0.18	1	0.09

效率分布	工业生产技术效率		工业用地利用效率	
	样本数/个	比例/%	样本数/个	比例/%
1.0	8	0.73	8	0.73
平均值	0.121		0.039	
最大值	1.000		1.000	
最小值*	0.000		0.000	

*样本企业效率最小值此处为 0.000，表示在保留小数点后三位数字的近似值，在测度模型中，任何生产单元都会得到非 0 效率值。

　　规模收益不变（CRS）模型假定所有企业都以最优规模运营，但不完全竞争、政府管制、财务约束等内外因素导致企业不能在最优规模下运营。从规模收益可变（VRS）模型的测度结果可以看出（表 7-3），无论工业生产技术效率还是工业用地利用效率均明显高于规模收益不变下的效率值。企业工业生产技术效率均值为 0.269，仅有 19.51%的企业效率值低于 0.1。企业工业用地利用效率均值为 0.140，63.55%的企业工业用地利用效率小于 0.1。

表 7-3　典型企业工业生产技术效率与工业用地利用效率频数分布（DEA-VRS）

效率分布	工业生产技术效率		工业用地利用效率	
	样本数/个	比例/%	样本数/个	比例/%
0.0～0.1	213	19.51	694	63.55
0.1～0.2	348	31.87	194	17.77
0.2～0.3	201	18.41	92	8.42
0.3～0.4	118	10.81	23	2.11
0.4～0.5	79	7.23	23	2.11
0.5～0.6	35	3.21	12	1.10
0.6～0.7	28	2.56	11	1.01
0.7～0.8	15	1.37	5	0.46
0.8～0.9	13	1.19	4	0.37
0.9～1.0	10	0.92	2	0.18
1.0	32	2.93	32	2.93
平均值	0.269		0.140	
最大值	1.000		1.000	
最小值	0.014		0.002	

（二）SFA 方法测度结果

按照式（7-3）和式（7-4）的模型结构，将 1902 家典型工业企业的投入产出数据，利用 Frontier 4.1 软件分别估计 C-D 生产函数和 Translog 生产函数随机前沿生产函数模型，表 7-4 提出模型参数的估计结果。

从表 7-4 中可以看出，C-D 生产函数和 Translog 生产函数构建的随机前沿生产函数模型的估计结果显示 γ 均通过了 1%的显著性检验，并且 γ 值均超过了 0.95，说明这些典型企业工业生产的技术无效率现象是产出不足的主要原因。C-D 生产函数模型中，γ 值为 0.9746，说明仅有 2.5%左右的生产无效率是由随机误差导致的，Translog 生产函数模型中，γ 值为 0.9654，随机误差导致的生产无效率略高于 C-D 生产函数模型，通过比较 γ 值可以看出 C-D 生产函数模型对工业生产技术无效率的解释能力更强。从模型估计值的显著性来看，C-D 生产函数模型参数的估计值均通过了 1%的显著性检验，各要素对工业产出均表现出显著正向影响，估计结果符合当前工业生产要素投入规律。而 Translog 生产函数模型的估计结果不甚理想，仅土地要素参数估计值通过了显著性检验，其他生产要素估计值不显著且偏低。

从工业生产技术无效率的外生影响因素来看，C-D 生产函数和 Translog 生产函数的估计结果是一致的。企业投产时间、企业规模、地理位置变量对工业生产技术无效率产生显著的负向影响，说明企业投产时间越长、企业规模越大，越有利于工业生产技术效率提高，而且苏中和苏南的企业较苏北的企业具有明显的效率优势。产业类型、企业所在开发区级别对工业生产技术无效率产生显著的正向影响，说明重工业企业具有更高的生产技术效率，但处于国家级开发区内的企业未能体现出效率优势。

使用与第五章第一节模型检验中模型形式检验相同的方法，计算得到 LR 统计量为 12.795，LR 统计量小于显著性水平 1%下的临界值 48.976（自由度=10），接受原假设：H_0：$\beta_{mj}=0$，说明此处 C-D 生产函数模型更适合进行典型企业工业生产技术效率的测度。

表 7-4　随机前沿生产函数模型参数估计结果

参数	C-D 生产函数		Translog 生产函数	
	估计值	标准误	估计值	标准误
β_0	2.3543***	0.1644	4.2398***	0.7893
β_G	0.2254***	0.0359	0.3996**	0.1991
β_L	0.3127***	0.0266	0.1666	0.2372

续表

参数	C-D 生产函数		Translog 生产函数	
	估计值	标准误	估计值	标准误
β_K	0.4790***	0.0256	0.0245	0.1425
β_{GG}			0.0542	0.0558
β_{LL}			0.0232	0.0549
β_{KK}			0.0716**	0.0285
β_{GL}			0.0049	0.0430
β_{GK}			−0.0516	0.0356
β_{KL}			−0.0024	0.0337
TIM	−0.0291***	0.0104	−0.0416**	0.0168
SCL	−4.4219***	0.8670	−4.2955***	0.8634
KGS	0.8867	0.7167	0.7258	0.7883
IQZ	9.2743***	0.5614	7.0984***	1.1175
KFQ	1.8140*	1.0135	2.0336**	0.8886
GWZ1	−14.1282***	0.7319	−13.3409***	2.2868
GWZ2	−13.1086***	0.9895	−10.8522***	1.6984
δ^2	19.7689	1.5368	14.0925***	1.8353
γ	0.9746***	0.0032	0.9654***	0.0056
Log Likelihood Function	−1586.1511		−1579.7536	
LR 似然比检验	651.2585		646.0200	

*、**、***分别表示在 10%、5%、1%水平上显著

基于 C-D 随机前沿生产函数模型参数估计结果，利用式（7-5）和式（7-7）分别计算得到典型企业工业生产技术效率与工业用地利用效率，频数分布情况见表 7-5。由于参数方法对异常生产单元灵敏度不高，具有较好的稳定性，可以看出 SFA 方法的测度结果明显高于 DEA 方法的测度结果，能够更加精确地测度和反映工业企业的生产技术效率和土地经济效率水平。

从表 7-5 中可以看出，典型企业工业生产技术效率和工业用地利用效率最大值分别为 0.870 和 0.539，均没有达到有效状态，说明所有企业都存在生产技术的改进空间和土地利用的提升空间。典型企业工业生产技术效率的均值为 0.552，近 75%的企业效率值集中分布在 0.4~0.8，仅有 4.30%的企业效率值高于 0.8。典型企业工业用地利用效率的均值为 0.129，近 75%的企业效率值低于 0.2，说明这些企业普遍存在工业用地投入过多，粗放利用的情况。

表 7-5　典型企业工业生产技术效率与工业用地利用效率频数分布（SFA）

效率分布	工业生产技术效率		工业用地利用效率	
	样本数/个	比例/%	样本数/个	比例/%
0.0～0.1	27	2.47	546	50.00
0.1～0.2	47	4.30	255	23.35
0.2～0.3	63	5.77	180	16.48
0.3～0.4	91	8.33	83	7.60
0.4～0.5	135	12.36	24	2.20
0.5～0.6	198	18.13	4	0.37
0.6～0.7	249	22.80	0	0.00
0.7～0.8	235	21.52	0	0.00
0.8～0.9	47	4.30	0	0.00
0.9～1.0	0	0.00	0	0.00
1.0	0	0.00	0	0.00
平均值	0.552		0.129	
最大值	0.870		0.539	
最小值	0.000		0.000	

（三）两种方法测度结果比较

与第五章第一节类似，为了比较分析 DEA 和 SFA 方法得到的测度结果的相关性和差异性，本书使用 SPSS 20.0 软件考察工业用地利用效率测度结果的 Pearson 相关系数和配对样本 t 检验值。

表 7-6 显示了典型企业不同效率测度结果之间的 Pearson 相关系数矩阵。可以看出，对于工业生产技术效率的测度，SFA 方法与 CRS 模型 Pearson 相关系数达到了 0.615，表现出较高的一致性，与 VRS 模型的 Pearson 相关系数尽管通过了 1%的显著性检验，但仅为 0.319，相关性较差。对于工业用地利用效率的测度，SFA 方法与 CRS 模型 Pearson 相关系数同样较高，达到了 0.556，与 VRS 模型的 Pearson 相关系数相关性较差，仅为 0.385。通过相关性检验可以看出，规模收益不变的 DEA 方法与 SFA 方法可以得到较一致的测度结果，更具说服力。

表 7-6　SFA 方法与 DEA 方法测度结果 Pearson 相关系数

项目		工业生产技术效率			工业用地利用效率		
		SFA	DEA-CRS	DEA-VRS	SFA	DEA-CRS	DEA-VRS
工业生产技术效率	SFA	1.000					
	DEA-CRS	0.615***	1.000				
	DEA-VRS	0.319***	0.641***	1.000			
工业用地利用效率	SFA	0.862***	0.813***	0.474***	1.000		
	DEA-CRS	0.359***	0.865	0.525***	0.556***	1.000	
	DEA-VRS	0.240***	0.619***	0.920***	0.385***	0.586***	1.000

***表示 1%的显著性水平

从上面 DEA 和 SFA 方法的测度结果，及配对样本 t 检验(表 7-7)可以看出，由于本书使用的典型企业样本量大，DEA 方法对异常生产单元敏感的缺点表现得非常明显，导致工业生产技术效率测度结果整体偏低；SFA 方法通过对生产单元的潜在前沿点进行回归得到唯一函数，对于异常生产单元灵敏度不高，稳定性较好，获得的工业生产技术效率的测度结果明显高于 DEA 方法的测度结果。SFA方法得到的工业用地利用效率显著高于 CRS 模型的测度结果，略低于 VRS 模型的测度结果。

表 7-7　SFA 方法与 DEA 方法测度结果配对样本 t 检验

项目		差分均值	标准差	均值标准误	t-统计值
工业生产技术效率	SFA − CRS	0.431	0.155	0.005	91.745***
	SFA − VRS	0.283	0.243	0.007	38.436***
工业用地利用效率	SFA − CRS	0.091	0.109	0.003	27.492***
	SFA − VRS	−0.011	0.192	0.006	−1.924*

*、**、***分别表示在 10%、5%、1%水平下显著

基于以上比较结果可以看出，SFA 方法与 CRS 模型对工业生产技术效率的测度结果具有更好的一致性，SFA 方法与 VRS 模型对工业用地利用效率的测度结果具有更小的差异性。尽管 DEA 方法得到的测度结果能够准确反映工业用地利用效率的排序，但 DEA 方法表现出了测度大样本的缺陷，结果较不稳定。因此，对工业用地利用效率的行业差异及影响因素研究中，主要使用 SFA 方法得到的测度结果。

第二节　工业用地利用效率的行业差异

一、整体特征分析

根据上节不同方法工业用地利用效率测度结果及对比分析的结论，将 1092 家典型工业企业 SFA 方法的测度结果按制造业大类行业进行汇总，得到 25 个大类行业的工业用地利用效率（表 7-8）。

结合表 7-8 与图 7-1 不难看出，江苏省制造业整体上表现出石油化工、通信电子、装备制造等主导行业工业用地利用效率高，纺织服装、食品加工等轻工行业工业用地利用效率低的特点。从工业生产技术效率来看，石油加工、炼焦及核燃料加工业、仪器仪表及文化、办公用机械制造业、通信设备、计算机及其他电子设备制造业等 6 个行业效率较高，均值都在 0.6 以上，其中石油加工、炼焦及核燃料加工业效率最高，均值达到 0.685；木材加工、纺织业、文教体育用品制造业、纺织服装、鞋、帽制造业等 4 个行业效率较低，均值在 0.45 以下，其中纺织服装、鞋、帽制造业效率最低，均值仅为 0.361。由于本书测度典型企业工业用地利用效率时，仍然选择了 C-D 生产函数形式，导致工业用地利用效率与工业生产技术效率具有大致相同的排序。因此，从不同行业的工业用地利用效率来看，表现出与工业生产技术效率相同的分布规律，石油加工、炼焦及核燃料加工业的工业用地利用效率最高，均值为 0.253，纺织服装、鞋、帽制造业的工业用地利用效率最低，均值为 0.043。

表 7-8　江苏省制造业大类行业工业用地利用效率测度结果

行业大类	工业生产技术效率			工业用地利用效率		
	最大值	最小值	平均值	最大值	最小值	平均值
农副食品加工业	0.802	0.000	0.494	0.375	0.000	0.113
食品制造业	0.738	0.000	0.493	0.260	0.000	0.104
饮料制造业	0.770	0.249	0.542	0.314	0.002	0.116
纺织业	0.818	0.000	0.439	0.410	0.000	0.069
纺织服装、鞋、帽制造业	0.737	0.000	0.361	0.259	0.000	0.043
皮革、毛皮、羽毛（绒）及其制品业	0.805	0.070	0.535	0.382	0.000	0.117
木材加工及木、竹、藤、棕、草制品业	0.724	0.130	0.441	0.238	0.000	0.054
造纸及纸制品业	0.819	0.000	0.473	0.412	0.000	0.079
文教体育用品制造业	0.744	0.141	0.421	0.269	0.000	0.091
石油加工、炼焦及核燃料加工业	0.793	0.400	0.685	0.358	0.017	0.253
化学原料及化学制品制造业	0.846	0.000	0.564	0.476	0.000	0.136
医药制造业	0.818	0.000	0.525	0.410	0.000	0.117

续表

行业大类	工业生产技术效率			工业用地利用效率		
	最大值	最小值	平均值	最大值	最小值	平均值
化学纤维制造业	0.720	0.000	0.537	0.232	0.000	0.113
橡胶制品业	0.769	0.103	0.503	0.311	0.000	0.098
塑料制品业	0.782	0.160	0.483	0.335	0.000	0.084
非金属矿物制品业	0.746	0.263	0.529	0.273	0.003	0.096
黑色金属冶炼及压延加工业	0.826	0.000	0.626	0.428	0.000	0.203
有色金属冶炼及压延加工业	0.824	0.206	0.598	0.424	0.001	0.177
金属制品业	0.856	0.055	0.561	0.502	0.000	0.136
通用设备制造业	0.858	0.114	0.575	0.507	0.000	0.128
专用设备制造业	0.837	0.060	0.588	0.453	0.000	0.142
交通运输设备制造业	0.819	0.100	0.607	0.413	0.000	0.152
电气机械及器材制造业	0.870	0.073	0.604	0.539	0.000	0.170
通信设备、计算机及其他电子设备制造业	0.827	0.000	0.618	0.430	0.000	0.161
仪器仪表及文化、办公用机械制造业	0.810	0.312	0.653	0.393	0.006	0.192

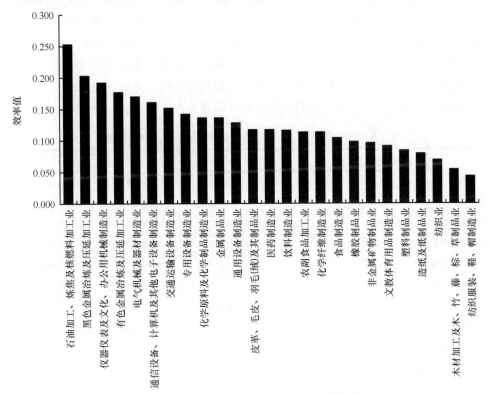

图 7-1 江苏省制造业大类行业工业用地利用效率

二、区域特征分析

为进一步分析江苏省主要制造业行业工业用地利用效率的区域分布特征，将25个行业大类中样本数量超过40家的10个行业进行区域划分，得到不同区域工业用地利用效率（表7-9）。10个行业共包括833个样本企业，占所有样本数的76.28%，涵盖了当前江苏省的主导产业及重点发展的制造业，如纺织、化工、医药、机械、通信电子等。

从表7-9中可以明显看出，苏北地区各制造业行业工业用地利用效率明显小于苏中和苏南，劣势十分显著，造成这种结果的直接原因，一是苏北地区建设用地供给相对宽松，企业用地粗放，二是苏北地区各行业产出能力不足，生产技术效率整体偏低。整体上看，苏中地区工业用地利用效率略高于苏南，10个制造业行业中苏中地区有6个行业工业用地利用效率最高，而苏南地区有4个行业工业用地利用效率最高。具体来看，苏中地区在纺织服装、金属制品、专业设备、交通设备制造等行业工业用地利用效率表现出较大优势，苏南地区在化工医药、通用设备、电气器材等行业工业用地利用效率表现出较大优势。值得注意的是，苏南地区集聚明显的通信电子行业工业用地利用效率并没有表现出明显优势，反而略低于苏中地区，出现这一现象的主要原因是苏南地区该行业企业数量明显多于苏中地区，一部分成立时间较早的企业用地相对宽松，导致行业内部工业用地利用效率差异较大，工业用地利用效率较低的企业占比略高。

表7-9　江苏省主要制造业大类行业分区域工业用地利用效率

行业大类	苏南	苏中	苏北
全部行业	0.157	0.169*	0.061
纺织业	0.092	0.129*	0.017
纺织服装、鞋、帽制造业	0.082	0.085*	0.005
化学原料及化学制品制造业	0.190*	0.171	0.055
医药制造业	0.159*	0.137	0.069
金属制品业	0.123	0.290*	0.041
通用设备制造业	0.156*	0.138	0.082
专用设备制造业	0.141	0.209*	0.078
交通运输设备制造业	0.163	0.188*	0.079
电气机械及器材制造业	0.199*	0.192	0.081
通信设备、计算机及其他电子设备制造业	0.166	0.173*	0.076

*表示测度结果为三个区域中的最大值

第三节 工业用地投入损失测算与分析

一、指标控制值确定

根据第三章第四节构建的工业用地投入测算方法，要得到不同工业行业的工业用地投入损失需要首先确定的行业控制值。

由于本节仍以江苏省为研究区域从行业角度进行工业用地利用效率的分析，为了准确反映江苏省工业行业因用地规模、生产工艺、技术流程等不同而造成的工业用地利用强度差异，此处的工业用地利用强度控制值主要依据《江苏省建设用地指标（2010 年版）》进行确定。该版本用地指标体系从行业大类具体到行业小类系统地设置了不同工业行业土地利用的定额标准和控制标准，定额标准是以设计生产规模或建设规模作为主要考察对象，通过科学方法分级建立的各类建设项目单位用地指标，并以此为标准测算与核定建设项目用地规模；控制标准指建设项目的土地使用条件，包括土地利用强度控制及项目内部各类用地面积比例的控制。为适应江苏省不同区域间社会经济发展差异现状和城镇化、工业化发展阶段对土地资源要素配置的要求，还对投资强度指标进行了区域差异性的设置。

《江苏省建设用地指标（2010 年版）》对控制标准的设定均采用了区间形式，本书选择区间左端值（即最小值）作为工业行业土地利用强度的控制值。由于本章测度工业用地利用效率使用的 1092 家典型工业企业涉及 25 个行业大类，故此处确定的工业行业土地利用强度控制值仅包括了这 25 个行业大类。此外，由于该版本用地指标体系中没有规定文教体育用品制造业的建设用地指标，本书参照工艺品及其他制造业设置土地利用强度控制值，详见表 7-10。

表 7-10 江苏省工业行业土地利用强度控制值

行业大类	投资强度/（万元/公顷）			容积率	建筑密度/%
	苏南	苏中	苏北		
农副食品加工业	3795	2550	1950	1.00	45.00
食品制造业	3795	2550	1950	1.00	45.00
饮料制造业	3795	2550	1950	1.00	43.00
纺织业	3795	2550	1950	0.80	40.00
纺织服装、鞋、帽制造业	3795	2550	1950	1.00	45.00
皮革、毛皮、羽毛（绒）及其制品业	3795	2550	1950	1.00	45.00
木材加工及木、竹、藤、棕、草制品业	3795	2505	1800	0.80	40.00

续表

行业大类	投资强度/（万元/公顷）			容积率	建筑密度 /%
	苏南	苏中	苏北		
造纸及纸制品业	3795	2550	1950	0.80	50.00
文教体育用品制造业	3795	2505	1800	1.00	50.00
石油加工、炼焦及核燃料加工业	4095	3345	2550	0.50	38.00
化学原料及化学制品制造业	4095	3345	2550	0.70	38.00
医药制造业	5595	5025	3450	0.90	40.00
化学纤维制造业	5505	5025	3450	0.90	40.00
橡胶制品业	3900	3345	2550	0.90	40.00
塑料制品业	4005	2745	1950	1.00	40.00
非金属矿物制品业	3795	2505	1800	0.70	40.00
黑色金属冶炼及压延加工业	4500	4050	2850	0.60	35.00
有色金属冶炼及压延加工业	4995	4050	2850	0.60	35.00
金属制品业	4395	3345	2550	0.70	40.00
通用设备制造业	4500	4050	2850	0.70	40.00
专用设备制造业	4500	4050	2850	0.70	40.00
交通运输设备制造业	4500	4200	3405	0.70	40.00
电气机械及器材制造业	4500	4050	2850	0.70	40.00
通信设备、计算机及其他电子设备制造业	6750	5750	3945	1.10	40.00
仪器仪表及文化、办公用机械制造业	4500	4050	2850	1.10	40.00

资料来源：江苏省建设用地指标（2010 年）

二、测算结果分析

（一）分行业工业用地投入损失

根据第三章的核算方法及导致工业用地投入损失的原因，测算典型企业按行业大类划分的工业用地投入损失情况，计算结果见表 7-11。

表 7-11　典型企业分行业工业用地投入损失

行业大类	投资强度			容积率			建筑密度		
	损失量 /公顷	损失率/%	排序	损失量 /公顷	损失率 /%	排序	损失量 /公顷	损失率 /%	排序
全部行业	720.33	7.09		904.16	8.90		80.48	0.79	

续表

行业大类	投资强度			容积率			建筑密度		
	损失量/公顷	损失率/%	排序	损失量/公顷	损失率/%	排序	损失量/公顷	损失率/%	排序
农副食品加工业	2.51	1.65	7	19.27	12.67	18	3.67	2.41	21
食品制造业	0.00	0.00	1	6.15	8.11	13	0.75	0.99	18
饮料制造业	0.00	0.00	1	29.48	25.13	24	10.97	9.35	25
纺织业	126.00	13.94	22	45.16	5.00	10	8.97	0.99	19
纺织服装、鞋、帽制造业	18.32	5.77	17	60.76	19.14	23	9.32	2.93	23
皮革、毛皮、羽毛（绒）及其制品业	1.36	1.67	8	8.41	10.35	16	0.09	0.11	6
木材加工及木、竹、藤、棕、草制品业	1.09	0.83	5	0.70	0.53	3	0.11	0.08	5
造纸及纸制品业	4.69	1.46	6	22.26	6.91	12	3.13	0.97	16
文教体育用品制造业	0.04	0.06	3	10.89	17.68	21	4.15	6.74	24
石油加工、炼焦及核燃料加工业	1.79	2.68	11	0.00	0.00	1	0.00	0.00	1
化学原料及化学制品制造业	36.90	2.50	10	172.63	11.72	17	2.19	0.15	7
医药制造业	24.23	7.73	18	29.71	9.48	15	8.6	2.74	22
化学纤维制造业	5.40	3.05	12	74.15	41.88	25	1.38	0.78	15
橡胶制品业	0.40	0.32	4	4.98	3.95	8	0.00	0.00	1
塑料制品业	14.94	12.00	21	22.99	18.47	22	0.46	0.37	10
非金属矿物制品业	56.99	15.01	23	7.03	1.85	4	3.74	0.98	17
黑色金属冶炼及压延加工业	21.05	5.16	14	2.14	0.52	2	0.00	0.00	1
有色金属冶炼及压延加工业	30.11	19.17	24	9.01	5.73	11	0.00	0.00	1
金属制品业	12.86	5.70	16	9.12	4.04	9	3.37	1.50	20
通用设备制造业	42.83	5.53	15	27.64	3.57	7	4.62	0.60	12
专用设备制造业	99.19	19.35	25	10.98	2.14	5	3.86	0.75	14
交通运输设备制造业	20.07	1.95	9	175.12	16.98	20	2.74	0.27	8
电气机械及器材制造业	78.97	8.82	19	31.03	3.47	6	3.76	0.42	11
通信设备、计算机及其他电子设备制造业	114.57	9.53	20	106.69	8.88	14	3.77	0.31	9
仪器仪表及文化、办公用机械制造业	6.01	4.78	13	17.88	14.22	19	0.84	0.67	13

从全部行业的测算结果来看，容积率损失导致的工业用地过度投入最多，达到 904.16 公顷，占全部工业用地的 8.90%，其次是投资强度损失，也达到 720.33公顷，建筑密度损失较少，仅有 80.48 公顷，不足全部工业用地的 1%，说明容积率和投资强度达不到控制标准是造成江苏省当前工业用地过度投入的主要原因。

建筑密度损失较小、投资强度损失和容积率损失偏高的结果，也说明江苏省当前工业用地使用中存在"摊大饼"的现象，由于当前工业用地的取得成本和保有成本较低，工业企业往往注重"量"的拓展而较少关注"质"的提高，导致土地低效利用。

从投资强度损失的测算结果来看，纺织业、通信设备、计算机及其他电子设备制造业工业用地投入损失量较多，均超过了 100 公顷，并且损失率也较高。食品制造业、饮料制造业、文教体育用品制造业等轻工业的工业用地损失量较少，损失率也较低，反映出轻工行业较容易达到投资强度控制标准。从容积率损失的测度结果来看，化工、机械等重工业容积率损失率较低，但化学原料及化学制品制造业、交通运输设备制造业工业用地投入损失量较多，都超过了 170 公顷，石油加工、炼焦及核燃料加工业和木材加工及木、竹、藤、棕、草制品业的工业用地损失量较少。从建筑密度损失的测度结果来看，也表现出重工业工业用地投入损失率低于食品饮料、纺织服装、文教体育用品等轻工业的特征，石油加工、炼焦及核燃料加工业，橡胶制品业，黑色金属冶炼及压延加工业，有色金属冶炼及压延加工业等 4 个行业没有建筑密度损失。

可以看出，江苏省各工业行业普遍存在投资强度、容积率、建筑密度达不到控制标准的现象，导致各工业行业均存在工业用地投入损失，但损失来源存在一定差异，投资强度损失与容积率损失和建筑密度损失的分布特征差异较大，容积率损失与建筑密度损失分布特征相近，造成这一结果的原因是容积率和建筑密度直接反映了土地的开发建设情况，指标间关联性较强，而投资强度指标在反映土地开发建设情况的同时，还反映了土地之上的机械设备等生产资料的投入情况。需要注意的是，这三种原因造成的工业用地投入损失不能简单加和作为工业用地投入损失总量，由于这三个指标之间存在联动变化现象，容积率提高造成的土地利用强度增加，同时也是投资强度提高造成的，也可能引起建筑密度的变化；建筑密度提高造成的土地利用强度变化，同时也是投资强度提高造成的，也会引起容积率的变化。

（二）分区域工业用地投入损失

为进一步分析江苏省主要制造业行业工业用地投入损失的区域分布特征，此处同样使用样本数量超过 40 家的 10 个行业进行分区域测算工业用地投入损失情况。鉴于投资强度损失与容积率损失、建筑密度损失规律相异，且建筑密度损失量较少，本部分着重对投资强度损失和容积率损失的区域差异进行比较分析（表 7-12、表 7-13）。

表 7-12　主要制造业大类行业分区域工业用地投资强度损失情况

行业大类	苏南		苏中		苏北	
	损失量/公顷	损失率/%	损失量/公顷	损失率/%	损失量/公顷	损失率/%
全部行业	409.98	8.32*	81.33	3.52	229.02	7.87
纺织业	73.16	23.70*	5.10	2.39	47.75	12.52
纺织服装、鞋、帽制造业	10.40	15.42*	0.00	0.00	7.92	3.66
化学原料及化学制品制造业	23.40	3.05*	5.23	1.59	8.27	2.19
医药制造业	3.99	3.60	8.07	9.16	12.17	10.62*
金属制品业	5.35	5.26	1.99	2.99	5.52	9.64*
通用设备制造业	9.43	2.35	7.36	4.81	26.05	11.85*
专用设备制造业	59.22	23.82*	0.08	0.11	39.89	21.14
交通运输设备制造业	13.05	4.75*	0.90	0.18	6.12	2.34
电气机械及器材制造业	19.42	5.04	38.71	12.71*	20.85	10.16
通信设备、计算机及其他电子设备制造业	96.54	9.34	12.18	10.56	5.85	11.07*

*表示测度结果为三个区域中的最大值

表 7-13　主要制造业大类行业分区域工业用地容积率损失情况

行业大类	苏南		苏中		苏北	
	损失量/公顷	损失率/%	损失量/公顷	损失率/%	损失量/公顷	损失率/%
全部行业	330.55	6.71	348.49	15.06*	225.12	7.73
纺织业	18.22	5.90*	11.89	5.57	15.05	3.94
纺织服装、鞋、帽制造业	17.13	25.39*	7.32	21.79	36.31	16.78
化学原料及化学制品制造业	101.97	13.31*	39.18	11.89	31.48	8.33
医药制造业	14.65	13.24*	1.05	1.19	14.01	12.23
金属制品业	7.68	7.55*	0.00	0.00	1.44	2.51
通用设备制造业	14.39	3.59	1.21	0.79	12.04	5.48*
专用设备制造业	1.01	0.41	1.88	2.50	8.09	4.28*
交通运输设备制造业	3.13	1.14	168.68	34.05*	3.32	1.27
电气机械及器材制造业	6.94	1.80	5.45	1.79	18.64	9.09*
通信设备、计算机及其他电子设备制造业	85.43	8.27	15.46	13.40*	5.80	10.99

*表示测度结果为三个区域中的最大值

　　从三大区域投资强度损失的情况来看，苏南地区损失量最大，苏北次之，苏中最少，苏南全部行业损失率为 8.32%，苏中仅为 3.52%。在 10 个制造业行业中，苏南有 5 个行业投资强度损失率最高，涉及纺织服装、化工制造、机械制造等行业；苏北有 4 个行业投资强度损失率最高，涉及医药制造、金属制品、通用设备、通信电子等行业；苏中仅电气机械及器材制造业投资强度损失率最高。

从三大区域容积率损失的情况来看，苏中地区损失量最大，苏北次之，苏南最少，苏中全部行业损失率达到 15.06%，而苏南为 6.71%。在 10 个制造业行业中，苏南同样有 5 个行业容积率损失率最高，涉及纺织服装、化工制造、医药制造、金属制品等行业；苏北有 3 个行业容积率损失率最高，主要涉及机械制造业行业；苏中有 2 个行业容积率损失率最高，包括交通运输设备制造业和通信设备、计算机及其他电子设备制造业，其中交通运输设备制造业容积率损失率达到 34.05%，是造成苏中容积率损失率偏高的主要原因。

通过对投资强度损失和容积率损失进行区域比较分析可以看出，苏南地区投资强度和容积率损失量和损失率均偏高，且纺织服装、化工制造等行业同时存在两个指标偏低的现象，反映出苏南地区尽管经济发达、供地量大，但对工业用地的供后监管不足，导致大量土地低效利用。苏北地区各行业投资强度和容积率损失较分散，不同行业均存在一定程度的过度投入，整体情况较差。苏中地区除个别行业（交通运输设备制造业）外，整体情况较好，各行业工业用地过度投入较少，与工业用地利用效率的分析结论一致。

由于本书使用的典型工业企业样本土地利用情况整体较好，代表了江苏省工业用地利用的较高水平，尽管准确反映了工业用地损失的存在现象及工业行业间的分布规律，但不能充分反映工业用地损失的真实情况，实际上，当前工业用地因土地利用强度监管不严格、不到位造成的土地浪费现象是非常严重的，对苏南某市一辖区全部城市工业用地的测算结果显示，容积率损失近 1000 公顷，建筑密度损失也超过 500 公顷。由于工业厂房、生产设备在布局上具有系统性和整体性的特点，有别于农用地和商住用地利用相对灵活可变的特点，存在于工业企业内外的一些边角土地较难再被充分利用。因此，在工业用地出让中根据企业规模严格核算用地面积，并对工业用地利用进行全程跟踪监管能有效降低工业用地的浪费程度，避免出现工业用地过度投入现象。

第四节　标准用地核算与工业用地利用效率比较

一、标准用地换算系数确定

根据第三章第五节构建的工业行业（企业）标准面积核算方法，要得到不同工业行业（企业）的标准用地面积需要首先确定式（3-11）中的标准用地换算系数。

同上一节一样，此处为准确反映江苏省工业行业因用地规模、生产工艺、技术流程等不同而造成的建设用地利用强度差异，选择使用《江苏省建设用地指标（2010年版）》中各工业行业投资强度、容积率和建筑密度指标的控制标准来编制工业行业的标准用地换算系数，所选三个指标既体现了各工业行业间的产业差异，也能够体现三大区域间的经济发展水平差异。

由于本处仅使用投资强度（TZ）、容积率（RL）和建筑密度（JM）三个指标来构建标准用地换算系数，因此式（3-12）可表示为：

$$CB_{ik} = \frac{TZ_i}{TZ_k} \times \omega_1 + \frac{RL_i}{RL_k} \times \omega_2 + \frac{JM_i}{JM_k} \times \omega_3 \qquad (7-10)$$

各部分权重 ω_n 根据不同指标对企业生产性用地面积的影响程度进行确定。本书依据工业用地投入损失核算结果中，不同土地利用强度指标投入损失量的比例进行确定。通过计算可以得到：$\omega_1 = 0.42$，$\omega_2 = 0.53$，$\omega_2 = 0.05$。

由于投资强度控制指标体现了江苏省三大区域间的经济差异，因此，根据公式（3-11）可以计算获得典型企业样本涉及25个行业大类在苏南、苏中和苏北的标准用地换算系数（详见附表6～附表8）。在表7-14中，简要展示了苏南地区工业行业标准用地换算系数。

表7-14　苏南工业行业标准用地换算系数矩阵

行业代码	13	14	15	17	18	…	36	37	39	40	41
13	1.00	1.00	1.00	1.14	1.00	…	1.17	1.17	1.17	0.77	0.89
14	1.00	1.00	1.00	1.14	1.00	…	1.17	1.17	1.17	0.77	0.89
15	1.00	1.00	1.00	1.14	1.00	…	1.17	1.17	1.17	0.77	0.89
17	0.89	0.89	0.89	1.00	0.89	…	1.01	1.01	1.01	0.67	0.79
18	1.00	1.00	1.00	1.14	1.00	…	1.17	1.17	1.17	0.77	0.89
⋮	⋮	⋮	⋮	⋮	⋮	…	⋮	⋮	⋮	⋮	⋮
36	0.91	0.91	0.92	1.01	0.91	…	1.00	1.00	1.00	0.67	0.81
37	0.91	0.91	0.92	1.01	0.91	…	1.00	1.00	1.00	0.67	0.81
39	0.91	0.91	0.92	1.01	0.91	…	1.00	1.00	1.00	0.67	0.81
40	1.37	1.37	1.38	1.53	1.37	…	1.51	1.51	1.51	1.00	1.21
41	1.13	1.13	1.13	1.28	1.13	…	1.30	1.30	1.30	0.86	1.00

各行业代码：13农副食品加工业，14食品制造业，15饮料制造业，17纺织业，18纺织服装、鞋、帽制造业，19皮革、毛皮、羽毛（绒）及其制造业，20木材加工及木、竹、藤、棕、草制品业，22造纸及纸制品业，24文教体育用品制造业，25石油加工、炼焦及核燃料加工业，26化学原料及化学制品制造业，27医药制造业，28化学纤维制造业，29橡胶制品业，30塑料制品业，31非金属矿物制品业，32黑色金属冶炼及压延加工业，33有色金属冶炼及压延加工业，34金属制品业，35通用设备制造业，36专用设备制造业，37交通运输设备制造业，39电气机械及器材制造业，40通信设备、计算机及其他电子设备制造业，41仪器仪表及文化、办公用机械制造业

二、工业用地面积修正结果

由表7-14可以看出，计算标准用地面积时设定的基准工业行业不同，行业间标准用地换算系数就不同，相应的，修正后的工业用地面积因基准行业选择不同就会存在差异。对于企业的生产性用地来说，当基准行业的土地利用强度控制标准低于企业所在行业土地利用强度控制标准时，换算后的标准用地面积将大于企业实际用地面积；当基准行业的土地利用强度控制标准高于企业所在行业土地利用强度控制标准时，换算后的标准用地面积将低于企业实际用地面积。

本书涉及 25 个行业，把每个行业都作为基准行业进行标准用地面积换算意义不大，此处分别设定土地利用强度控制标准相对较低的石油加工、炼焦及核燃料加工业和土地利用强度控制标准最高通信设备、计算机及其他电子设备制造业作为基准行业，分别计算得到标准用地Ⅰ和标准用地Ⅱ。将 1092 家企业根据公式（3-11）并结合附表6～附表8的换算系数，分别进行标准用地面积计算，归总后的分行业标准用地面积结果见表 7-15。

由表7-15可见，全部行业以石油加工、炼焦及核燃料加工业为基准行业换算得到的标准用地Ⅰ总面积为 13 563.05 公顷，与实际用地面积相比，增长了30.05%，其中，通信设备、计算机及其他电子设备制造业和仪器仪表及文化、办公用机械制造业增幅较大，均超过实际用地面积的 60%；全部行业以通信设备、计算机及其他电子设备制造业为基准行业换算得到的标准用地Ⅱ总面积为7967.65 公顷，与实际用地面积相比，减少了 23.60%，其中，石油加工、炼焦及核燃料加工业，非金属矿物制品业，黑色金属冶炼及压延加工业等 5 个行业减幅较大，超过实际用地面积的 30%。

表 7-15　典型工业企业分行业标准用地面积

行业大类	实际用地/公顷	标准用地Ⅰ		标准用地Ⅱ	
		面积/公顷	增幅/%	面积/公顷	减幅/%
全部行业	10 428.79	13 563.05	30.05	7967.65	23.60
农副食品加工业	152.13	211.12	38.78	119.40	21.51
食品制造业	75.80	104.08	37.31	61.58	18.76
饮料制造业	118.27	165.08	39.58	90.87	23.17
纺织业	906.96	1083.32	19.45	646.28	28.74
纺织服装、鞋、帽制造业	319.54	439.55	37.56	253.02	20.82
皮革、毛皮、羽毛（绒）及其制品业	81.21	112.88	39.00	62.65	22.86
木材加工及木、竹、藤、棕、草制品业	131.16	157.57	20.13	90.14	31.27

续表

行业大类	实际用地/公顷	标准用地 I		标准用地 II	
		面积/公顷	增幅/%	面积/公顷	减幅/%
造纸及纸制品业	321.97	397.56	23.48	238.99	25.77
文教体育用品制造业	61.59	83.64	35.80	48.28	21.62
石油加工、炼焦及核燃料加工业	66.85	66.85	0.00	44.52	33.41
化学原料及化学制品制造业	1473.27	1730.00	17.43	1039.24	29.46
医药制造业	332.24	492.64	48.28	290.40	12.59
化学纤维制造业	179.49	283.15	57.75	154.29	14.04
橡胶制品业	126.10	169.87	34.71	98.21	22.11
塑料制品业	124.46	171.60	37.87	100.70	19.09
非金属矿物制品业	387.26	426.59	10.16	258.00	33.38
黑色金属冶炼及压延加工业	589.07	666.90	13.21	396.10	32.76
有色金属冶炼及压延加工业	194.88	224.46	15.18	136.21	30.11
金属制品业	225.55	267.80	18.73	161.04	28.60
通用设备制造业	784.39	964.29	22.94	566.63	27.76
专用设备制造业	516.15	633.17	22.67	374.44	27.46
交通运输设备制造业	1031.45	1320.71	28.04	758.20	26.49
电气机械及器材制造业	901.68	1103.83	22.42	664.77	26.27
通信设备、计算机及其他电子设备制造业	1201.61	2085.04	73.52	1201.61	0.00
仪器仪表及文化、办公用机械制造业	125.70	201.36	60.19	112.10	10.82

三、工业用地利用效率比较

根据本章第一节测度模型的选择结果，为具有可比性，本小节利用规模报酬不变的 DEA 方法和基于 C-D 生产函数模型的 SFA 方法进行工业用地利用效率的再次测度，SFA 方法中对工业生产技术无效率部分外生影响因素的选择，同样依据表 7-1 确定。

采用标准用地 I 和标准用地 II 后，DEA-CRS 的测度结果同采用实际用地的测度值大小相似，分布规律也相似，由于样本数量较多，导致测度结果普遍较小。采用标准用地 I 时，工业用地利用效率均值为 0.040，92.21%的企业效率值小于 0.1；采用标准用地 II 时，工业用地利用效率均值为 0.039，92.12%的企业效率值小于 0.1。采用标准用地后，SFA 利用最大似然估计方法得到的随机前沿生产函数模型参数估计结果与采用实际用地时的估计结果相近，各参数符号相同，大小基本一致，工业用地利用效率的测度结果同采用实际用地时的测度结果在数值大小和分布规律方面也高度一致。

表7-16显示了分别采用实际用地、标准用地Ⅰ、标准用地Ⅱ时按行业大类分工业用地利用效率测度结果的排序情况。从 DEA-CRS 的测度结果来看，采用实际用地时的排序结果与采用标准用地后的排序结果变化比较明显，仅木材加工及木、竹、藤、棕、草制品业等 4 个行业排序结果前后一致，造纸及纸制品业、仪器仪表及文化、办公用机械制造业等 8 个行业排序结果出现下降，石油加工、炼焦及核燃料加工业、化学纤维制造业等 13 个行业排序结果出现上升。结合表7-10，可以明显看出，排序出现下降的行业多为容积率控制标准较高的行业，排序出现上升的行业多为容积率控制标准较低的行业，说明土地利用强度要求高的行业在消除行业间土地利用强度差异后，工业用地利用效率整体相对降低，土地利用强度要求低的行业在消除行业间土地利用强度差异后，工业用地利用效率整体相对提高，客观反映出土地利用强度与工业用地利用效率存在正相关的事实。由于SFA方法需要根据生产函数拟合出前沿生产函数模型，测度结果较为稳定，采用标准用地前后工业用地利用效率测度结果的排序没有明显变化，仅有几个行业微调，未能反映出土地利用强度与工业用地利用效率间的变化关系。

表 7-16　江苏省制造业大类行业工业用地利用效率测度结果排序

行业大类	DEA			SFA		
	实际用地	标准用地Ⅰ	标准用地Ⅱ	实际用地	标准用地Ⅰ	标准用地Ⅱ
农副食品加工业	10	12	11	16	16	16
食品制造业	18	17	17	17	17	17
饮料制造业	21	23	23	14	14	14
纺织业	13	15	15	23	23	23
纺织服装、鞋、帽制造业	23	22	21	25	25	25
皮革、毛皮、羽毛（绒）及其制品业	16	18	18	12	13	13
木材加工及木、竹、藤、棕、草制品业	24	24	24	24	24	24
造纸及纸制品业	3	6	6	22	22	22
文教体育用品制造业	19	19	22	20	20	20
石油加工、炼焦及核燃料加工业	4	2	2	1	1	1
化学原料及化学制品制造业	11	9	9	10	9	9
医药制造业	9	8	8	13	12	12
化学纤维制造业	22	21	19	15	15	15

续表

行业大类	DEA			SFA		
	实际用地	标准用地Ⅰ	标准用地Ⅱ	实际用地	标准用地Ⅰ	标准用地Ⅱ
橡胶制品业	17	16	16	18	19	19
塑料制品业	20	20	20	21	21	21
非金属矿物制品业	25	25	25	19	18	18
黑色金属冶炼及压延加工业	1	1	1	2	2	2
有色金属冶炼及压延加工业	5	3	4	4	4	4
金属制品业	8	7	7	9	10	10
通用设备制造业	14	13	13	11	11	11
专用设备制造业	15	14	14	8	8	8
交通运输设备制造业	12	11	12	7	7	7
电气机械及器材制造业	6	5	5	5	5	5
通信设备、计算机及其他电子设备制造业	2	4	3	6	6	6
仪器仪表及文化、办公用机械制造业	7	10	10	3	3	3

此外，从表7-17中分别采用实际用地、标准用地Ⅰ、标准用地Ⅱ时工业用地利用效率测度结果排序的 Pearson 相关系数可以看出，无论是 DEA 方法还是 SFA 方法，标准用地Ⅰ和标准用地Ⅱ排序结果的系数均接近或等于 1，大于任一标准用地与实际用地排序结果的系数，这也反映出在进行标准用地换算时，选用不同的基准行业尽管得到的测度结果可能存在细微差异，但并不影响行业间效率水平的比较和效率变化趋势的判断。

表 7-17　工业用地利用效率测度结果排序 Pearson 相关系数

项目		DEA			SFA		
		实际用地	标准用地Ⅰ	标准用地Ⅱ	实际用地	标准用地Ⅰ	标准用地Ⅱ
DEA	实际用地	1.000					
	标准用地Ⅰ	0.977***	1.000				
	标准用地Ⅱ	0.973***	0.993***	1.000			
SFA	实际用地	0.692***	0.738***	0.733***	1.000		
	标准用地Ⅰ	0.689***	0.737***	0.732***	0.998***	1.000	
	标准用地Ⅱ	0.689***	0.737***	0.732***	0.998***	1.000***	1.000

***表示 1%的显著性水平

第五节　工业用地利用效率差异的影响因素

对于工业企业或行业来说,其工业用地利用效率的影响因素与区域工业用地利用效率的影响因素既有相同之处,又有微观区别。工业行业会受到区域大环境的影响,区域自然禀赋条件、经济与产业发展水平、投资环境等都能对工业行业产生直接影响,而且这种影响具有明显的行业差异性;工业行业又受到自身生产特点的影响,生产流程、生产工艺的不同使不同行业具有相异的土地利用特征,同一因素对于不同行业会产生不同的影响。由此可见,从行业角度考察工业用地利用效率是一件较复杂的事情。本节采用计量经济模型利用 2011 年江苏省 1092 家典型企业的截面数据进行行业层面工业用地利用效率影响因素研究。

一、变量选择与模型设定

(一)变量选择

影响各行业工业用地利用效率的因素很多,既有区域因素又有个别因素,且不同行业的影响因素具有较大可变性,暂不能剖析出影响各行业工业用地利用效率的所有因素,也不能实现每一行业影响因素的选择和判断。本书从整体角度出发,选择不同行业具有共性特点的影响因素,探究这些因素对不同行业的影响程度。主要选择企业所在地理位置(GWZ)和开发区的级别(KFQ)来表征影响工业用地利用效率的区域因素,选择投产时间(TIM)、控股情况(KGS)、工资福利水平(GOZ)来表征影响工业用地利用效率的内部因素。此外,还选择用地规模(LSC)和利用强度(RJL)来表征不同行业的土地利用特征。变量说明详见表 7-18。

表 7-18　工业用地利用效率影响因素变量选择

影响因素	变量名称	变量说明
区域因素	开发区级别(KFQ)	虚拟变量,国家级=1,省级=0
	地理位置(GWZ)	虚拟变量,GWZ1 苏北、苏南=0,苏中=1 GWZ2 苏北、苏中=0,苏南=1
内部因素	企业投产时间(TIM)	至 2011 年企业投产时间
	控股情况(KGS)	虚拟变量,港澳台、外商控股企业=1,其他=0
	工资福利水平(GOZ)	企业员工平均工资和福利水平(万元/人年)
土地利用特征	用地规模(LSC)	企业占地总面积/公顷
	利用强度(RJL)	容积率,企业建筑总面积/企业占地总面积

　　具体来看，选择以上变量的主要原因在于：

　　开发区级别（KFQ）：开发区级别用来反映工业企业发展的政策环境、扶持力度和产业导向。从级别来看，本书样本企业涉及两类开发区，国家级开发区和省级开发区。一般来说，国家级开发区的设立具有较明确的目的：第一，多设置在具有较大经济发展优势的重点城市，江苏省较集中地分布在苏州、无锡、南京、常州等城市；第二，不同类型的开发区具有较明确的产业发展导向，国家级开发区主要包括高新技术类、经济技术类、保税类、出口加工类等类型；第三，国家级开发区具有更多政策优惠，扶持先进产业发展；第四，企业进入国家级开发区的门槛更高，要求更高的投入产出水平。省级开发区相比国家级开发区数量更多，产业发展导向性较弱，进入门槛相对较低。因此，国家级开发区对工业用地利用效率可能产生正向影响。

　　地理位置（GWZ）：地理位置用来反映区位条件、区域经济发展水平和产业发展水平。有利的区位条件能够使企业更接近资本市场和劳动力市场，加快创新成果的转化，具有便捷的区际贸易环境，有利的区位条件是企业发展的根本动力。江苏省三大区域具有明显的经济梯度特征，苏南地区相比苏中苏北，具有更好的区位优势，有更高的经济发展和产业发展水平，产业层次更高，企业产出能力更强。因此，苏南工业用地利用效率可能高于苏中和苏北，苏中次之。

　　企业投产时间（TIM）：企业投产时间用来反映工业行业的发展历史。一方面，纺织、化工等行业发展时间较长，近年来通信电子等行业随着科技进步、信息产业的发展不断壮大，在经济发展的不同时期产生不同的支柱产业和主导产业，不同时期发展起来的产业可能处于不同的企业生命周期阶段。设立时间较早的企业可能面临着更大的淘汰风险，企业产出能力较弱，产业升级需要付出更大的代价，而设立时间较晚的企业具有更大的发展优势。另一方面，设立较早的企业经过长期的发展积淀，具有更多的资本积累，更能适应产业发展环境的变化和社会对产品的需求，及时更新生产设备、研发新型产品。因此，投产时间对工业用地利用效率的影响存在正负两种可能。

　　控股情况（KGS）：控股情况用来反映企业的经营管理水平。《中国工业企业数据库》中对控股情况的统计类型包括国有控股、集体控股、私人控股、港澳台控股、外商控股等。本书将上述类型划分为两类，即港澳台、外商控股和其他控股形式，一般来看，境外资本控股的企业通常会使用母公司的人员进行企业管理，引入境外较为成熟、先进的企业管理方式。因此，港澳台、外商控股对工业用地利用效率可能产生正向影响。

　　工资福利水平（GOZ）：工资福利水平的高低直接反映了企业员工的工作条

件，间接反映了企业的运行状况。较高的薪资福利水平能够激发企业员工的工作积极性，吸纳更多高素质劳动力，提高企业人力资本水平，增加企业凝聚力，促进企业良性发展。较高的薪资福利水平也间接反映出企业运行状况良好，生产正常。因此，工资福利水平对工业用地利用效率可能产生正向影响。

用地规模（LSC）：用地规模直接反映了企业占有土地的数量，间接反映了企业的生产规模。企业用地规模与生产规模存在明显的正向关系，企业生产规模的壮大需要更多的土地承载其发展。当然，有些企业尚未达到相应生产规模前会囤积一定数量的土地，导致企业可能存在较大比例的绿地和空闲土地。因此，用地规模对工业用地利用效率可能产生负向影响。

利用强度（RJL）：利用强度用来反映企业土地利用强度水平。容积率和建筑密度是反映土地利用强度的直接指标，容积率和建筑密度存在正向显著关系，为避免出现多重共线性，此处用容积率指标表征土地利用强度。容积率和建筑密度越高，则土地利用强度越大，反之土地利用强度越低。较高的土地利用强度说明企业对土地的利用更加充分，无效利用的土地面积更少。因此，土地利用强度可能对工业用地利用效率产生正向影响。

（二）模型设定

考虑到通过对工业用地利用效率的测度，得到了不同行业工业用地利用效率的截面数据，将工业用地利用效率（GE）作为被解释变量，采用多元线性回归模型对影响因素进行估计。模型形式如下：

$$GE_i = \beta_0 + \sum \beta_i x_i + u \qquad (7\text{-}11)$$

式中，β_0 为截距项，x_i 表示第 i 个影响因素，β_i 是第 i 个影响因素的待估参数，u 为随机误差项。

需要说明的是，由于在第五章第五节中，已经验证在有差异和无差异视角下工业用地利用效率的影响因素与估计结果是一致的，因此本小节在进行估计时，仅使用有差异视角下 SFA 方法测得的工业用地利用效率作为被解释变量。

二、估计结果与分析

（一）估计结果

在测度结果涉及的 25 个行业大类中，部分行业样本数量较少，进行计量分析容易产生较大误差，不足以说明问题。此处对不同行业进行估计时，同样选择样本数量超过 40 家的 10 个行业大类进行计量回归，这些行业包括江苏省的纺织、化工、医药、机械、通信电子等主要工业行业，对于分析江苏省不同行业工业用地利用效率具有较强的说服力。利用 Eviews 6.0 软件，采用普通最小二乘法（OLS）首先对全部企业样本进行估计，然后分别对这 10 个行业进行估计。估计结果见表 7-19。

从表 7-19 各行业的估计结果中可以明显看出，各模型 F 统计值均通过了不同显著性水平的检验，但拟合优度（R^2）表现出较大差异，拟合程度最高的行业是金属制品业，R^2 等于 0.5693，拟合程度最低的行业是通用设备制造业，R^2 等于 0.1976。充分说明所选择的影响因素在不同行业中存在显著的差异性，并且这些因素仅能解释一部分工业用地利用效率差异的原因。

表 7-19　江苏省主要制造业大类行业 OLS 估计结果

变量	全部行业	纺织业	纺织服装、鞋帽制造业	化学原料及化学制品	医药制造业	金属制品业
常数项	0.0236**	−0.0522	0.0098	0.0867**	−0.0323	0.0042
	(0.0218)	(0.1028)	(0.7020)	(0.0369)	(0.5613)	(0.9704)
KFQ	0.0163*	0.0083	−0.0887	0.0178	0.0524	0.0537
	(0.0508)	(0.7634)	(0.1193)	(0.5444)	(0.1425)	(0.2234)
GWZ1	0.0966***	0.1027***	0.0835***	0.1208***	0.0605	0.2467***
	(0.0000)	(0.0000)	(0.0032)	(0.0001)	(0.1377)	(0.0000)
GWZ2	0.0738***	0.0727***	0.0745***	0.1392***	−0.0054	0.0555
	(0.0000)	(0.0020)	(0.0009)	(0.0000)	(0.8919)	(0.1790)
TIM	0.0001	−0.0005	0.0027	−0.0009	−0.0012	0.0009
	(0.7785)	(0.4233)	(0.2516)	(0.5353)	(0.2993)	(0.6310)
KGS	−0.0132*	0.0156	−0.0395**	−0.0154	0.0905**	0.0423
	(0.0717)	(0.4019)	(0.0269)	(0.5636)	(0.0262)	(0.2293)
GOZ	0.0166***	−0.0014	0.0013	−0.0014	0.0109*	−0.0017
	(0.0000)	(0.9079)	(0.9386)	(0.7597)	(0.0798)	(0.9316)
LSC	0.0003	−0.0009	−0.0001	0.0004	0.0034	0.0000
	(0.1188)	(0.1854)	(0.8949)	(0.4388)	(0.1349)	(0.9888)
RJL	0.0161*	0.1011***	−0.0044	−0.0373	0.0636	0.0239
	(0.0992)	(0.0043)	(0.7666)	(0.4326)	(0.3323)	(0.8697)
R^2	0.2275	0.3607	0.4748	0.2750	0.5355	0.5693
F 统计值	39.8615	6.5580	4.7467	4.7411	4.7558	5.2868
观测值	1092	102	51	109	42	41

续表

变量	通用设备制造业	专用设备制造业	交通运输设备制造业	电气机械及器材制造业	通信设备计算机及其他电子产品制造业
常数项	0.0767**	−0.0245	−0.0100	0.0107	0.0183
	(0.0143)	(0.7083)	(0.8546)	(0.7570)	(0.6819)
KFQ	0.0225	−0.0094	−0.0195	0.0013	0.0251
	(0.3677)	(0.8095)	(0.5241)	(0.9601)	(0.3471)
GWZ1	0.0578**	0.1015**	0.1002***	0.0839**	0.0566
	(0.0184)	(0.0269)	(0.0030)	(0.0142)	(0.1984)
GWZ2	0.0602***	0.0400	0.0786**	0.0947***	0.0192
	(0.0073)	(0.3299)	(0.0170)	(0.0020)	(0.6469)
TIM	0.0009	0.0002	0.0001	0.0010	0.0005
	(0.2264)	(0.8319)	(0.9251)	(0.4547)	(0.7061)
KGS	-0.0288	−0.0079	−0.0146	−0.0587**	0.0351
	(0.1833)	(0.8308)	(0.6064)	(0.0237)	(0.1665)
GOZ	0.0187**	0.0461***	0.0154**	0.0235***	0.0277***
	(0.0106)	(0.0085)	(0.0341)	(0.0003)	(0.0000)
LSC	−0.0018	0.0003	0.0011**	0.0010	-0.0012
	(0.1717)	(0.7887)	(0.0271)	(0.3239)	(0.2436)
RJL	-0.0208	0.0373	0.0678	0.0349	0.0227
	(0.5045)	(0.6154)	(0.2628)	(0.1951)	(0.3341)
R^2	0.1976	0.2995	0.2557	0.3336	0.2286
F 统计值	3.5086	2.4044	2.9637	6.1318	4.3339
观测值	123	54	78	107	126

*、**、***分别表示在 10%、5%、1%水平下显著，括号内为 t 检验值

（二）全部企业样本估计结果分析

从所有样本企业的估计结果来看，R^2 等于 0.2275，模型解释了所有企业工业用地利用效率 22.75%的差异来源。整体来看，各因素对工业用地利用效率产生了以下影响：

区域因素方面，开发区级别（KFQ）通过了 10%的显著性检验，对工业用地利用效率具有显著的正向影响，说明企业发展的区域政策环境、扶持力度以及产业导向性越强，越有利于企业提高工业用地利用效率。尽管地理位置（GWZ）通

过了 1%的显著性检验，对工业用地利用效率具有显著的正向影响，但是苏中地区（GWZ1）的参数估计值略高于苏南地区（GWZ2）[①]，与前文理论判断相悖。近年来，苏中三市与苏南地区经济发展水平的差距逐渐缩小，苏南地区各城市经过长期建设发展，建设用地供给不断收紧，为苏中地区提供了较好的发展机遇，苏中地区充分利用沿海沿江等有利条件，不断改善投资环境。在产业发展规划、土地利用政策的约束下，苏中的产业发展更有针对性和选择性，企业的整体质量更高，根据《中国工业企业数据库》2011 年数据，2005 年后苏中地区新建工业企业数量占区域全部企业数量的 47.32%，而苏南地区仅占 39.01%。

内部因素方面，企业投产时间（TIM）的参数估计值非常小，且没有通过显著性检验，整体来看，对工业用地利用效率没有显著影响。控股情况（KGS）的参数估计值为负，与前文理论判断相悖，经检验，控股情况（KGS）与工资福利水平（GOZ）、开发区级别（KFQ）、苏南地区（GWZ2）存在一定的多重共线性，导致参数估计结果不稳定。港澳台、外商控股企业往往具有较高的薪资福利水平，且多集中分布在苏南地区的国家级开发区中。工资福利水平（GOZ）通过了 1%的显著性检验，对工业用地利用效率具有显著的正向影响，说明较高的员工薪资福利水平有利于提高工业用地利用效率。

土地利用特征方面，用地规模（LSC）的参数估计值非常小，且没有通过显著性检验，整体来看，对工业用地利用效率没有显著影响。利用强度（RJL）通过了 10%的显著性检验，对工业用地利用效率具有显著的正向影响，说明企业土地利用强度越高，工业用地利用效率越高。当然，这一估计结果也反映出土地利用强度要求高的行业一般会有较高的工业用地利用效率。

（三）分行业企业样本估计结果分析

从不同行业模型的估计结果来看，尽管各因素的影响程度在不同模型中表现出较大差异性，但影响方向表现出一致性。此外，由于同一因素在不同行业模型中，可能与不同因素产生一定共线性，导致部分参数的估计结果在不同模型中表现较不稳定。在影响因素中，地理位置（GWZ）和工资福利水平（GOZ）对各行业的影响最广泛，其他因素仅在个别行业模型中表现显著。

地理位置（GWZ）在纺织业等 8 个行业模型中通过了显著性检验，对工业用

---

① 在对江苏省工业行业土地集约利用水平的评价研究中，同样得到了类似结论：对比江苏省三大区域及全省工业行业平均土地集约度，并未出现苏南土地集约度明显高于苏中、苏北的现象，反而苏中土地集约度最高。详见：基于产业差异修正的工业行业土地集约利用评价研究——以江苏省为例[J]. 资源科学，2012，（12）：2256-2264。

地利用效率具有显著的正向影响，但不同行业存在区位优势差异。其中，纺织业、纺织服装、鞋、帽制造业、金属制品业、专用设备制造业、交通运输设备制造业等 5 个行业苏中地区（GWZ1）参数估计值较高；化学原料及化学制品制造业、通用设备制造业、电气机械及器材制造业等 3 个行业苏南地区（GWZ2）参数估计值较高。地理位置在医药制造业和通信设备、计算机及其他电子设备制造业模型中没有通过显著性检验，这两个行业恰为高技术产业，反映出这两个行业可能具有较高的区位适宜性，一方面，由于高技术产业生产效益好、产品附加值高、纳税能力强，并能促进区域产业层次提升，任何区域都有引进高技术产业的动力，提供一系列优惠政策，另一方面，这些高技术产业的上下游产业和市场分布广泛，对特定区位的依赖性较低。

工资福利水平（GOZ）在医药制造业，通用设备制造业，专用设备制造业，交通运输设备制造业，电气机械及器材制造业，通信设备、计算机及其他电子设备制造业等 6 个行业模型中通过了显著性检验，对工业用地利用效率具有显著的正向影响。

用地规模（LSC）和利用强度（RJL）分别在交通运输设备制造业和纺织业模型中通过了显著性检验，对工业用地利用效率具有显著的正向影响。用地规模越大越有利于提高交通运输设备制造业工业用地利用效率的可能原因是，在江苏省的交通运输设备制造业中船舶制造业占有相当大的比例，对船舶制造业来说，需要占用一定土地面积的同时，也需要一定水域面积，本书没有统计水域面积，但纳入了其承载的产出，因此表现出随着土地规模的增加，用地效率增加的特征。利用强度（RJL）在纺织业模型中表现更显著的可能原因是，纺织业生产设备比较低矮、排布密度大，易于在多层厂房中进行生产，因此利用强度对其影响更加明显。

第六节　简要结论

由于资源禀赋、地理位置、经济发展水平、城市化水平及政府行为等方面的显著不同，不同省份尽管工业产业结构存在一定差异，但不同工业行业表现出的土地利用特征应该具有相似性和一致性。本章重点以江苏省为分析对象对工业用地利用效率的行业差异情况进行了研究，以映射全国及其他省份相应工业行业的土地利用情况。

工业用地利用效率的测度结果显示，工业企业普遍存在土地过度投入的现象。经检验，SFA 方法与 DEA-CRS 方法的测度结果具有更好的一致性，但 DEA

方法测度结果的稳定性较差，由于生产前沿面构造方法的差异，SFA 方法的测度结果较 DEA 方法更为精确。以 SFA 方法测度结果进行分行业工业用地利用效率分析后发现，江苏省制造业表现出石油化工、通信电子、装备制造等主导行业工业用地利用效率高，纺织服装、食品加工等轻工行业工业用地利用效率低的特点，并且表现出苏北地区工业用地利用效率明显小于苏中和苏南，苏中地区工业用地利用效率高于苏南的区域特征。

工业用地投入损失的分行业测算结果显示，容积率和投资强度达不到控制标准是造成江苏省工业用地过度投入的主要原因；纺织业、通信设备、计算机及其他电子设备制造业因投资强度不足造成的工业用地投入损失量较多，化学原料及化学制品制造业、交通运输设备制造业因容积率不足造成的工业用地投入损失量较多。分区域测算结果显示，从投资强度角度看，苏南地区损失量最大，苏北次之，苏中最小；从容积率角度看，苏中地区损失量最大，苏北次之，苏南最小。

在工业用地投入损失分析的基础上，测算得到了江苏省各工业行业的标准用地面积，标准用地Ⅰ和标准用地Ⅱ分别反映了不同工业行业用地强度控制标准下的可比用地面积。对再次测度结果排序的分析反映出土地利用强度与工业用地利用效率存在正相关关系，土地利用强度要求高的行业在消除行业间土地利用强度差异后，工业用地利用效率整体相对降低，土地利用强度要求低的行业在消除行业间土地利用强度差异后，工业用地利用效率整体相对提高。此外，经检验发现标准用地面积基准行业的选择不会影响工业行业间效率水平的比较和变化趋势的判断。

本书采用计量经济方法分行业验证了区域因素、内部因素及土地利用特征等工业用地利用效率的影响因素。对于全部企业样本来说，开发区级别、地理位置等区域因素对工业用地利用效率具有显著的正向影响，工资福利水平和土地利用强度对工业用地利用效率也具有显著的正向影响。分行业估计结果显示，在纺织业等 8 个行业模型中，地理位置对工业用地利用效率均具有显著的正向影响，但不同行业存在区位优势差异；在医药制造业等 6 个行业模型中，工资福利水平对工业用地利用效率具有显著的正向影响；用地规模和利用强度分别在交通运输设备制造业和纺织业模型中通过显著性检验，对工业用地利用效率具有显著的正向影响。

第八章 城市工业用地利用效率提升能力建设

工业用地利用效率提升能力是经济学研究的重要内容，土地资源既具有准公共物品属性又是重要的市场要素，因此政府与市场的耦合成为土地资源效率提升能力的关键，而供给保障和需求驱动对土地资源效率提升能力产生重要的影响。能力建设是建立国家、地方、机构和个人在制定正确决策和以有效的方式实施这些正确决策方面的能力，工业用地利用效率提升能力建设是国家、地方政府和工业企业改变工业用地利用效率提升能力的一系列能动活动过程。

本章首先从可持续发展理论和循环经济理论出发解析工业用地利用效率提升能力建设的理论依据，进而界定工业用地利用效率提升能力建设的含义，并基于政府管理视角，剖析工业用地利用效率提升能力建设的对象、影响因素和原理，然后从"供给-需求"双向调节和"开源-节流"互动调节两个层面提出提升能力建设路径。

第一节 工业用地利用效率提升能力建设的理论依据

一、可持续发展理论

（一）可持续发展的内涵

可持续发展理论在 20 世纪 80 年代由西方学者首先提出，到 90 年代初成为全球范围的共识。可持续发展（sustainable development）作为一个明确的概念，是在 1980 年由国际自然资源保护联合会、联合国环境规划署和世界自然基金会共同出版的文件《世界自然保护策略：为了可持续发展的生存资源保护》中第一次出现的。1987 年以挪威首相布伦兰特（Brundtland）夫人为首的世界环境与发展委员会正式发表了题为《我们共同的未来》（*Our Common Future*）的研究报告中明确提出可持续发展的定义：可持续发展是既满足当代人的需要，又不对后代人满足其需要的能力构成危害的发展。1994 年中国政府发表了《中国 21 世纪议程——中国 21 世纪人口、环境和发展白皮书》，表明中国将坚定不移地遵循可持续发展战略，在建设自己美好家园的同时对全人类的命运和前途共同负责的决心和信心。可持续发展是在人类理智地认识自然界、社会和人的关系，以新的价值观和伦理观重新审视现有的生存状态及方式的基础上，提出的人与人、自然、社会之间协调发展的战略思想，是对发展问题作出的理性回答，是现代发展理论的核心（常江和王忠民，2010）。鉴于早期可持续发展定义没有涵盖实施主体、发展代价、空间性质等信息，王忠民等（2002）将可持续发展重新定义为：以政府为主体，建立人类经济发展与自然环境协调发展的制度安排和政策机制，通过对当代人行为的激励与约束，降低生态环境成本，在经济发展中把代际公平与代内公平相结合，实现经济发展成本的最小化，既满足当代人，又不对后代人满足其需要的能力构成过大的危害，既满足一个国家或地区发展的需要，又不对其他国家和地区的发展构成过于严重的威胁。

中国是发展中的社会主义大国，人口、环境与发展之间矛盾比较突出，可持续发展既是长远目标，又是当务之急。胡锦涛同志在 2003 年 7 月 28 日的讲话中提出"以人为本，全面、协调、可持续发展"的科学发展观，中国共产党第十七次全国代表大会一致同意将科学发展观写入党章。科学发展观的提出，使可持续发展理论的发展观念和"以人为本"的思想得到更高、更明确的阐述。科学发展观的战略目标是达到"自然—经济—社会"的可持续发展，是可持续经济、可持续生态、可持续社会三者的和谐发展，各方面发展要相互衔接、相互促进、良性互动，并且既要考虑当前发展的需要，满足当代人的基本需求，又要考虑未来发展的需要，为子孙后代着想。科学发展观是在全球化条件下，着眼未来，结合中国国情和中国文化，对可持续发展理论的创新与发展。

（二）可持续发展对土地资源利用的要求

土地作为最基本的自然资源和重要的社会生产要素，是可持续发展的基础和重要组成部分。土地的可持续利用，必须以缓解人地矛盾为基础，实现土地利用与经济增长、社会发展和生态环境保护的有机结合。土地可持续利用可以理解为在生态（自然）方面应具有适宜性，经济方面应具有获利能力，环境方面能实现良性循环，社会方面应具有公平和公正性（陈百明，2002）。

1. 实现土地资源优化配置是土地可持续利用的基本要求

土地资源优化配置就是要在全面认识区域土地资源现状构成、质量特点及存在问题的前提下，从分析区域社会经济发展战略入手，着眼于土地供需状况的系统分析，合理组织土地生产力分配与布局，并通过制定政策和措施规范人类活动行为、协调土地生产关系，以保持人地系统的协调运行和可持续发展，不断提高土地生态经济系统功能，获取土地利用的最佳经济效益、生态效益和社会效益（倪绍祥和刘彦随，1999）。

2. 保护和合理利用土地资源是实现土地可持续利用的关键

我国土地资源相对紧缺，人均土地面积仅为世界人均的 1/3。保护和合理利用土地是实现土地可持续利用的关键，要统筹实现耕地、林地、草地、湿地、水面等各类土地的保护和合理利用。要切实保护耕地，严禁乱占滥用耕地，严禁毁林开荒、滥垦草原和围湖造田等不适当地扩大耕地，还要防止超额采伐、草原过牧、污染土地和只顾眼前、不管长远的掠夺式的开发利用。同时土地资源的可持续利用还必须和其他自然资源，如水资源、生物资源、矿产资源、海洋资源等可持续利用相协调（钱铭，2001）。

3. 提高土地集约利用水平是实现土地可持续利用的有效措施

土地资源集约利用对土地可持续利用起到重要的推动作用，实现土地集约利用能够提高土地资源利用效率，促进土地可持续利用，使社会、经济、生态效益得到综合提高。提高土地集约利用水平，有利于挖掘土地利用的潜力与深度，提高土地资源利用率，节约利用土地，实现土地利用效益最大化。

4. 推进土地整治是实现土地可持续利用的重要手段

土地整治是为促使现实的土地利用状态达到合理利用状态而采取的一种措施或手段，是为使土地利用方式、结构、强度更适应特定发展时期的特定目标而进行的活动。土地整治可持续性表现为通过土地整治，土地的利用状态达到合理利用状态的程度，即通过土地整治提高土地的利用效率，增强土地的生产能力，保护土地资源的生产潜力。对于农地整治来说，应增加耕地有效利用面积并提高耕地产能，增强土地抵御自然灾害的能力，改善生态环境，并具有经济活力与社会可接受性（张正峰，2012）。对于市地整治来说，还应加快城市存量、低效建设用地处置改造速度，实现建设用地二次开发利用。

（三）可持续发展对城市工业用地利用的要求

工业用地因其承载工业生产的特殊性，对劳动力供给、基础设施建设、污染排放等有更多要求。因此，工业用地在开发利用过程中会对经济、社会、生态产生重要影响，可持续发展对城市工业用地利用的要求在遵循土地可持续利用一般要求的基础上，还对土地生态利用和园区规划布局有重要要求。

1. 工业生态化是可持续发展的保障

工业生态化既是对工业生产过程的要求，也是工业生产的结果和目标。工业生态化是可持续发展的保障，表现为生态发展、工业经济、社会效益三者的统一与协调，工业生态化的实施有利于实现人类社会的可持续发展，是人类社会实现可持续发展的阶段性目标，是可持续发展战略在一定历史阶段的具体体现。促进工业生态化，要推进技术进步，用高新技术改造传统工业，实现传统工业向高新技术产业的提升，促进人与自然的协调发展，以实现、保持和强化工业可持续发展的态势（王东，2007）。

2. 规划科学化是可持续发展的重要途径

以工业向园区集中为手段，科学规划区域城市工业用地利用格局。按照城市总体规划和园区规划建设的要求，结合当地实际，编制产业园区发展规划，择优确定重点产业园区。同时，通过兼并、联合、重组等方法，整合一批规模小、布局散、档次低、基础设施差或管理不到位的工业园区，优化资源配置，提高园区的总体水平。还要做好园区规划与城市总体规划和土地利用、环境保护等专项规划的协调。通过园区工业的发展，为本地劳动力提供更多的就业机会；通过企业集聚，增强企业之间的联系，共享基础设施及其他服务，提高企业集群效益，降低环境治理成本（石忆邵和厉双燕，2004）。

二、循环经济理论

（一）循环经济的内涵

20 世纪 60 年代以来，随着发达国家开始逐渐进入后工业化时代，资源短缺和生态环境问题成为经济继续增长的重大约束。国内外实践表明，当经济增长达到一定阶段时，对生态环境的免费使用必然达到极限，这是自然循环过程极限和作为自然组成部分的人类生理极限所决定的。人类要继续发展，客观上要求我们转换经济增长方式，用新的模式发展经济，要求我们减少对自然资源的消耗，并对被过度使用的生态环境进行补偿（解振华，2004）。"循环经济"一词是由美国经济学家 K·鲍尔丁在 20 世纪 60 年代提出的。按照 K·鲍尔丁的观点，循环经济是指在人、自然资源和科学技术的大系统内，在资源投入、企业生产、产品消费及废弃的全过程中，把传统的依赖资源消耗的线形增长的经济，转变为依靠生态资源循环来发展的经济。循环经济（circular economy）是物质闭环流动型（closing materials cycle）经济和资源循环（re-courses circulate）经济的简称。从狭义来看，循环经济是针对工业化运动以来高消耗、高排放的线性经济而言的，是一种善待地球的经济发展模式。它要求把经济活动组织成为"自然资源-产品和用品-再生资源"的闭环式流程，所有的原料和能源能在不断进行的经济循环中得到合理利用，从而把经济活动对自然环境的影响控制在尽可能小的程度（诸大建，2000）。从广义来看，循环经济就是在人类的生产活动中控制废弃物的产生，建立起反复利用自然的循环机制，把人类的生产活动纳入自然循环中，维护自然生态平衡，要从强调人力生产率提高转向重视自然资本，强调提高资源生产率，实现"财富翻一番，资源使用少一半"（吴绍忠，1998；冯之浚，2004）。

我国是一个人口密度高、人均资源贫乏的国家，人均土地占有量和水资源占有量只有世界人均占有量的 1/3 和 1/4，人均矿产资源不足世界平均水平的 50%。尽管我国面临严峻的资源供给形式，资源利用效率却普遍不高，能源利用效率约为 33%，比发达国家约低 10 个百分点；金属矿山采选回收率平均比国际水平低 10～20 个百分点，矿山资源综合利用率仅为 20%，尾矿利用仅为 10%；农业灌溉水利用系数平均约为 0.45，而先进国家为 0.7～0.8；工业用水的重复利用率为 30%～40%，而发达国家则达到 75%～80%，全国城市供用水系统的浪费损失率估计在 20%以上（尤完和齐建国，2004）。由于大气粉尘沉积，超标污水灌溉，施用污泥与垃圾肥土，堆放工业废渣及不合理使用农药，农田污染十分严重。同时，水资源浪费、污染严重，河流污染由局部到整体、由城市到乡村、由地表到地下，七大水系中有 1/3 以上河段水质达不到饮用水标准。如果我国仍以传统粗放型高消耗、低产出、高污染的生产方式来维持经济的高速增长，将会使环境状况进一步恶化，也会使有限的资源加速耗竭。环境和资源所承受的压力反过来对社会经济的发展会产生严重的制约作用，使经济增长成为短期行为，难以维持。所以必须转变传统的发展模式，以发展循环经济来保证水土资源和矿产资源对经济发展的持续支撑（李志刚和李斌，2003）。

（二）循环经济对土地资源利用的要求

土地资源作为可再生资源与不可再生资源的综合体，它的利用与保护要树立循环经济新的资源观，实现土地资源的"减量化（reduce）、再循环（recycle）、再利用（reuse）"。循环经济是用友好的方式利用土地资源，有利于全社会形成节约资源、保护环境的生产生活方式。

1. 遵循减量化原则对土地资源进行节约集约利用

土地资源减量化首先要在从源头上控制可利用土地资源投入总量，严格征地办法和用地项目审批的管理，减少土地开发供应量，划定城市增长边界，实现建设用地总量管理；其次，要提高土地的边际替代率，变粗放经营为集约经营，实现土地的节约集约利用；最后，通过开展农村土地综合整治，加快农村建设用地退出、复垦速度，促进农业现代化、机械化水平提高。

2. 遵循再利用原则对土地资源进行生态利用

将循环经济的原级循环思想应用于土地利用生产过程。工业生产推广高新技术、清洁生产工艺，减少污染物的排放量；农业生产则注重用地与养地相协调，推广生态农业，避免超过土地资源承载力，提高土地对废弃物的自我净化和再循环能力，以便多次反复使用（杨渝红和曲福田，2009）。

3. 遵循再循环原则对土地资源进行循环利用

要将已被破坏或未利用的土地资源采取土地整理、复垦、开发、生态恢复等综合整治措施转化成可以利用的土地类型，尽可能恢复其土地生产能力，进入新的循环利用过程；应注重工业废弃地、水土流失地、风沙地等的治理，再造和恢复其生态功能。

此外，土地紧凑混合利用也是发展循环经济的重要途径与有效方式。不同土地利用类型通过紧凑发展、混合布局、地尽其用，可以缩减土地利用总量，有利于土地生态系统的结构功能和运行机制保持在良性循环的限度内，建立和谐的土地生态环境（石瑞年和李晓东，2008）。

（三）循环经济对城市工业用地利用的要求

工业循环经济是在工业生产过程中通过对工业废弃物的回收再利用，以达到节能减排，提高工业生产效率的工业发展方式。实现工业循环经济，对于工业用地而言，重要的是有效整合各类工业用地，推进生态工业园区和产业集群基地的建设。通过有目的的规划，进行多个企业或产业间的连接和组合，建立起相互关联、互相促进、共同发展的生态工业体系，有利于充分发挥规模效益和集群效益，增强各企业、产业间的耦合程度，为企业间交换物质、能量、信息等资源和共享基础设施、人才资源等搭建便捷的平台，能够加快经济发展速度，提高经济发展质量，实现环境与经济的协调发展。

第二节　工业用地利用效率提升能力建设的内涵

一、工业用地利用效率提升能力

（一）能力

"能力"是一个具有多维度、综合性的抽象概念，针对不同的领域，它的内涵和外延会有较大的差异。《现代汉语词典》中将"能力"解释为"客观事物完成某个任务或达到某个目标的主客观条件,在客观上表征了客观事物完成某个任务或达到某个目标的可能性。"《辞海》中"能力"的释义为"包括了完成一定活动的具体方式,以及顺利完成一定活动所必需的心理特征,总的来说就是能够完成一定活动所具备的本领",并进一步解释"这种能力是经过一定的教育和培养,建立在人的生理素质的基础上,并在具体的实践活动中广泛吸取大众的才智和实践经验而形成和发展起来的。"可见,能力的主体是包括人在内的客观事物,对于人来说,能力用于形容人的某些特质,其内容主要包括智力、体力、德力及潜能,可以被具体化表达为创新能力、动手能力等,这些特质是人完成生产和生活实践的工具;对于人以外的客观事物来说,能力用来形容某种事物或者现象能够朝着人们所期望的标准进行改变的程度或者空间,是对改变程度的一种度量。尽管能力的主体可以简单划分为人及人以外的客观事物,但在一定程度上,任何客观事物能力的变化都不能脱离人的行为,因此,从本质上看,客观事物的能力也是以人的能力为出发点。

(二)城市工业用地利用效率提升能力

在对城市工业用地利用效率提升能力进行探讨之前,需要先理解土地利用能力的内涵。马克思曾指出土地即"一切生产和一切存在的源泉",是人类"不能出让的生存条件和再生产条件"。威廉·配第(W. Petty)也曾说过"劳动是财富之父,土地是财富之母"。那么,对于土地而言,其利用能力就包括了所具有的承载功能、生产功能、资源功能及生态景观功能等朝着人们所期望的标准进行改变的程度。雷利·巴洛维将土地利用能力定义为一个既定单位的土地资源在扣除利用成本之后能产生剩余收益或满足的相对能力。它可以衡量在特定时间内和特定生产技术条件下,单位土地面积用于特定用途的生产潜力,所获得的净收益或满足感的数量。

城市工业用地作为一种重要的土地利用类型,其利用能力主要体现为承载功能所能改变的程度或空间。城市工业用地利用效率是在一定的经济产出约束条件下,工业用地开发利用的充分程度。效率体现资源利用总体福利的一种状态水平,效率改善是能力提升的体现,因此,能力是影响资源效率的关键因素。城市工业用地利用效率提升能力是指城市工业用地在利用过程中,通过优化资源配置和合理利用资源,改变原有资源利用水平,提高资源利用充分程度,使工业用地利用状态不断接近某一阶段最优水平的能力。它是集组织、管理、科技、人力和资源等各方面能力持续、协调提升的综合表征。

二、工业用地利用效率提升能力的特征

根据城市工业用地利用过程的特征及对利用效率提升能力内涵的界定，可以认为工业用地利用效率提升能力具有以下特征。

1. 过程性

工业用地利用效率提升是由低利用效率水平向高利用效率水平转变的过程，涉及工业用地资源的优化配置、工业生产技术革新、工业生产设备改造及产业结构转型升级等众多过程，根据动态能力理论，动态能力的本质是嵌入在某种过程之中，过程性是其最本质的特征。工业用地利用效率提升能力作为一种典型动态能力，具有显著的过程性特征。

2. 系统性

从工业用地利用效率提升过程来看，提升能力的外在表现应该是贯穿工业用地利用过程中各种能力的综合，是由多种能力要素组成的综合体。构成这种综合能力的各个部分既相对独立又互为补充，各部分之间是有机结合的一个系统，不是各构成要素的简单拼凑与叠加，缺少任何一部分或者是某些部分整合不佳都会削弱效率提升能力。因此，工业用地利用效率提升能力是多种能力要素的有机结合，具有很强的系统性。

3. 多主体性

从工业用地利用效率提升的主体来看，参与工业用地利用和管理的各种主体都会对效率提升产生影响，既包括具有行政管辖权的地方政府及国土、规划、发改等行业部门，又包括取得土地使用权的各种工业企业与园区开发企业。政府与各行业部门可以通过制度政策促进工业用地利用效率提升，工业企业可以通过提高土地利用强度、改进生产工艺与技术等手段促进工业用地利用效率提升。工业用地利用效率提升能力是政府能力与企业能力共同作用的反映，具有特殊的多主体性。

三、工业用地利用效率提升能力建设

一般来看，能力建设是建立国家、地方、机构和个人在制定正确决策和以有效的方式实施这些正确决策方面的能力，它包括人们不断改善能力效率的整个过程，是一个国家或地方、机构、个人在开发、利用能力的过程中所有努力之总和

（周海林和黄晶，1999）。能力建设包括一个国家在人力、科学、技术、组织、机构和资源方面的能力的培养和增强。从人的角度来看，能力建设的实质是对能力人的培育和对人的能力充分正确发挥所赖以进行的条件体系的创造。前者是指把人口资源、人力资源和人才资源转化和提升为一种现实能力的过程，后者是服务于能力建设过程和目标的条件体系的建设（韩庆祥和雷鸣，2005）。

由此，可以将城市工业用地利用效率提升能力建设概况为，以提升工业用地利用效率为根本目标，围绕工业用地配置、管理和使用，实现建立国家、地方和企业在制定科学工业用地利用决策和以有效的方式实施这些科学决策方面能力的过程。在我国，土地政策作为国家进行宏观调控的重要手段，包括城市工业用地在内的各种土地资源由国家和地方政府统一配置和管理，国家和地方政府在工业用地利用效率提升能力建设中的作用更加有效和明显。因此，在工业用地利用效率提升能力建设的主体中，我们更关注国家和地方政府的行为过程，那么，工业用地利用效率提升能力建设亦可简单概括为，国家和地方政府通过各种行之有效的方式和手段，改变工业用地利用效率提升能力的一系列能动活动过程。

第三节　工业用地利用效率提升能力建设的影响因素

一、工业用地利用效率提升能力建设对象

政府视角下的工业用地利用效率提升能力建设，是以政府为主体展开的对工业用地资源利用管理能力的建设。政府能力是指政府在既定的政治体制下，通过制定和执行公共政策，最大可能的动员、配置和利用资源，为社会提供公共服务，促进国家快速、均衡、持续、健康发展的能力（Honaldle，1981）。能力建设需要以工业用地利用效率变化为基础，工业用地利用效率改善在一定程度上表现了能力建设的速度与水平。

根据工业用地利用过程中涉及政府主导与参与的阶段，可以将工业用地利用效率提升能力划分为战略调控能力、制度创新能力、组织管理能力和市场运行能力。其中，战略调控能力是指政府通过制订区域发展战略和经济发展计划，规划布局工业用地利用的能力；制度创新能力是指政府为适应某一时期经济社会发展需要，针对工业用地管理与利用，改变、优化与更新工业用地管理规则的能力；组织管理能力是指政府在工业用地管理过程中，通过资源组合、协调、激励、控制等手段，具体实施工业用地管理措施的能力；市场运行能力是指政府规范工业用地市场，及时调整工业用地供应量，促进工业用地市场化水平提高的能力。

　　由于不同层级的地方政府有着不同的能力权限，因此，对于工业用地利用效率提升能力而言，不同层级政府之间同样具有差异性。层级较低的政府（区、县）其能力区域结构相对单一，能力建设更加具体而有针对性；层级较高的政府（国家、省、市）能力区域结构相对复杂，相对履行更多的职能，能力建设更加宏观，更具指导性。此外，从不同地域的角度来讲，因为不同地域的地方政府会面对不同的管理内容，对他们的能力要求也不尽相同（马丽，2015），即工业用地资源紧缺地区与工业用地资源相对宽裕地区的能力建设重心是不同的。因此，可以认为工业用地利用效率提升能力是一个兼具能力类型、政府层级与区域类型的三维结构（图 8-1），三个维度表明在工业用地利用效率提升能力建设中应综合考虑、差异对待、针对提升。

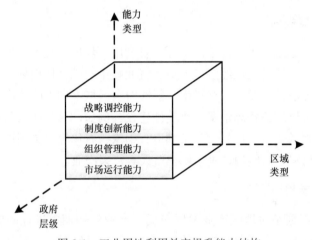

图 8-1　工业用地利用效率提升能力结构

二、工业用地利用效率提升能力建设影响因素

　　基于上述工业用地利用效率提升能力结构模型，从能力建设的差异性出发，进一步探讨不同能力的影响因素。

（一）战略调控能力

　　政府工业用地利用效率战略调控能力的影响因素主要表现为政府在国民经济和社会发展规划、区域发展规划、产业发展规划等战略规划中对工业产业重点发展方向的设计，及其在工业产业培育、工业劳动力供给等方面的政策投入，还表现为土地利用规划、土地利用计划等对工业用地布局与规模的配置措施。这些影响因素在政府层级与区域类型上均表现出不同的针对性。

1. 国民经济和社会发展规划

国民经济和社会发展计划是国家和地方政府对一定时期内国民经济的主要活动、科学技术、教育事业和社会发展所作的规划和安排，是指导经济和社会发展的纲领性文件。不同层级不同地区的战略决策决定了规划期内工业产业的重点发展方向，不同层级政府对于工业发展方向规划的合理性及其目标完成程度是其战略调控能力的重要表现。国家十二五规划纲要指出工业要发展结构优化、技术先进、清洁安全、附加值高、吸纳就业能力强的现代产业体系；江苏省十二五规划纲要中提出要打造先进制造业基地，大力发展战略性新兴产业，全面提升装备制造、电子信息、石油化工等主导产业发展水平，改造纺织、冶金、轻工、建材等四大传统优势产业。

2. 区域发展规划

区域发展规划是关于一定地区资源开发利用，环境治理保护与控制，生产建设布局，城乡发展以及区域经济、人口、就业政策的综合性规划。区域发展规划是跨行政区的经济社会发展战略指南，能够对全区域不同地区的产业发展重心作出统一部署，可以避免资源浪费与重复性建设。例如，《长江三角洲地区区域规划》指出要做强做优电子信息、装备制造、钢铁、石化等先进制造业，加快发展生物医药、新材料、新能源、民用航空航天等新兴产业。

3. 产业发展规划

产业发展规划是对地区产业发展布局、产业结构调整进行的整体布置和规划，既可以是针对三大产业结构进的规划，也可以是针对某一具体产业或某一类产业的规划。产业发展规划是调控工业产业发展更具直接性的战略措施，能够显著促进地区主导产业的发展和集聚。

4. 产业培育政策

产业培育政策是政府为了实现一定的经济和社会目标，促进某一产业的形成和发展或促进某一区域产业的集聚，所进行的各种政策干预的总和。其功能主要在于弥补市场缺陷，更加有效地配置资源，调控产业发展。产业培育政策一般包括投资产业政策、土地使用政策、收费减免政策、水电优惠政策、财税扶持政策等。

5. 土地利用规划与计划

土地利用规划是对一定区域未来土地利用超前性的计划和安排，是对土地资源进行部门间配置与时空组织的重要措施，土地利用计划是实施土地利用规划的短期或年度计划。科学的土地利用规划与计划安排，能够促进土地资源集约高效利用，是兼具土地布局与产业布局双重功能的重要战略措施。

（二）制度创新能力

政府工业用地利用效率制度创新能力的影响因素主要体现为政府在工业用地管理制度方面创新的力度、广度与实施效果等方面。所进行的制度创新带来的效益要高于原来的制度，并且这些制度是能够有效履行的制度。

1. 制度创新力度

制度创新力度是指政府在改革工业用地管理中对某些管理改革措施的创新强度，表现为制度措施的改变程度、精细化程度、奖罚完善程度等。如上海市在推进工业用地弹性年期出让制度改革中，制定了《上海工业及生产性服务业指导目录和布局指南（2014 年版）》、《关于加强本市工业用地出让管理的若干规定（试行）》和《工业用地弹性出让年期和容积率认定导则》等一系列制度文件。

2. 制度创新广度

制度创新广度指政府在改革工业用地管理中涉及管理内容的广泛程度，是否从多个方面对工业用地管理创新制度设计。例如，成都市在《成都市工业用地管理办法》中从规划管理、计划管理、供地管理、监管管理等多个方面加强工业用地管理。

3. 制度实施效果

制度实施效果指政府工业用地管理制度创新措施实施后，实现制度本身意图的程度。例如，江苏省自 2003 年启动工业园区标准厂房建设工作以来，通过对工业用地价格、产权、规划、环保及企业扶持等方面进行政策设计，年均保持约 2000 万平方米的新增建设规模，取得了较好的政策效果。

（三）组织管理能力

政府工业用地组织管理能力的影响因素主要体现在工业用地管理衔接配合程度、用地管理信息化程度、用地监管系统化程度等方面。

1. 工业用地管理衔接配合程度

用地管理衔接配合程度反映了针对某一具体工业用地管理事项在国土管理部

门与其他职能部门之间，或在国土管理部门内部各处室之间的处理效率。例如，在存量工业用地处置过程中，需要发改、招商、规划、国土等多个职能部门参与，部门之间衔接配合程度的高低会直接影响地块的开发建设速度。

2. 工业用地管理信息化程度

用地管理信息化程度反映了国土管理部门工业用地管理过程中的信息化水平，表现为用地管理系统建设的完备程度和有效利用程度，是否能够处理各类相关信息的采集、加工和处理。要通过政务平台实现网上受理、网上审批等行政程序，通过综合监管平台实现"批、供、用、补、查"用地管理信息实时叠加到"一张图"上。

3. 工业用地监管系统化程度

用地监管系统化程度主要反映了国土管理部门在工业用地利用过程中的介入程度，是否能够从工业用地批前、批中、批后全程介入，重点是通过一系列监管措施促进工业用地及时高效利用。如在工业用地批前、批中是否健全规划许可、用地条件、用地审查、价格机制等手段；在工业用地批后是否能督促用地企业及时建设、及时投产，是否通过跟踪管理及时关注工业用地利用效益等。

（四）市场运行能力

政府工业用地市场运行能力的影响因素主要体现在工业用地市场化程度、工业用地价格合理化程度、工业用地税收贡献程度等方面。

1. 工业用地市场化程度

工业用地市场化程度主要反映了一个地区在配置工业用地过程中，市场化出让土地的比例。自 2006 年 8 月国务院出台《关于加强土地调控有关问题的通知》（国发[2006]31 号）以来，工业用地"招拍挂"出让制度得到广泛推行，工业用地出让市场的竞争程度逐渐增加，但各地主要采用市场化程度最低的挂牌出让方式，并且单一竞买底价成交占工业用地市场主导。

2. 工业用地价格合理化程度

工业用地价格合理化程度主要反映了一个地区工业用地出让价格与其取得成本及前期开发成本之间的比价关系，同时也反映了与当地商业、居住用地价格之间的比价关系。我国工业用地价格增长缓慢，与经营性用地价格差距不断增大，建立有效调节工业用地和居住用地合理比价机制，提高工业用地价格，是抑制工业用地低成本扩张，缓解土地经营矛盾的重要措施。

3. 工业用地税收贡献程度

工业用地税收贡献程度指工业用地利用过程中产生的税收在地区财税结构中的比例，工业用地税收是工业用地利用社会效益的反映，也是对工业用地管理利用结果的反馈。

第四节　工业用地利用效率提升能力建设的路径

一、工业用地利用效率提升能力建设原理

工业用地利用效率提升能力建设的过程就是在工业用地利用中协调"工业发展-土地扩张-政府管理"三者之间关系的过程。政府视角下的能力建设，其目的是通过加强政府管理，提高工业用地利用效率，促进土地资源节约集约利用，从而保障科学发展、保护耕地红线。

在缺乏能力的情况下，由于工业用地的生产低效，土地资源浪费和粗放利用就不可避免，其结果必然导致政府在工业用地管理中的滞后和缺位。政府管理滞后与缺位又进一步加剧工业用地的低效利用。每个环节的互为强化，阻碍了工业用地可持续利用（图 8-2）。

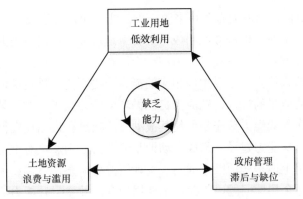

图 8-2　工业用地低效利用与政府管理

资料来源：潘家华，2007

相反，工业用地利用效率提升能力的提高，不仅可以减缓阻力，还可以成为促进工业用地可持续利用的动力。土地利用技术与管理能力的提高可以科学

地组织工业用地利用，促进工业用地产出增加，提高工业用地利用效率。工业用地利用效率的正向变化，客观上实现了土地资源节约集约利用，对保护耕地和保障发展产生积极影响。这一系列正向事件的出现，又进一步激励政府改进管理技术与手段，提高管理能力。如此，每个环节的互为强化，形成一种良性循环，就促进了经济发展和土地资源可持续利用，而能力建设正是这一过程的保证（图 8-3）。

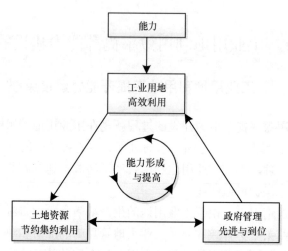

图 8-3　工业用地高效利用与政府管理

资料来源：潘家华，2007

　　如图 8-3 中描述的能力有两种来源：外部注入和自身形成（潘家华，2007）。在许多情况下，工业用地低效利用成为一种普遍现象，在没有资源约束和政策激励的情况下，地方政府没有提升能力的动力，在一个较低层级的行政区域（地级市、县）的管理系统内，难以生成相应的能力，更不能促进良性循环的形成。此时，系统外部的能量的注入，就成为良性循环的启动因子。对于某一层级行政区域来说，外部注入的能力首先是促使其被动适应的过程，当良性循环形成后，地方政府又通过自身能力建设，形成主动调整的能力。当然，对于土地问题来说，珍惜和合理利用土地是一项国家战略，土地资源稀缺条件下建设用地粗放利用导致的发展瓶颈是全局性问题，因此，工业用地利用效率提升能力的建设是一个被动适应与主动调整持续作用的过程。例如，自 2008 年开始的开发区节约集约利用评价工作是制度创新能力的体现，评价工作由国土资源部协同各省（市、区）国土资源厅组织开展，对拥有国家级和省级开发区的地方政府来说，这一外部能力的注入，对提高工业用地利用水平和节约集约利用土地资源都起到了较大推进作用，也促进地方政府加强工业用地管理。

二、工业用地利用效率提升能力建设路径

基于上述对工业用地利用与政府管理的分析，城市工业用地利用效率提升能力建设路径可以从"供给-需求"双向调节和"开源-节流"互动调节两个层面展开。

（一）供给-需求双向调节路径

"供给-需求"双向调节路径即在进行工业用地利用管理时统筹使用"以供定需"和"以需定供"两种途径，科学规划工业用地布局与使用策略，合理确定地区工业产业发展方向和用地需求，从战略调控、制度创新、组织管理和市场运行四个层面，协调开展工业用地利用效率提升能力建设。

1. "以供定需"途径

"以供定需"途径就是要依据区域资源稀缺状况，确定工业用地供给空间，根据工业用地资源特点，引导区域产业发展方向，提高工业用地利用效率。这一途径的目的是加强地方政府对工业用地供给潜力调控的能力。将利用计划与利用目标相结合，明确不同时期、不同区域工业用地供给数量和供给手段，从源头强化工业用地管理，避免企业产能落后、低水平集聚、短周期使用等原因导致的工业用地利用低效。

2. "以需定供"途径

"以需定供"途径就是要根据工业产业发展需求，确定工业用地供给方向和用地政策方向，实现工业用地利用效率提升能力建设。这一途径的目的是加强国家、区域、地方对工业产业发展方向和布局调控的能力。针对不同时期、不同区域要合理确定其工业产业发展重心，明确产业发展需求，通过进行区域统一规划，优化工业产业发展布局，降低产业重复建设，避免区域间低水平竞争导致的工业用地利用低效。

（二）开源-节流互动调节路径

"开源-节流"互动调节路径即在进行工业用地利用管理时将工业用地"开拓来源"和"节制流量"两个途径相结合，从多方面拓展工业用地供给来源，并通过一系列管理措施减少工业用地使用量，达到"增中有减，减中有增"的目的，实现"开源"与"节流"的互动调节，在战略调控、制度创新、组织管理和

市场运行四个层面，协调开展工业用地利用效率提升能力建设。

1. "开拓来源"途径

"开拓来源"途径就是要根据区域人地矛盾状况和建设用地利用强度，采取规划调控、制度创新等多种手段，大力挖掘城镇和农村建设用地内部的潜力空间，扩大工业用地可利用面积，实现工业用地利用效率提升能力建设。这一途径的目的是按照社会经济建设需求，在严格控制新增建设用地（新增工业用地）占用农用地规模的前提下，通过存量挖潜、盘活改制、增资扩股、二次开发等多种土地管理措施建设，加强政府对工业用地利用总量的管控能力。

2. "节制流量"途径

"节制流量"途径就是要根据工业产业发展方向和企业建设用地利用要求，利用价格杠杆、建设用地利用指南、产业规划等调控措施及时调控工业用地供需结构，筛选增长潜力大、技术含量高的企业，有目的地控制工业用地使用对象，降低低效、闲置工业用地出现的可能性。这一途径的目的是在信息化建设、跟踪监管等方面实现工业用地利用的组织管理能力建设，在土地价格、出让方式等方面实现工业用地利用的市场运行能力建设。

第九章 城市工业用地利用效率提升对策

影响我国工业用地利用效率差异和效率提升的因素是多种多样的，提升工业用地利用效率需要多方面的共同努力，伴随城镇化、工业化的快速发展，资源约束与建设需求的矛盾日益突出，工业发展面临转型升级的迫切需求，建立一系列完善的工业用地利用效率提升方法就变得尤为重要。本章立足于提升工业用地效率的目的，结合前文相关分析，从土地利用管理和区域工业发展两个角度提出对策建议。

第一节 土地利用管理对策

本节首先从土地管理措施着手，以转变土地利用方式为核心，进一步剖析工业用地利用效率提升的土地管理对策。在工业用地从供给到使用的各个阶段，政府管理行为始终贯穿其中，对工业用地经济效率提升起着重要的引导作用；在工业用地使用阶段，企业的积极参与，既是对政府管理行为的辅助，又能直接推动工业用地经济效率提升。在工业用地供给阶段，可以通过进一步深化工业用地出让方式、创新定价方法，完善工业用地供给制度，显化工业用地价值，抑制工业用地扩张速度，提高工业用地循环使用效率；通过提高工业用地准入门槛，增强土地的宏观调控作用，促进产业结构调整与升级。在工业用地使用阶段，通过加强工业用地批后监管，采取多种监督管理手段，约束和干预企业的土地利用行为，确保工业用地得到充分开发利用；通过大力建设工业标准厂房，可以促进土地节约集约利用，拓展中小微企业发展空间，提升工业发展水平和发展速度；通过积极处置盘活存量工业用地，推动存量用地由低效向高效利用的转化，可以增加工业用地有效利用面积，保障经济发展；通过进行工业用地二次开发，可以拓展工业发展空间，促进产业结构调整升级，优化产业布局。工业用地利用效率提升的土地管理对策，如图9-1所示。

在图9-2中，梳理了各项土地管理对策之间的网络关系，可以看出，深化出让方式、创新定价方法等各项土地管理途径之间相互衔接、相互支持，形成了复杂的支撑网络，共同促进工业用地利用效率的提升，尤其反映出探索二次开发、积极处置存量、建设标准厂房等措施是当前提高工业用地经济效率最重要最核心的途径。

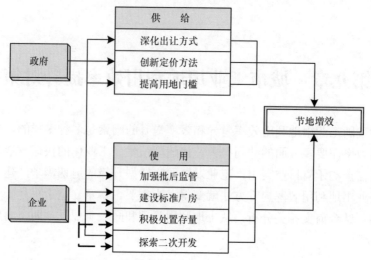

图 9-1　工业用地利用效率提升的土地管理对策

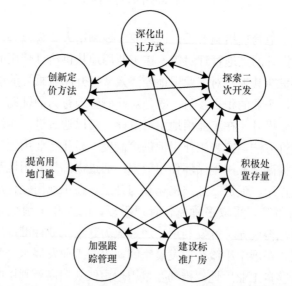

图 9-2　工业用地经济效率提升土地管理途径的网络关系

将上述各项途径融合，形成完备的制度管理体系，建立"政府主导，企业协作，全程提高"的工业用地管理路径是系统提升工业用地利用效率的有效方法。

一、完善工业用地供给制度，加快工业用地循环利用速度

应进一步深化工业用地出让方式、创新定价方法，完善工业用地供给制度，

显化工业用地价值，抑制工业用地扩张速度，以提高工业用地循环使用效率。

第一，综合评估不同产业的成长发展周期和投入产出效益的阶段变化情况，研究制定适合不同区域和不同产业发展特点的工业用地出让年限标准，依据出让年限标准，并结合企业投资规模，实现工业用地按不同年期差别供给，降低企业用地成本，促进产业转型更新，加快工业用地循环使用速度。郁均（2012）通过调研上海市部分工业行业生命周期，建议工业用地弹性出让指导年期可按不同行业经济发展水平和生产经营效能等条件设置为 20~30 年。北京市经济技术开发区近期出台文件规定，开发区内工业用地使用权出让年限缩短，把工业用地的使用年限从 50 年下调为 20 年。2013 年 2 月，上海临港地区出台政策实行工业用地弹性出让，可以分别设定 10 年、20 年、30 年、40 年、50 年的出让年限（胥会云，2013）。

第二，采取工业用地租赁、先租赁再出让、两阶段出让等多种形式的工业用地使用方式。陈建明（2013）建议朝阳产业、国家重点扶持的工业产业，租赁期可以设定为 20 年；属技术成熟型的工业产业，租赁期可设定为 15 年；技术含量低、易受市场影响的工业产业，租赁期可设定为 5~10 年。北京市经济技术开发区规定工业用地租赁年限一般为 10 年，到期后用地单位如果达到入区时承诺的经济指标，可以申请续租。

第三，适时调整工业用地出让最低价标准，鼓励各地分区域分行业设置最低出让标准。通过动态调整、适时更新最低价标准，以行政手段保护工业用地资源、显化工业用地资产价值。现行工业用地最低价标准对相应等别的区域设置较大，对县域工业产业布局的调控能力有限，因此，鼓励各地分区域分行业进一步细化最低出让标准，提高最低价标准对县域内部工业产业调控的能力和应用性。黎鹏飞（2013）结合浙江省各区县当前经济发展水平、区位条件及区域规划定位及工业用地土地征用开发成本和市场供求关系等指标，确定了全省工业用地出让最低价标准修订方案，结果显示浙江省各等别工业用地最低出让价格需上浮 20.8%~27.8%。

第四，科学确定地价的支付额度与支付方式。赵松等（2012）通过测算分析认为，在确定工业用地短期出让价格时，必须考虑土地收益随年期的变化，采用"收益递增模型"代替"收益固定模型"，更符合客观规律，也有利于通过地价杠杆鼓励短期出让。对于弹性出让或分段出让中的地价支付模式，单纯的等额支付方式会造成国有土地资产收益的损失，这种损失随着土地还原利率的增加大幅提升，为避免这种损失，应当采取等额地租为初始收益，以纯收益等比递增模式收取地价。

二、提高工业用地准入门槛，建立全面的工业企业选择标准

工业用地准入门槛，即工业用地控制指标，是指各地区针对工业企业落户建设制定的准入条件，并作为地方发改、规划、国土等管理部门进行工业项目立项、土地供应审批等的依据。工业用地准入门槛设定应遵循针对性原则、系统性与先进性原则、动态性与稳定性原则等。合理设定和提高工业用地准入门槛，能够增强土地的宏观调控作用，促进产业结构调整和产业升级，提高工业用地利用效率。目前，从各地区工业用地准入门槛制定的实际情况来看，主要可以分为面上控制型和细分控制型两类。面上控制型准入门槛指针对区域整体制定的工业用地使用条件，一般仅从区域层面对产业选择、土地投入强度、土地利用强度和土地产出效益进行限定。细分控制型准入门槛指在对区域整体制定工业用地使用条件基础上，进一步对区域和工业产业类型进行细分来限定土地投入强度、土地利用强度、土地利用结构和土地产出效益。面上控制型准入门槛一般以市县制定为主，覆盖范围较小；细分控制型准入门槛往往以省级制定为主，覆盖范围大，产业类型涉及多（表 9-1，表 9-2）。

表 9-1　面上控制型工业用地准入门槛举例

城市（等级）	制定年份	土地投入强度控制	土地产出效益控制
无锡（地级市）	2012	省级以上开发区投资强度 400 万元/亩、工业集中区投资强度 300 万元/亩；一次性投资低于 5000 万元的新建工业项目，原则上不单独供地	省级以上开发区地均年产出 500 万元/亩，工业集中区地均年产出 400 万元/亩
常州（地级市）	2012	区级园区投资强度 300 万元/亩、镇、街道工业集中区投资强度 250 万元/亩；总投资 3000 万元以下、用地规模 20 亩以下的新增工业项目原则上不单独供地	区级园区地均年产出 500 万元/亩，镇、街道工业集中区地均年产出 400 万元/亩
湖州（地级市）	2012	投资强度 200 万元/亩，其中战略性新兴产业等用地 250 万元/亩；总投资低于 3000 万元的项目不单独供地	地均年产出 300 万元/亩，地均年利税 12 万元/亩
威海（地级市）	2013	投资额低于 5000 万元的新建工业项目原则上不再单独供地	国家级开发区地均年产出 520 万元/亩、省级开发区地均年产出 400 万元/亩、其他工业集中区地均年产出 280 万元/亩；地均年利税分别为 30 万元/亩、20 万元/亩、15 万元/亩
泉州（地级市）	2013	用地规模、投资强度等按高于国家标准 20%确定，投资额小于 2000 万元或者用地面积小于 5 亩的项目不再单独供地	

续表

城市（等级）	制定年份	土地投入强度控制	土地产出效益控制
荆门（地级市）	2012	高新区投资强度 200 万元/亩，省级开发区投资强度 150 万元/亩，其他工业发展集中区投资强度 100 万元/亩，对进入园区的固定资产投资额小于 2000 万元的项目，不再单独供地	高新区地均年利税 30 万元/亩，省级开发区地均年利税 25 万元/亩，其他工业发展集中区地均年利税 20 万元/亩
蚌埠（地级市）	2012	市高新区投资强度 300 万元/亩，市经济开发区和蚌埠工业园区投资强度 250 万元/亩，其余区域投资强度 200 万元/亩，三县开发区投资强度 150 万元/亩	市高新区地均年利税 30 万元/亩，市经济开发区和蚌埠工业园区地均年利税 25 万元/亩，其余区域地均年利税 20 万元/亩，三县开发区地均年利税 10 万元/年
海安（县）	2013	投资强度 280 万元/亩，开发区、高新区低于 5000 万元，其他工业集中区低于 3000 万元的项目一律进标准厂房	地均产出 500 万元/亩，地均利税 25 万元/亩

注：表中土地投入强度、土地利用效益控制指标均为下限值

资料来源：根据各市、县相关政府文件整理得到

表 9-2　细分控制型工业用地准入门槛举例

地区	版本	涉及指标	细分指标	区域细分	大类行业数	中小类细分
全国	2008	投资强度、容积率、建筑系数、行政办公及生活服务设施用地所占比例、绿地率	投资强度、容积率	7 类	30	
江苏	2010	投资强度、容积率、建筑系数、绿地率、行政办公及生活服务设施用地比例	投资强度、容积率、建筑系数、绿地率、行政办公及生活服务设施用地比例	3 类	27	
浙江	2007	投资强度、容积率、建筑系数、绿地率、行政办公及生活服务设施用地比例	投资强度、容积率、行政办公及生活服务设施用地比例	2 类	30	
福建	2013	投资强度、容积率、建筑系数、绿地率、生产服务设施用地比例	投资强度、容积率	7 类	31	
广西	2010	投资强度、容积率、建筑系数、绿地率、行政办公及生活服务设施用地比例	投资强度、容积率、建筑系数	6 类	30	
上海	2012	容积率、投资强度、土地产出率、土地税收产出率、建筑系数、行政办公及生活服务设施用地所占比例、绿地率	容积率、投资强度、土地产出率和土地税收产出率	4 类	34	中类

续表

地区	版本	涉及指标	细分指标	区域细分	大类行业数	中小类细分
广州	2009	投资强度、容积率、建筑系数、绿地率、行政办公及生活服务设施用地比例	容积率、投资强度	3类	25	小类
青岛	2006	容积率、投资强度、土地产出率	容积率、投资强度、土地产出率		37	中类
深圳	2012	投资强度、土地产出率、产值能耗、容积率、地均纳税额、成长率和土地弹性出让年限	投资强度、土地产出率、产值能耗、容积率、地均纳税额、成长率和土地弹性出让年限	2类	33	中类

资料来源：根据全国及各省市相关政府文件、工业用地使用标准整理得到

　　在制定面上控制型工业用地准入门槛时，必须科学合理，因地制宜，满足地方工业发展需要，整体来看，各地区土地投入强度控制门槛可参考 100 万～400 万元/亩进行设定，地均年产出控制门槛可参考280 万～500 万元/亩进行设定，地均年利税控制门槛可参考 10 万～30 万元/亩进行设定。

　　在制定细分控制型准入门槛时，需充分了解区域内部工业用地利用的差异程度和工业产业的发展状况，既达到调控工业用地使用和产业转型升级的目的，又不能影响区域工业的良性发展和产业布局。建议各地在制定细分控制型工业用地准入门槛时，根据当前经济发展的实际需要进行控制指标选择，提高准入门槛的实用性。还需在国家土地等别标准的基础上结合行政区域内部不同地区当前工业发展情况的差异进行区域细分，按国家行业标准进行细分的同时结合地区当前主导产业和战略性新兴产业的发展情况进行行业细分，推动产业转型升级，提升工业用地利用效率。

三、强化工业用地批后监管，切实降低闲置低效工业用地规模

　　按照目前各地批后监管工作具体实施情况来看，工业用地批后监管主要是指在工业用地从批准供地到项目竣工验收期间，市县级人民政府及相关职能部门依据国有建设用地批准文件、划拨决定书、有偿使用合同等，对土地使用权人合同履行情况和土地开发利用情况进行的监督管理。工业用地批后监管的基本内容包括：①督促用地单位按时签订出让合同，缴纳土地出让金、租金和划拨土地补偿款等相关税费；②督促用地单位按"招拍挂"文书、出让合同等约定的时间开工和竣工，按出让合同批准的用途和约定的土地使用条件进行开发利用；③纠正用

地单位擅自移位、少批多用、批多用少、批而不用等违法违规行为；④制止擅自转让、出租土地使用权、擅自改变土地用途和使用条件等违法违规行为；⑤制止其他违反"招拍挂"文书、出让合同和划拨决定书等用地批准文件规定的行为。

伴随土地管理工作的深化和拓展，工业用地批后监管的内涵和内容也在不断延伸，对工业企业竣工后生产经营情况的评估监管将逐渐成为工业用地批后监管工作的一项重要内容。例如，深圳市已在工业用地出让后，与用地单位签订《用地发展协议》，对工业企业成长情况进行监管，对土地产出率达不到约定要求的，每年按土地面积乘以其土地产出率不足部分缴纳违约金，直到土地产出率达到约定数额为止。上海市实施跟踪评估制度，针对开发区发展状况、产业发展水平，在项目落地后进行评估。

在当前建设用地指标不断收紧、土地升值空间不断增大、保有成本较低的情况下，强化工业用地批后监管，是抑制土地违法违规行为、缓解土地供需矛盾、推进节约集约用地、提高工业用地利用效率的重要途径。

第一，建立联动巡查工作机制。工业用地批后监管涉及内容多、程序复杂，需要建立多个国土职能部门联动的工作机制，做到土地利用、地籍管理、执法监察等多个业务科室与基层国土资源所协调配合、共同完成。

第二，建立工业项目竣工验收制度。竣工验收制度是地方政府为了保证用地企业严格履行土地出让合同约定，防止土地低效闲置，而采取的以土地使用证作为质押的制度。可在工业用地供后，先给用地单位发放临时土地使用证，工业建设项目竣工后，经相关部门人员依据出让合同等批准文件进行现场检查，竣工验收合格的予以换发正式土地使用证。

第三，建立履约保证金制度。履约保证金制度是地方政府为督促工业用地按时开竣工而采取的一种资金质押制度，应在工业用地出让公告发布以及签订出让合同时，明确项目开竣工保证金的缴纳比例、质押方式等相关内容。借鉴有关地方的实际经验，可以将合同金额 3%作为按时开工的履约保证金，2%作为按时竣工的履约保证金(杨军明，2013)。经相关部门核查，建设项目符合合同约定开、竣工时间的，国土管理部门根据合同约定的返还方式予以及时返还。

第四，建立公众参与监督管理机制。通过对工业用地进行批后公示，建立公众参与监督管理机制。在建设用地批准文件、划拨决定书或有偿使用合同签订后，及时组织用地单位在宗地现场的显著位置公开建设项目用地信息，将国有建设用地宗地属性信息、开发利用信息、监管举报方式等内容进行公开公示，充分接受社会公众和媒体的监督。

四、积极处置存量工业用地，提高工业用地开发利用程度

存量土地，广义上泛指城乡建设已占有或使用的土地，即土地利用现状分类中建设用地的统称；狭义上指现有城乡建设用地范围内未利用或利用不充分的土地，即具有开发利用潜力的现有城乡建设用地（周金龙和董智渊，2008）。在国土资源部发布的《关于开展全国城镇存量建设用地情况专项调查工作的紧急通知》（国土资电发[2004]78 号）中，明确了"城镇存量建设用地"的概念，并将其分为闲置土地、空闲土地和批而未供土地三类。随着建设用地供需矛盾不断突出，各地结合经济发展的现实需求，在存量建设用地处置实际工作中扩展和深化了存量建设用地的内涵，当前存量建设用地多指国有建设用地范围内的批而未供土地、闲置土地和低效利用土地，其中，低效利用土地主要指土地利用效率不高或生产经营状况不佳的建设用地。

存量工业用地作为存量建设用地最主要的组成部分，即可以理解为批而未供土地、闲置土地和低效利用土地中的工业用地。从各地存量建设用地处置工作的实际情况来看，当前主要是针对工业用地展开。存量工业用地处置是我国下一阶段土地管理工作的重点，尤其对于东部地区来说，存量挖潜已成为保障城市发展用地需求、提高土地集约利用水平的主要方式。在城市用地结构和产业结构调整优化中，存量工业用地在保障城市工业发展的同时，也将向商业用地和居住用地转化，支持现代服务业的发展和城市生活居住条件的改善。

第一，编制存量土地的供应计划。在分析存量土地供给潜力并科学预测未来土地需求量基础上，结合国民经济社会发展计划、城市总体规划、土地利用总体规划的要求，编制中长期存量土地供应计划。依据地区经济发展情况及各行业、各部门的用地需求，科学、合理地对存量土地供应作出定量、定位、定向、定序的具体安排，编制存量土地年度供应计划（赵建超，2013）。

第二，实行用地计划配比制度。将农用地转用计划和新增建设用地指标等和存量建设用地盘活、挖潜指标挂钩，按照一定的科学量化配比一并下达给园区、乡镇，充分调动其盘活存量土地、节约集约用地的积极性。

第三，采取灵活多样的处置方式。针对批而未供和低效利用建设用地，要以调整盘活、督促开工加快投入为目的，通过法律、行政、市场、经济等方式完成处置。对于闲置土地，要根据出让合同约定或用地协议约定的条件，采取责令限期建设、退出土地或实施土地置换、建设标准厂房、收购及收回等措施，充分盘活和利用。

第四，鼓励企业挖潜改造、重建开发。地方政府应鼓励企业在不改变土地用

途、符合规划要求及消防规范的前提下，通过采取拆除重建、改扩建、加层改造、利用地下空间等多种途径提高容积率和建筑密度，扩大生产性用房建筑面积，提高土地利用效率，并视建设的具体情况采取税费减免等优惠政策。

第五，鼓励企业进行土地、房产流转。逐渐放宽存量工业用地转让条件，鼓励和引导企业在二级市场盘活土地，或由园区行使优先购买权回购土地；创新闲置厂房盘活方式，鼓励企业采取兼并、合并、收购、转让以及出租等方式盘活利用闲置厂房；创新闲置土地盘活方式，鼓励企业在不改变土地用途的前提下，通过采取联营、嫁接等方式利用现有闲置土地进行合资合作经营。

五、探索工业用地二次开发，增加工业用地产出能力

土地二次开发也可以称为建设用地二次开发，是相对于建设用地初次供应后的首次开发来说的，是土地利用效能进一步提升的过程，同时也是对土地资源的新一轮优化配置与集约利用（廉军伟，2008），目前其主要对象是国有建设用地。工业用地二次开发，是指随着城市经济社会发展、产业结构调整和产业布局优化，对各类存量工业用地和未充分利用的工业用地，通过各种有效途径进行重新开发利用，以提高工业用地利用的经济效益、社会效益和空间效益的行为（苏艳，2013）。工业用地二次开发的主要对象之一即为存量工业用地中的低效利用土地，进行二次开发建设是处置低效利用土地的重要途径。工业用地二次开发的另一对象即为产业层次较低、不符合区域产业发展要求的建设用地。例如，不符合安全生产和环保要求等的工业用地，不符合产业发展政策导向要求、属于国家产业目录中规定的禁止类和淘汰类产业的工业用地等。

第一，制定工业用地二次开发适合区域的识别标准。完善有关淘汰劣势产业和低效企业认定的规范和标准，形成长效监管、动态识别机制。加强工业企业基础经济数据的定期收集与分析整理工作，建立科学合理的统计跟踪方法和定期评估报告制度，以及时识别出劣势产业和低效企业；科学编制劣势产业和低效企业认定标准，制定规范的认定后处理程序和退出办法，客观评定二次开发方向，为引进优质项目提供发展空间，提高土地利用效率。

第二，编制工业用地二次开发专项规划。对二次开发适合区域，及时编制专项开发利用规划，明确工业用地二次开发的目标、重点区域及开发顺序，并注意与城市规划、土地利用总体规划和产业发展规划衔接结合。此外，还要及时制定工业用地二次开发年度计划，明确每年存量工业用地开发使用数量、对象和区域，鼓励和推动新进工业项目优先开发使用存量土地。

第三，完善工业用地二次开发利用制度。建立工业用地二级市场合法转让制度，完善企业闲置土地厂房的转让、转租规定，促进闲置工业用地和厂房自由流转。制定土地回购或企业动迁补偿价格指导标准，规范对动迁企业的合理补偿。明确二次开发中土地性质改变、容积率提高涉及的土地价格补差标准，制定动迁补偿后各种土地统一产证的办理及工业用地建筑物分层分割产证办理等制度。

第四，建立土地增值收益共享的土地储备制度。可以建立合资入股、共同开发的土地收购储备机制，通过股份合作的方式，让原工业用地使用权人与地方政府的资产经营公司按一定股份比例进行合作，对土地进行储备和开发，确保原工业用地使用权人长期持续受益。还可以建立以返还一定比例建筑面积或土地出让收益为条件的土地收购储备机制，让原工业用地使用权人分享增值收益，并将相应条款在土地储备及"招拍挂"出让合同中予以明确反映。

第五，利用经济手段促进工业用地二次开发。充分发挥税收的杠杆作用，对低效、限制或淘汰类工业企业，通过进一步提高土地保有税率，增加其土地保有成本，加快这些工业用地的退出和流转；并采取相应优惠政策，鼓励旧企业更新改造、产业升级，提高土地利用效率。同时，降低存量工业用地的流转成本，采取适当减免相关税收、给予地价优惠等措施，鼓励优先利用存量土地进行建设开发。

第二节　区域工业发展对策

一、稳步推进地区经济发展，提高地区工业结构高级化水平

地区经济发展水平和高技术产业发展水平的提高都能对城市工业用地利用效率产生显著的正向影响。地区经济发展水平的不断改善，促使地方政府有充足的财政支出资金，加大工业基础设施投入水平、完善工业园区功能，提高工业用地承载不同产业发展的配套能力。在经济发展水平提高的同时也有利于产业集聚和人才集聚，改善地区产业结构和劳动力结构。并且由于资源稀缺程度的不断提高，能够促进地方政府不断出台有利于节约集约用地的措施和手段，通过科学选择工业产业发展类型，提高土地资源配置水平。地区经济发展水平与工业产业结构是相互影响的，地区经济的快速发展能够促进产业结构的升级，同时产业结构的升级也能促进地区经济发展水平的提高。当地区经济发展水平较落后时，产业结构高级化的途径选择也会相应改变。在落后的经济条件下，工业产业发展只能是优先利用本地自然资源和劳动力资源的优势，通过发展劳动密集型和资源密集

型工业，生产附加值较低的工业产品。在较发达的经济条件下，工业产业发展方向将朝技术型、知识型产业转变，通过发展资本密集型和技术密集型工业，生产具有较高经济附加值的工业产品，从而提高工业结构的高级化水平。因此，地方政府应在区域产业发展中通过制定宏观政策来引导企业行为，制定微观产业政策有选择的招商引资，实现改善地区经济发展水平与工业产业结构、加快高技术产业发展的目的，在促进地区工业发展的同时，不断提高工业用地利用效率。

二、积极引进外商投资企业，提高本土工业企业管理水平

引进外商投资（外国及港澳台投资）工业企业有利于地区工业用地利用效率的提高。外商投资企业具有较高的管理水平和薪资标准，能够充分发挥企业员工的积极性和工作潜能。一方面，外商投资企业能够对地区工业产业的发展起到带动作用，另一方面，其较高的管理技术水平和研发能力也能起到标杆作用，有利于本地企业跟进学习，促进本地企业的快速发展。首先，应提高地区人力资源水平，改善区域人力资本结构。较好的劳动力数量和质量是外商投资企业建立的重要条件，通过增加教育投入，建立多层次的教育培训体系，扩大职业技能的受教育群体，提高社会待业人员的劳动技能；同时，应鼓励东部地区过剩的高素质劳动者向中西部地区回流，为企业发展奠定人力资本基础。其次，各地应制定适度的引进优惠措施。东南沿海外商投资企业发展较成熟的地区应逐渐取消有关优惠政策，促进外商投资企业良性发展；同时中西部地区通过制定适宜的优惠政策，吸引外商投资企业向内陆转移，通过发挥地区间比较优势，缩小经济发展差距，带动地区工业发展。最后，应鼓励本土企业积极参观学习外商投资企业先进的管理和生产经验。通过政府协调等方式，加强本土企业经济管理者与外商投资企业管理人员的互动交流，充分发挥外商投资企业的标杆作用，带动本土工业企业管理水平提高，促进企业快速发展。

三、科学规划国有工业企业发展，提高国有企业节约用地能力

国有工业企业占比扩大不利于工业用地利用效率的提高，反映出当前国有工业企业相比其他类型企业工业用地利用效率更低，土地利用更为粗放。因此，在地区工业发展中，应进一步加强对国有工业企业发展的科学规划，既发挥国有工业企业基础性地位，为地区劳动力提供大量的就业机会，带动地区二三产业发展，又能够避免土地资源过度供应，导致土地闲置浪费。首先，应根据企业生产设计规模，按建设用地指标要求，科学核算用地数量，杜绝"用少批多"现象。

并且综合考虑国有企业落户后的长期发展规划,为企业后续发展预留弹性发展空间,在企业充分利用现有土地基础上,对工业用地后续需求进行适时补充。其次,对发展前景较差或面临淘汰转型的国有工业企业,应通过多种渠道督促其合理处置土地资产,加快低效闲置土地的处置盘活速度。鼓励其对旧工业用地进行重新规划和整合,提高旧工业用地的利用效益,使其能够承载更多高端的产业功能,提高土地开发利用强度,实现产出能力扩大。

四、引导大中型工业企业合理用地,不断拓展小微企业发展空间

大中型工业企业占比的增大同样不利于工业用地利用效率的提高,反映出当前大中型工业企业工业用地利用效率要低于小微企业,可见,小微企业在发展初期,由于受到资金等诸多发展限制,能够比大中型企业更有效地利用土地资源,提高工业用地利用效率。因此,在当前地区工业发展过程中,应积极引导大中型企业科学规划、科学用地,同国有企业一样,既充分利用其规模优势带动地区工业发展,又能促进其充分利用土地资源。同时,由于小微企业能够更充分利用小面积的或零散工业用地,可以通过科学规划用地空间,积极引导小微企业发展。首先,同国有企业一样,在工业用地供应时,应严格按照建设用地指标要求,核算大中型企业用地面积。并且,在工业园区建设规划中,应科学合理地布局不同规模企业,充分开发利用园区用地。其次,通过规划建设标准厂房等方式,优化配置土地资源,拓展小微企业发展空间,促进土地节约集约利用,提高工业用地利用效率。标准厂房可有效避免中小微企业单独建造厂房造成的用地布局散乱和土地资源浪费,通过向空中拓展,可大幅提高建筑密度和容积率,经过统一规划和统一布局建设,可有效降低土地开发建设成本,提高利用效率,优化土地资源配置。同时,小微企业落户标准厂房,可以有效节省取得土地资源的时间和投入施工建设的成本,提高企业的生产经营效率。

五、加快工业园区集聚发展能力,提升园区整体发展质量

可以看出,工业园区的等级差别同样能够对工业用地利用效率产生影响,反映出不同等别工业园区集聚发展能力和发展质量存在一定差异。高等别(主要指国家级)工业园区往往拥有区位、政策支持等众多发展优势,并且功能定位明确,有利于形成集聚效应,提高园区整体发展水平。而低等别(省级以下)工业园区发展中相比国家级工业园区还存在许多不足,主要表现在产业结构层次较低、产业发展定位不明确等方面。因此,应重点加快低等别工业园区发展定位,

提高产业集聚能力,促进园区整体发展质量提升。首先,应进行充分的前期调查分析和园区规划,根据本地区区位特点和产业承接能力,确定园区建设初期的发展规模、产业定位等,避免重复建设和产业雷同,并通过制定配套优惠措施,引导园区外分散企业向工业园区内搬迁,逐渐形成产业集聚。其次,应以园区内关联产业为重点推进产业集群化发展,形成特色鲜明的主导产业,通过有目的地定向发展,促进上下游企业集聚,形成规模效应,提高园区集聚发展能力。最后,对于发展较成熟的工业园区,应依托产业基础,积极推进产业结构转型升级,逐渐引进发展高技术产业和战略性新兴产业发展,不断提高园区整体发展质量和发展水平。

六、鼓励工业企业进行科技创新,增加人力资本投入

通过增加企业科技创新投入和人力资本投入、优化企业管理,可以不断加强工业企业发展的实力,改善各种生产要素的投入配置,促进各种生产要素有效组织,增强企业综合竞争力,提高企业工业产出水平,实现工业用地利用效率的提升。因此,地方政府应鼓励大中型工业企业建立研发中心,并鼓励企业向科研院所寻求技术支持和技术合作,通过增加科研经费和引进科研人员,形成较强的研发创新能力,不断改进生产工艺和更新生产设备,优化产品结构。其次,应鼓励中小企业通过与科研院所共建科技创新平台,或积极引进先进技术等方式,不断提高自身生产技术和产品更新速度,提高企业竞争力。此外,地方政府还应建立新技术交流平台,为企业提高信息和技术中介服务,引导企业研发方向,不仅能减少大中型企业研发资源的浪费,还能缩短中小企业的技术搜寻时间。最后,还应鼓励企业不断优化员工结构,通过进行技能培训等手段,提高劳动者素质,并逐步增加员工薪资福利待遇,激发员工的工作积极性,增加企业凝聚力,促进企业良性发展。

第十章　研究结论与展望

　　工业是我国国民经济的主导产业，工业用地是支撑工业经济发展最重要的资源要素。改革开放三十多年来，工业用地在全国蔓延扩张、规模骤增，在工业化发展的特定阶段，产业层次整体较低，依赖大规模的工业用地投入促进了我国工业经济的迅速发展，同时带动了城镇化水平的不断跨越和提升。但是，时至今日，工业化、城镇化进程不断加快，工业用地资源日趋短缺，供需矛盾已经严重制约社会经济的发展。提升工业用地利用效率，加强工业用地保障经济发展的能力已成为转变经济发展方式的重要手段和措施。本书在明确工业用地利用效率内涵基础上，探讨工业用地配置的区域与行业差异，借助 DEA 和 SFA 方法从区域和行业两个层面对工业用地利用效率进行全面深入的分析，阐述和分析土地利用强度对工业用地利用效率的影响，并采用多种计量模型检验影响工业用地利用效率的主要原因。

　　本章将对前面各章的分析进行简要总结和归纳，并提出研究展望。

第一节　主　要　结　论

　　第一，工业用地在区域和行业间的配置存在明显阶段性特征和差异，中西部地区工业用地需求量将有较大规模增长。

　　我国工业用地配置方式伴随经济体制改革尽管已基本实现市场化配置，但市场化成熟度仍然偏低。从工业经济发展的区域与行业差异来看，我国劳动密集型工业逐渐向东南沿海地区集聚，资本技术密集型工业也多集中在东南沿海地区，资源密集型工业在全国的分布更具分散性；轻工业主要集中在东南沿海一线，重工业主要集中在环渤海及长江三角洲地区；高技术产业在广东、江苏分布最为集中。20 世纪 90 年代初期，工业用地增量占比超过城镇建设用地增量的 40%，东南沿海省份工业用地增量规模较大，中西部省份工业用地增量占比较高；21 世纪初期，全国工业用地增量规模持续扩大，2003～2011 年年均增加 88 326.06 公顷，多数年份增量占比超过 38%，沿海省份不仅工业用地增量规模较大，而且增量占比较高。对比不同工业化阶段与工业用地配置数量后发现东部地区工业化水平提升需要投入的新增工业用地最多，2003～2011 年新增工业用地平均投入量达

到 17 110.41 公顷，而中西部地区在后续工业化进程中工业用地量将有较大规模
增长。工业化水平与新增工业用地规模存在同向增加关系，工业化水平综合指
数提高 1 个分值将需要更大规模的工业用地来支撑地区工业经济的发展。

第二，在区域层面，大量省份工业用地利用不充分，工业用地利用效率较
低，区域间梯度差异明显，容积率指数较好地反映了区域间工业用地利用强度
差异。

基于有差异的视角，在进行区域工业用地利用效率测度后，通过对不同测度
方法进行比较发现 DEA-CRS 方法与 SFA 方法较准确地测度了工业用地利用效
率。两种方法测度结果的均值分别为 0.477 和 0.277，反映出大量省份工业用地利
用不充分，且存在较大规模的过度投入面积。以长江三角洲和珠江三角洲为主的
东南沿海经济发达地区工业用地利用效率明显高于中西部地区，中西部地区多数
省份都位于工业用地利用低效区，工业用地利用效率聚类分区与传统分区的一致
性进一步反映出我国区域间工业发展水平存在明显梯度差异。变异系数显示区域
间工业产出的不均衡程度大于工业用地配置的不均衡程度，同时反映出区域间的
差异程度正在逐渐缩小。

基于无差异的视角，从容积率指数的区域差异来看，不同区域的 VRI 指数存
在显著差异，我国东南沿海地区 VRI 指数普遍较高，中西部地区 VRI 指数普遍较
低，反映出我国东南沿海地区工业产业结构中土地利用强度高的行业占比整体高
于中西部地区，但近年来东部地区 VRI 指数整体表现出下降趋势。修正工业用地
实际面积后，再次进行工业用地利用效率测度，通过比较修正前后的测度结果证
明工业产业结构会对工业用地利用效率的测度产生一定影响，工业用地利用效率
增大的区域多集中在中西部地区，工业用地利用效率下降的区域主要出现在东南
沿海地区，工业用地利用效率变化与 VRI 指数的高低成负相关关系。

第三，在区域层面，地区经济与产业发展水平、企业所有制结构等宏观影响
因素都能显著影响工业用地利用效率。

通过采用空间计量经济模型对 2001～2011 年全国 30 个省份的面板数据进行
估计后发现，我国省份间工业用地利用效率存在明显的空间相关性，一个地区工
业用地利用效率不仅取决于自身的因素，还受到相邻地区的影响。地区经济发展
水平提高、高技术产业发展、外商投资规模扩大等都能够明显促进工业用地利用
效率的提高，并且增加国有企业和大中型企业占比不利于工业用地利用效率的提
高。通过比较有差异和无差异视角下工业用地利用效率影响因素的估计结果，发
现在土地利用强度差异修正前后所检验影响因素的大小和作用方向没有发生显著
变化，反映出土地利用强度之外的影响因素并没有因为行业间土地利用强度的消

除而发生改变。

第四，在工业行业层面，江苏省工业用地利用效益在不同行业间存在显著差异，并有明显的地域差异性。造纸、非金属矿物制品、金属冶炼对自然环境影响最大，仪器仪表制造业绿色效益最高。

江苏省工业用地单要素生产率和地均利税在不同工业行业间存在显著差异的同时，也表现出明显的地域差异性。通信设备、计算机及其他电子设备制造业的地均工业总产值最高，医药制造业、橡胶制品业等行业地均利税最高，苏南地区地均工业总产值和地均利税明显高于苏中和苏北。新兴行业企业 R&D 活动比例明显高于传统行业企业。自然环境成本方面，造纸和纸制品业的地均工业用水量和废水排放量最大，非金属矿物制品业地均标准煤综合能耗和工业废气排放总量最高，有色金属冶炼和压延加工业固体废弃物排放量最多。工业用地绿色效益前三位行业分别为仪器仪表制造业、铁路、船舶、航空航天和其他运输设备制造业和计算机、通信和其他电子设备制造业。

第五，在工业行业层面，江苏省不同行业工业用地利用效率差异较大，石油化工、通信电子、装备制造等行业工业用地利用效率较高，容积率和投资强度偏低是导致工业用地过度投入的主要原因。

基于有差异的视角，在进行微观样本度量时，SFA 方法较 DEA 方法表现出更好的稳定性，测度结果显示江苏省典型工业企业普遍存在土地过度投入的现象。江苏省各行业工业用地利用均不充分，不同行业工业用地利用效率差异较大，整体上表现出石油化工、通信电子、装备制造等主导行业工业用地利用效率高，纺织服装、食品加工等轻工行业工业用地利用效率低的特点；在区域差异上表现出苏北地区工业用地利用效率明显小于苏中和苏南，苏中高于苏南的区域特征。

基于无差异的视角，对典型企业的工业用地投入损失测算后发现，投资强度、容积率不足造成的工业用地损失量较大，分别为720.33公顷、904.16公顷，并且不同区域工业用地投入损失的影响因素是不同的，苏南以投资强度为主，苏中以容积率为主，苏北兼具两个因素。消除土地利用强度影响后的不同行业工业用地利用效率测度结果显示，土地利用强度要求高的行业工业用地利用效率整体相对降低，土地利用强度要求低的行业工业用地利用效率整体相对提高，标准用地基准行业的选择并不会影响工业行业间效率水平的比较和变化趋势的判断。

第六，在工业行业层面，开发区等级、区位条件、工资福利水平等区域和企业因素能显著影响工业用地利用效率，但不同工业行业的影响因素存在一定差异。

通过采用计量经济模型对所有典型企业进行总体和分行业截面数据估计后发

现，在工业行业层面，工业用地利用效率影响因素因行业差异更加复杂，所检验影响因素的估计结果在不同行业中存在显著差异，并且这些因素对不同行业的解释能力也表现出显著差异。整体来看，较高的开发区级别、良好的区位条件都有利于工业用地利用效率的提高，并且企业员工工资福利水平的改善和企业自身用地强度的提高都对工业用地利用效率均具有显著的正向影响。分行业来看，区位条件对纺织服装、金属制品、机械制造、化工等行业的影响更加显著，但不同行业存在区位优势差异，有的行业以苏南为有利区位，有的行业以苏中为有利区位。工资福利水平对医药制造、机械制造、电子电气等行业有显著的正向影响，用地规模和利用强度分别对交通运输设备制造业和纺织业产生显著的正向影响。

第二节 研究展望

本书虽然从区域和行业层面对工业用地利用效率进行了深入分析，但仍有进一步研究的空间：

（1）本书在省域层面工业用地利用效率的研究中，利用地级市市辖区工业用地投入产出数据汇总形成省域数据进行分析，由于地级市市辖区范围内工业用地利用相对集中，相当一部分工业用地集中在各类产业园区内，投入产出水平相对较高，因此，可能高估了省域工业用地利用效率。收集和调查更加全面的工业用地数据，能够更准确把握我国工业用地利用效率的规律和特征。

（2）在本书测度方法框架内对工业用地利用效率进行研究时，是把土地资源作为一种生产要素纳入分析体系中，没有把土地的承载作用考虑在内，因此，效率的测度结果其意义主要在于为政策制定提供理论导向和依据。如果要考虑工业用地的利用潜能，则需要把效率水平与节地能力联系起来，统筹考虑土地资源的生产要素与承载双重作用。例如，统筹考虑土地利用强度、区域经济水平、产业结构及发展趋势等内外因素，确定不同行业和区域工业用地的投入产出承载力，综合考虑生产承载功能的工业用地利用损失和工业用地承载力，确定不同行业和区域的工业用地节地能力。

（3）在分析土地利用强度差异对工业用地利用效率影响时，所提概念及构建的研究方法仅能初步消除因土地利用强度差异导致的工业用地面积差别。特别是在进行区域工业用地利用效率无差异分析时，未能充分考虑区域间经济发展、资源禀赋等的差异。建立完整的工业用地利用无差异比较方法，将有助于客观评价不同区域的工业用地利用水平，这也是需要进一步深入研究的领域。

参 考 文 献

艾永中. 1994. 西方区位理论在我国区域经济发展中的应用. 财经理论与实践, (5): 29-30

巴洛维. 1989. 土地资源经济学: 不动产经济学. 谷树忠译. 北京: 北京农业大学出版社

鲍新中, 刘澄, 张建斌. 2009. 城市土地利用效率的综合评价. 城市问题, (4): 46-50

鲍艳, 胡振琪, 柏玉, 等. 2006. 主成分聚类分析在土地利用生态安全评价中的应用. 农业工
    程学报, (8): 87-90

毕宝德. 2005. 土地经济学. 第四版. 北京: 中国人民大学出版社: 208-210

毕泗锋. 2008. 经济效率理论研究述评. 经济评论, (6): 133-138

曹建海. 2006. 我国工业性土地利用与土地政策. 中国发展观察, (5): 10-12

曹珂, 肖竞. 2011. 基于动态演进观念的工业用地空间布局模式研究. 南京: 东南大学出版社

曹子剑, 赵松, 徐更新. 2012. 中日两国工业地价比较研究. 中国房地产, (9): 49-57

柴志春, 纪成旺, 赵松. 2012. 工业用地供应制度改革路径探索. 农业工程, 2 (7): 53-56

常江, 王忠民. 2010. 科学发展观对可持续发展理论的创新与发展. 西北大学学报 (哲学社会科
    学版), (3): 112-116

车娜. 2012. 差别化管理推进工业节约集约用地. 中国国土资源报

陈百明. 2002. 区域土地可持续利用指标体系框架的构建与评价. 地理科学进展, (3): 204-215

陈炳为, 陈启光, 许碧云. 2009. 潜在变量模型及其在中医证候中的应用概述. 中国卫生统
    计, 26 (5): 535-538

陈刚, 刘珊珊. 2006. 产业转移理论研究: 现状与展望. 当代财经, (10): 91-96

陈海燕. 2012. 转变经济发展方式背景下土地集约利用机理研究. 南京农业大学学位论文

陈基伟. 2012. 深入推进上海工业用地二次开发对策研究. 科学发展, (11): 90-99

陈基伟. 2013. 工业用地如何"二次开发". 东方早报

陈佳贵, 黄群慧, 钟宏武. 2006. 中国地区工业化进程的综合评价和特征分析. 经济研究,
    (6): 4-15

陈佳贵, 黄群慧, 吕铁, 等. 2012a. 中国工业化进程报告 (1995~2010). 北京: 社会科学文献
    出版社

陈佳贵, 黄群慧, 等. 2012b. 工业大国国情与工业强国战略. 北京: 社会科学文献出版社

陈建明. 2013. 对以出让方式供应工业用地问题的探讨. 中国房地产, (15): 73-75

陈江龙, 曲福田, 陈雯. 2004. 农地非农化效率的空间差异及其对土地利用政策调整的启示.
    管理世界, (8): 37-42

陈立定. 2013. 工业用地供需矛盾及解决途径研究. 改革与战略, 29 (6): 86-89

陈荣. 1995. 城市土地利用效率论. 城市规划汇刊, (4): 28-33

陈伟, 吴群. 2013. 考虑耕地质量差异影响的江苏省耕地集约利用评价. 农业工程学报,

29（15）：244-253

陈伟，严长清，吴群，等. 2011. 开发区土地要素对经济增长的贡献：基于江苏省面板数据的
    估计与测算. 地域研究与开发，30（5）：146-149

陈伟，李阳，吴群，等. 2012. 基于产业差异修正的工业行业土地集约利用评价研究：以江苏
    省为例. 资源科学，34（12）：2256-2264

陈志刚，曲福田，黄贤金. 2008. 中国工业化、城镇化进程中的土地配置特征. 城市问题，
    （9）：7-11

迟海军. 2013. 农村小型水利工程农户参与式管理及效率研究. 珠江水运，（15）：54-55

丛屹. 2001. 城市土地有偿使用制度的改革与实践. 东北财经大学学位论文

崔霁，曹启明. 2013. 论上海工业用地的二次开发利用. 上海房地，（11）：18-21

党耀国，刘思峰，王庆丰，等. 2011. 区域产业结构优化理论与实践. 北京：科学出版社：
    29-53

董柯. 2000. 国家干预下的市场经济：中国城市土地利用的可持续发展之路. 城市规划，24（2）：
    16-20

段文斌，尹向飞. 2009. 中国全要素生产率研究评述. 南开经济研究，（2）：130-140

范群芳，董增川，杜芙蓉，等. 2008. 随机前沿生产函数在粮食生产技术效率研究中的应用.
    节水灌溉，（6）：30-33

丰雷，魏丽，蒋妍. 2008. 论土地要素对中国经济增长的贡献. 中国土地科学，22（12）：4-10

冯之浚. 2004. 论循环经济. 中国软科学，(10)：1-9

高魏，马克星，刘红梅. 2013. 中国改革开放以来工业用地节约集约利用政策演化研究. 中国
    土地科学，27（10）：37-43

顾湘. 2007. 区域产业结构调整与土地集约利用研究. 南京农业大学学位论文

顾湘. 2011. 基于地区差异性的江苏沿海发达地区土地集约利用评价研究. 江苏农业科学，
    39（5）：562-565

顾湘，王铁成，曲福田. 2006. 工业行业土地集约利用与产业结构调整研究：以江苏省为例.
    中国土地科学，（6）：3-8

郭克莎. 2000. 中国工业化的进程、问题与出路. 中国社会科学，（3）：60-67

郭励弘. 2000. 高技术产业：发展规律与风险投资. 北京：中国发展出版社：14

郭庆旺，贾俊雪. 2005. 中国全要素生产率的估算：1979~2004. 经济研究，（6）：51-60

韩九云，陈方正. 2009. 土地资源规划配置的经济效率分析. 中国市场，（27）：58-60

韩庆祥，雷鸣. 2005. 能力建设与当代中国发展. 中国社会科学，（1）：22-33

何春阳，史培军，陈晋，等. 2005. 基于系统动力学模型和元胞自动机模型的土地利用情景模
    型研究. 中国科学 D 辑，35（5）：464-473

贺灿飞，谢秀珍，潘峰华. 2008. 中国制造业省区分布及其影响因素. 地理研究，27（3）：
    623-635

贺灿飞，朱晟君，王俊松，等. 2010. 中国制造业区位：区域差异与产业差异. 北京：科学出
    版社

贺永，乐颖. 2004. 土地利用效率与机会成本. 山西建筑，30（5）：9-10

洪学军. 2005. 关于我国城市建设用地使用权制度的几点反思. 宁波经济（三江论坛），（6）：
　　18-20

胡振琪，王霖琳. 2006. 土地资源领域发展循环经济的基本思路与对策. 国土资源科技管理，
　　（5）：13-16

黄大全，洪丽璇，梁进社. 2009. 福建省工业用地效率分析与集约利用评价. 地理学报，64（4）：
　　479-486

黄大全，林坚，毛娟，等. 2005. 北京经济技术开发区工业用地指标研究. 地理与地理信息科
　　学，21（5）：99-102

黄木易，吴次芳，黄明，等. 2009. 关于我国开发区工业用地实行短租制的探讨. 合肥工业大
　　学学报（社会科学版），（1）：76-80

季民河，武占云，姜磊. 2011. 空间面板数据模型设定问题分析. 统计与信息论坛，（6）：3-9

江苏省国土资源厅，江苏省土地勘测规划院. 2011. 江苏省建设用地指标（2010 年版）. 江苏：
　　江苏人民出版社

姜仁荣. 2012. 城市土地二次开发问题研究. 中国土地，（11）：35-37

金剑. 2007. 生产率增长测算方法的系统研究. 东北财经大学学位论文

金煜，陈钊，陆铭. 2006. 中国的地区工业集聚：经济地理、新经济地理与经济政策. 经济研
　　究，（4）：79-89

科埃利，拉奥，等. 2008. 效率与生产率分析引论. 第二版. 王忠玉译. 北京：中国人民大学出
　　版社：51

蓝丁丁，韦素琼. 2007. 闽东南城镇建设用地扩展与工业化耦合研究. 重庆师范大学学报（自然
　　科学版），（2）：71-76

黎鹏飞. 2013. 浙江省工业用地出让最低价标准调整研究. 北方经济，（18）：30-31

黎夏，叶嘉安. 2005. 基于神经网络的元胞自动机及模拟复杂土地利用系统. 地理研究，24（1）：
　　19-26

李宾，曾志雄. 2009. 中国全要素生产率变动的再测算：1978～2007 年. 数量经济技术经济研
　　究，（3）：3-15

李昌峰，武清华，张落成. 2011. 土地集约利用与经济发展的空间差异研究：以长江三角洲地
　　区为例. 经济地理，31（2）：294-299

李国璋，王双. 2008. 资源约束、技术效率与地区差异：基于中国省际数据的随机前沿模型分
　　析. 经济评论，（4）：14-20

李郇，徐现祥，陈浩辉. 2005. 20 世纪 90 年代中国城市效率的时空变化. 地理学报，60（4）：
　　615-625

李江，和金生. 2008. 区域产业结构优化与战略性产业选择的新方法. 现代财经，（8）：70-73

李开国. 2006. 我国城市建设用地使用权制度的完善. 现代法学，（2）：12-20

李名峰. 2010. 土地要素对中国经济增长贡献研究. 中国地质大学学报（社会科学版），10（1）：
　　60-64

李琦，郝相林. 2009. 标准厂房建设使用问题初探：以河南省安阳市为例. 安阳师范学院学
　　报，（2）：154-156

李琼. 2000. 世界经济学大词典. 北京：经济科学出版社：345

李双杰, 范超. 2009. 随机前沿分析与数据包络分析方法的评析与比较. 统计与决策,（7）: 25-28

李双异, 邵永东, 张晓东, 等. 2008. 辽宁省工业开发区土地集约利用评价指标体系研究. 国土资源科技管理, 25（5）: 43-46

李希灿, 刁海亭, 王静, 等. 2009. 中国区域土地利用需求量预测方法研究进展. 山东农业大学学报（自然科学版）, 40（4）: 655-658

李小建. 2006. 经济地理学. 第二版. 北京: 高等教育出版社: 58-78

李新春, 李胜文, 张书军. 2010. 高技术与非高技术产业创新的单要素效率. 中国工业经济,（5）: 68-77

李艳芳, 杜康, 杜为公. 2012. 产业分类方法与我国轻工业发展现状. 武汉工业学院学报,（3）: 83-87

李永乐, 舒帮荣, 吴群. 2014. 中国城市土地利用效率: 时空特征、地区差距与影响因素. 经济地理, 34（1）: 133-139

李悦. 1998. 产业经济学. 北京: 中国人民大学出版社: 257

李志刚, 李斌. 2003. 中国经济发展模式的必然选择: 循环经济. 生态经济,（5）: 28-31

廉军伟. 2008. 上海宝山区土地二次开发研究. 华东师范大学学位论文

廖进中, 韩峰, 张文静, 等. 2010. 长株潭地区城镇化对土地利用效率的影响. 中国人口·资源与环境,（2）: 30-36

林积泉. 2005. 区域工业发展环境成本核算研究. 西北大学学位论文

刘秉镰, 杜传忠, 等. 2010. 区域产业经济概论. 北京: 经济科学出版社

刘传明, 李红, 贺巧宁. 2010. 湖南省土地利用效率空间差异及优化对策. 经济地理, 30（11）: 1890-1896

刘东伟, 张文秀, 郑华伟. 2011. 四川省城市土地利用经济效率分析. 资源与产业,（1）: 173-178

刘贵利, 朱波. 2012. 新版《城市用地分类与规划建设用地标准》中"工业用地"标准修正研究. 规划师,（2）: 29-33

刘海江. 2006. 创新城市土地产权制度提高土地利用效率. 理论界,（5）: 100-101

刘盛和, 吴传钧, 沈洪泉. 2000. 基于GIS的北京城市土地利用扩展模式. 地理学报, 55（4）: 407-416

刘世佳. 2007. 加深对转变经济发展方式的理论认识. 学术交流,（11）: 1-6

刘书楷, 曲福田. 2004. 土地经济学. 第二版. 北京: 中国农业出版社: 48-54

刘卫东, 段洲鸿. 2008. 工业用地价格标准的合理确定. 浙江大学学报（人文社会科学版）, 38（4）: 146-153

刘小平, 黎夏, 彭晓娟. 2007. "生态位"元胞自动机在土地可持续规划模型中的应用. 生态学报, 27（6）: 2391-2402

刘彦随. 2006. 中国经济社会发展态势与土地利用优化战略. 2006年全国土地资源战略与区域协调发展学术研讨会

刘云中, 许超诣. 2014-6-18. 合理规模的工业用地有助于城镇化发展. 中国国土资源报, 5

龙拥军，杨庆媛，陈琳琳，等. 2011. 省域土地利用效率空间差异分析：以重庆市为例. 改革与战略，27（8）：114-116

隆宗佐. 2008. 城市土地资源高效利用研究. 华中农业大学学位论文

吕政. 2008. 转变经济发展方式需要解决的突出问题. 前线，（3）：10-12

罗锡莲. 2008. 河北省基于工业污染的绿色 GDP 核算研究. 石家庄经济学院学位论文

马凯. 2007. 加快转变经济发展方式是关系国民经济全局紧迫而重大的战略任务. 党建研究，（11）：55-59

马克思. 1975. 马克思资本论. 第三卷. 北京：人民出版社：760

马丽. 2015. 地方政府能力视角下的低碳发展区域差异研究. 云南社会科学，（3）：20-24

马子红. 2009. 中国区域产业转移与地方政府的政策选择. 北京：人民出版社：18

毛振强，左玉强. 2007. 土地投入对中国二三产业发展贡献的定量研究. 中国土地科学，21（3）：59-63

倪绍祥，刘彦随. 1999. 区域土地资源优化配置及其可持续利用. 农村生态环境，（2）：9-13

潘洪义，周介铭，何伟，等. 2012. 唐山市主城区工业用地布局与空间结构分析. 四川师范大学学报（自然科学版），35（4）：567-572

潘家华. 2007. 持续发展途径的经济学分析. 北京：社会科学文献出版社：147

钱铭. 2001. 21 世纪中国土地可持续利用展望. 中国土地科学，（1）：5-7

钱纳里，等. 1989. 工业化和经济增长的比较研究（中译本）. 上海：上海三联书店，上海人民出版社

邱皓政. 2008. 潜在类别模型的原理与技术. 北京：教育科学出版社

邱兆祥，张爱武. 2009. 基于 FDH 方法的中国商业银行 X-效率研究. 金融研究，（11）：91-102

瞿理铜. 2012. 转变经济发展方式背景下湖南土地节约集约利用的对策探讨. 湖南人文科技学院学报，（5）：41-45

任艳敏，张加恭，张争胜. 2007. 城市产业结构优化与土地资源配置研究：以广州市为例. 安徽农业科学，35（18）：5640-5642

芮明杰. 2005. 产业经济学. 上海：上海财经大学出版社：131

邵岑，卜玉梅. 2013. 南行讲话、经济体制改革与"民工潮". 北京工业大学学报（社会科学版），（3）：10-15

邵绘春，厉伟，诸培新. 2009. 可持续发展观下的土地资源配置理论分析. 生态经济，（2）：112-130

邵晓梅，刘庆，张衍毓. 2006. 土地集约利用的研究进展及展望. 地理科学进展，（2）：85-95

施秧秧. 2009. DEA 方法与 Tobit 模型相结合的工业用地效率研究. 浙江大学学位论文

石瑞年，李晓东. 2008. 基于循环经济的城市土地可持续利用. 资源与产业，（3）：25-28

石晓平，曲福田. 2001. 中国东中西部地区土地配置效率差异的比较研究. 山东农业大学学报（社会科学版），3（2）：27-32

石忆邵，厉双燕. 2004. 长江三角洲工业园区土地利用的问题与对策. 城市规划汇刊，（4）：27-30

石忆邵，范胤翡，等. 2010a. 产业用地的国际国内比较分析. 北京：中国建筑工业出版社

石忆邵，彭志宏，等. 2010b. 国际大都市建设用地规模与结构比较研究. 北京：中国建筑工业出版社

史丹，李晓斌. 2004. 高技术产业发展的影响因素及其数据检验. 中国工业经济，（12）：32-39

宋国宇，刘文宗. 2005. 产业结构优化的经济学分析及测度指标体系研究. 科技和产业，（7）：6-9

苏艳. 2013. 上海国企工业用地二次开发利用的基本经验. 上海房地，（10）：35-37

孙平军，赵峰，修春亮. 2012. 中国城镇建设用地投入效率的空间分异研究. 经济地理，（6）：46-52

孙巍，杨庆芳，杨树绘. 2000. 产出资源配置效率的参数测度与非参数测度及其比较分析. 系统工程理论与实践，（6）：118-122

孙巍. 2010. 效率与生产率的非参数分析. 北京：社会科学文献出版社

孙钰，姚晓东. 2002. 提高城市土地利用效率的路径选择. 经济师，（12）：50-51

谭荣. 2010. 征收和出让土地中政府干预对土地配置效率影响的定量研究. 中国土地科学，24（8）：21-26

万江. 2012. 土地制度困境与工业用地价格管制失败. 2012年中国法经济学论坛论文集

汪群芳，李植斌. 2005. 杭州市土地利用结构与效率研究. 国土资源科技管理，22（4）：5-9

王博. 2009. 实行差别化的地价管理政策. 中国国土资源报

王东. 2007. 工业生态化与可持续发展. 上海经济研究，（1）：98-100

王华生. 1989. 建国初期工业建设道路的回顾与思考. 河南大学学报（哲学社会科学版），（6）：45-50

王辉堂，王琦. 2008. 产业转移理论述评及其发展趋向. 经济问题探索，（1）：45-48

王慧敏. 2012. 开发标准厂房推动产业聚集区的发展. 经济研究导刊，（13）：199-200

王家诚. 2007. 中国工业能耗与节能途径. 当代石油石化，15（8）：1-6

王家庭，曹清峰，田时嫣. 2012. 产业集聚、政府作用与工业地价：基于35个大中城市的经验研究. 中国土地科学，26（9）：12-20

王克强，熊振兴，高魏. 2013. 工业用地使用权交易方式与开发区企业土地要素产出弹性研究. 中国土地科学，27（8）：4-9

王彤. 2007. 污染治理成本法调整的绿色GDP核算研究. 大连理工大学学位论文

王万茂. 1993. 环境污染造成经济损失的估算方法. 环境污染与防治，15（6）：14-16

王文刚，宋玉祥，庞笑笑. 2011. 基于数据包络分析的中国区域土地利用效率研究. 经济问题探索，（8）：60-65

王晓川. 2003. 运用规划手段不断提高城市土地使用效率. 中国土地科学，17（4）：43-47

王新. 2006. 城市工业地价比较分析及工业用地管理策略研究. 浙江大学学位论文

王学渊. 2008. 基于前沿面理论的农业水资源生产配置效率研究. 浙江大学学位论文

王昱，丁四保，卢艳丽. 2012. 建设用地利用效率的区域差异及空间配置：基于2003～2008年中国省域面板数据. 地域研究与开发，（6）：132-138

王忠民，任保平，魏玮. 2002. 可持续发展理论的经济学反思. 西北大学学报（哲学社会科学版），（3）：5-8

韦素琼，陈健飞. 2006. 闽台建设用地变化与工业化耦合的对比分析. 地理研究，（1）：87-95

文枚. 2004. 中国工业在区域上的重新定位和集聚. 经济研究，（2）：84-94

邬永宏. 2006. 工业用地市场化配置浅析. 中国土地，（5）：12-13

吴得文，毛汉英，张小雷，等. 2011. 中国城市土地利用效率评价. 地理学报，66（8）：1111-1121

吴敬琏. 2010. 做好加快经济发展方式转变这篇大文章. 学习月刊，（8）：3

吴琼，李树枝. 2011. 近年来工业用地供应情况分析. 国土资源情报，（7）：40-43

吴三忙，李善同. 2010. 中国制造业地理集聚的时空演变特征分析：1980～2008. 财经研究，（10）：4-14

吴绍忠. 1998. 循环经济是经济发展的新增长点. 社会科学，(10)：18-22

吴宇哲. 2007. 基于博弈论的区域工业地价均衡分析及管理策略研究. 浙江大学学报（人文社会科学版），37（4）：124-133

吴玉鸣. 2006. 空间计量经济模型在省域研发与创新中的应用研究. 数量经济技术经济研究，（5）：74-85

吴郁玲，曲福田，冯忠垒. 2006. 我国开发区土地资源配置效率的区域差异研究. 中国人口·资源与环境，（5）：112-116

谢红彬，林明水. 2012. 快速转型时期城市工业用地置换时空特征及驱动力分析：以福州市城区为例. 福建论坛（人文社会科学版），（8）：156-160

谢书玲，王铮，薛俊波. 2005. 中国经济发展中水土资源的"增长尾效"分析. 管理世界，（7）：22-25

谢正峰，董玉祥. 2011. 我国城市土地优化配置研究演进与展望. 经济地理，31(8)：1364-1369

解振华. 2004. 关于循环经济理论与政策的几点思考. 环境保护，（1）：3-8

熊鲁霞，骆棕. 2000. 上海市工业用地的效率与布局. 城市规划汇刊，（2）：22-29

熊强，郭贯成. 2013. 中国各省区城市工业用地生产效率差异研究. 资源科学，35(5)：910-917

胥会云. 2013. 上海发力临港地区工业用地弹性出让. 第一财经日报

徐彬. 2007. 空间权重矩阵对 Moran's I 指数影响的模拟分析. 南京师范大学学位论文

徐建华. 2002. 现代地理学中的数学方法. 北京：高等教育出版社：69-84

徐萍，吴群，刘勇，等. 2003. 城市产业结构优化与土地资源优化配置研究：以南京市为例. 南京社会科学，（S2）：340-346

徐琼. 2005. 技术效率与前沿面理论评述. 财经论丛（浙江财经学院学报），（2）：29-34

徐玉红，王丽娜，梁宵. 2012. 基于产业特征的工业用地集约利用方法初探：以湖北省汉川市北桥、新街等片区控规为例. 昆明：云南科技出版社

许晓雯，时鹏将. 2006. 基于 DEA 和 SFA 的我国商业银行效率研究. 数理统计与管理，25(1)：68-72

严海波. 2009. 转变经济发展方式已刻不容缓. 人民论坛，（4）：4-5

杨继瑞. 1994. "开发区热"的理论思考与对策研究. 社会科学研究，（2）：13-17

杨军明. 2013. 建设用地批后监管难在哪儿. 中国土地，（11）：35-36

杨遴杰，饶富杰. 2012. 政府在工业用地配置中角色失效原因分析. 中国土地科学，26（8）：36-41

杨剩富，胡守庚，杨俊，等. 2013. 基于宗地尺度工业用地集约利用控制标准优化方法研究. 资源科学，（12）：2397-2404

杨顺元. 2008. 经济增长中效率测度的参数与非参数方法比较研究. 天津大学学位论文

杨渝红，欧名豪. 2009. 区域土地循环利用评价研究：以江苏省为例. 南京农业大学学报（社会科学版），（1）：87-94

杨志荣，靳相木. 2008. 基于 DEA 模型的城市土地在经济增长中的贡献率研究：以杭州市为例. 经济论坛，（15）：42-45

姚志毅，张亚斌，李德阳. 2010. 参与国际分工对中国技术进步和技术效率的长期均衡效应. 数量经济与技术经济研究，（6）：72-83

叶剑平，马长发，张庆红. 2011. 土地要素对中国经济增长贡献分析：基于空间面板模型. 财贸经济，（4）：111-116

叶延琼，秦钟，章家恩，等. 2008. 梅州市产业结构优化与土地资源配置研究. 安徽农业科学，36（34）：15174-15176

叶玉瑶，张虹鸥，刘凯，等. 2011. 珠江三角洲建设用地扩展与工业化的耦合关系研究. 人文地理，（4）：79-84

伊茹，马占新. 2009. 内蒙古城市土地利用经济效率评价的实证研究. 统计与决策，（1）：99-101

伊特韦尔，米尔盖特，纽曼. 1996. 新帕尔格雷夫经济学大辞典. 第三卷. 北京：经济科学出版社：868

尹奇，罗育新，宴志谦. 2007. 城市土地资源配置效率的经济学分析：以住宅用地和非住宅用地为例. 四川农业大学学报，25（2）：135-138

尹小健. 2012. 提高农村土地利用效率路径分析. 农业考古，（6）：381-383

尤完，齐建国. 2004. 中国经济长期发展趋势与循环经济. 财贸经济，（10）：11-17

于彤舟. 2013. 北京市工业用地高效利用的几点思考. 北京规划建设，（4）：62-68

郁均.2012.上海市部分行业企业生命周期及其弹性土地出让年期调研报告 //郑凌志. 中国土地政策蓝皮书（2012）.北京：中国社会科学出版社：414-420

臧良震，张彩虹，张兰. 2013. 我国农业生产技术效率问题研究进展. 西安财经学院学报，26（6）：78-82

臧旭恒，徐向艺，杨蕙馨. 2005. 产业经济学. 北京：经济科学出版社：378

曾刚. 2001. 上海市工业布局调整初探. 地理研究，20（3）：330-337

张飞，许璐璐，陈传明. 2008. 基于转变经济发展方式视角的土地征用制度研究. 改革与战略，（12）：19-20

张海洋. 2005. R&D 两面性、外资活动与中国工业生产率增长. 经济研究，（5）：107-117

张军，施少华，陈诗一. 2003. 中国的工业改革与效率变化：方法、数据、文献和现有的结果. 经济学（季刊），（4）：1-38

张倩，王海卉. 2013. 工业用地扩张和低效利用机理剖析：以南京市为例. 2013 中国城市规划年会论文集

张宇辰，孙宇杰. 2012. 城市工业用地扩张及其边际效率研究. 江西农业学报，24（7）：160-163

张玉台. 2007. 转变经济发展方式实现又好又快发展. 政策，（10）：11-14

张源，周丽亚. 2007. 低效工业用地成因解析及改造策略研究：以深圳为例. 哈尔滨：黑龙江
　　科学技术出版社

张征. 2011. 破解土地财政是转变经济发展方式的关键. 中国经贸导刊，（21）：48-50

张正峰. 2012. 土地整治可持续性的标准与评估. 农业工程学报，（7）：1-7

赵锋军，陈晓键. 2011. 城市工业用地开发强度规划指标实效研究. 南京：东南大学出版社

赵庚星，王人潮，尚建业. 1998. 黄河三角洲垦利县土地利用的系统动力学仿真模拟研究. 浙
　　江农业大学学报，（2）：141-147

赵建超. 2013. 对城市存量土地的思考. 国土资源情报，（7）：41-45

赵松，柴志春，乌日娜. 2012. 工业用地招拍挂出让制度评估 //郑凌志. 中国土地政策蓝皮书
　　（2012）.北京：中国社会科学出版社：152-167

赵欣. 2008. 国外工业用地管理模式对我国借鉴研究. 鄂州大学学报，15（2）：41-44

郑凌志，周建春，唐健. 2012. 中国土地政策蓝皮书（2012）. 北京：中国社会科学出版社

郑凌志，周建春，唐健. 2013. 中国土地政策蓝皮书（2013）. 北京：中国社会科学出版社

郑新奇，阎弘文，徐宗波. 2001. 基于 GIS 的无棣县耕地优化配置. 国土资源遥感，（2）：
　　53-56

郑秀田，王雪亨. 2013. 我国高技术产业区域集聚发展趋势与影响因素的实证分析. 区域经济
　　评论，（5）：84-89

郑泽庆，黄贤金，钟太洋，等. 2008. 我国城市土地集约利用评价研究综述. 山东师范大学学
　　报（自然科学版），（3）：89-93

周海林，黄晶. 1999. 可持续发展能力建设的理论分析与重构. 中国人口·资源与环境，（3）：
　　22-26

周金龙，董智渊. 2008. 上海市存量工业土地再开发的节约集约利用探讨. 上海地质，（4）：
　　38-41

周璞，张文新，庄力，等. 2011. 北京城乡结合部土地利用效率及其影响机理研究：以丰台区
　　为例. 安徽农业科学，39（5）：3030-3032

周群艳. 2013. 上海郊区工业园区二次开发情况调研报告. 统计科学与实践，（11）：16-17

周翔宇. 2013. 工业用地价格看涨. 中国房地产报

周沂，贺灿飞，黄志基，等.2013. 地理与城市土地利用效率：基于 2004～2008 中国城市面板
　　数据实证分析.城市发展研究，（7）：19-25

朱乔. 1994. 数据包络分析（DEA）方法的综述与展望. 系统工程方法与应用，3（4）：1-8

朱天明，杨桂山，万荣荣. 2009. 城市土地集约利用国内外研究进展. 经济地理，（6）：977-983

朱晓华，宋冬梅，色布力马. 2005. 甘肃民勤绿洲土地空间结构动态变化及其灰色预测. 干旱
　　区地理，28（5）：686-691

诸大建.2000.从可持续发展到循环型经济.世界环境,(3):6-12

庄红卫，李红. 2011. 湖南省不同区域开发区工业用地利用效率评价研究. 经济地理，31（12）：
　　2100-2104

邹炜.2007. 中国商业银行效率的 DEA 和 DFA 对照研究：以 14 家商业银行 1998～2002 年数据

为例. 内蒙古科技与经济，（2）：15-17

Afriat S N. 1972. Efficiency estimation of production function. International Economic Review，13（3）：568-598

Agegnehu G，Ghizaw A，Sinebo W. 2006. Yield performance and land-use efficiency of barley and faba bean mixed cropping in Ethiopian highlands. European Journal of Agronomy，25（3）：202-207

Aigner D J，Chu F S. 1968. On estimating the industry production function. American Economic Review，58：826-839

Aigner D，Lovell C A L，Schmidt P. 1977. Formulation and estimation of stochastic frontier production function models. Journal of Econometrics，6（1）：21-37

Ambrose B. 1990. An analysis of the factors affecting light industrial property valuation. Journal of Real Estate Research，5（3）：355-370

Andersen P，Petersen N C. 1993. A procedure for ranking efficient units in data envelopment analysis. Management Science，39（10）：1261-1264

Anselin L，Griffith D. 1988. Do spatial effects really matter in regression analysis. PaPers，Regional Science Association，65：11-34

Anselin L，Le G J，Jayet H. 2006. Spatial panel econometrics// Matyas L，Sevestre P. The Econometrics of Panel Data，Fundamentals and Recent Developments in Theory and Practice. Dordrecht：Kluwer

Banker R D，Charnes A，Cooper WW. 1984. Some models for estimating technical and scale inefficiencies in data envelopment analysis. Management Science，30：1078-1092

Batisani N，Yarnal B. 2011. Elasticity of capital-land substitution in housing construction，Gaborone，Botswana：Implications for smart growth policy and affordable housing. Landscape and Urban Planning，99（2）：77-82

Battese G E，Coelli T J. 1992. Frontier production functions，technical efficiency and panel data：with application to paddy farmers in India. Journal of Productivity Analysis，3（1-2）：153-169

Battese G E，Coelli T J. 1995. A model for technical inefficiency effects in a stochastic frontier production function for panel data. Empirical Economics，20（2）：325-332

Battese G E，Corra G S. 1977. Estimation of a production frontier model：with application to the pastoral zone of Eastern Australia. Australian Journal of Agricultural and Resource Economics，21（3）：169-179

Bauer P W，Berger A N，Ferrier G D，et al. 1998. Consistency conditions for regulatory analysis of financial institutions：a comparison of frontier efficiency methods. Journal of Economics and Business，50（2）：85-114

Ben T M，Wang K F. 2011. Interaction analysis among industrial parks，innovation input，and urban production efficiency. Asian Social Science，7（5）：56-71

Berger A N. 1993. "Distribution-free" estimates of efficiency in the US banking industry and tests of the standard distributional assumptions. Journal of Productivity Analysis，4（3）：261-292

Berger A N，Humphrey D B. 1992. Measurement and efficiency issues in commercial banking.

Chicago： University of Chicago Press： 245-300

Bertaud A. 2007. Urbanization in China： land use efficiency issues. China land use report

Bertaud A, Bertaud M A, Wright J O, Jr. 1988. Efficiency in land use and infrastructure design: an application of the Bertaud model. Washington, DC: The World Bank policy planning and research staff working paper

Biswas A, Pal B B. 2005. Application of fuzzy goal programming technique to land use planning in agricultural system. Omega, 33（5）： 391-398

Cainelli G. 2008. Spatial agglomeration, technological innovations, and firm productivity: evidence from Italian industry districts. Growth and Change, 39（3）： 414-435.

Caudill S B. 2003. Estimating a mixture of stochastic frontier regression models via the EM algorithm： A multiproduct cost function application. Empirical Economics, 28（3）： 581-598

Charnes A, Cooper W W, Rhodes E. 1978. Measuring the efficiency of decision making units. European Journal of Operational Research, 2（6）： 429-444

Chen S Y, Liu Y L, Chen C F. 2007. Evaluation of land-use efficiency based on regional scale-a case study in Zhanjiang, Guangdong Province. Journal of China University of Mining & Technology, 17（2）： 215-219

Choy L H T, Lai Y, Lok W. 2013. Economic performance of industrial development on collective land in the urbanization process in China: Empirical evidence from Shenzhen. Habitat International, 40: 184-193

Coelli T J. 1996. A guide to DEA version 2. 1： Adata envelopment analysis（computer）program. CEPA Working paper. Armidale： CEPA： 1-23

Cooper W W, Park K S, Yu G. 1999. IDEA and AR-IDEA： Models for dealing with imprecise data in D E A. Management Science, 45（4）： 597-607

De B B, Wouters S. 1998. Transport externalities and optimal pricing and supply decisions in urban transportation： a simulation analysis for Belgium. Regional Science and Urban Economics, 28（2）： 163-197

Deichmann U, Kaiser K, Lall S V. et al. 2005. Agglomeration, Transport, and Regional Development in Indonesia. Policy Research Working Paper, No. 3477

Deprins D, Simar L, Tulkens H. 1984. Measuring Labor Efficiency in Post Offices, in Marchand M G, Pestieau P, Tulkens H. The Performance of Public Enterprises： Concepts and Measurement. North Holland, Chapter 10： 243-268

Dong Z J, Ran R P. 2012. Evaluation on input-output efficiency of land consolidation project based on DEA： A case study of Land Consolidation Project in Chongyang County, Hubei Province. Asian Social Science, 8（2）： 72-79

Elhorst J P. 2010. Applied spatial econometrics： Raising the bar. Spatial Economic Analysis, 5（1）： 9-28

Elhorst J P. 2012a. Dynamic spatial panels: models, methods, and inferences. Journal of Geographical Systems, 14(1):5-28

Elhorst J P. 2012b. Matlab software for spatial panels. International Regional Science Review

Ellison G, Glaeser E L. 1999. The geographic concentration of industry： does natural advantage explain agglomeration? AEA Papers and Proceedings, 89（2）: 311-316

Färe R, Grosskopf S. 1994. Estimation of returns to scale using data envelopment analysis: A comment. European Journal of Operational Research, 79(2): 379-382

Färe R, Grosskopf S, Logan J. 1983. The relative efficiency of illinois electric utilities. Resources and Energy, 5: 349-367

Färe R, Grosskopf S, Lovell C A K. 1994. Production frontiers. Cambridge University Press

Farrell M J. 1957. The measurement of Productive efficiency. Journal of the Royal Statistical Society, Series A（General）, 120（3）: 253-290

Frei F X, Harker P T, Hunter L W. 2000. Inside the black box: what makes a bank efficient?. Harker PT, Zenios SA Performance of Financial Institutions: Efficiency, Innovation Regulation Cambridge: Cambridge University Press: 259-311

Goetz S J.1998. Location decisions of energy-intensive manufacturing firms: Estimating the potential impact of electric utilities deregulation.American Agricultural Economics Association Annual meeting, Salt Lake City, USA

Golley J. 2002. Regional patterns of industrial development during China's economic transition. Economic Transition, 10（3）: 761-801

Greene W H. 1990. A gamma-distributed stochastic frontier model. Journal of Econometrics, 46（1）: 141-163

Greene W H. 2002. Alternative panel data estimators for stochastic frontier models. Unpublished manuscript（Septemebr 1, 2002）, Department of Economics, New York University

Greene W H. 2003. Simulated likelihood estimation of the normal-gamma stochastic frontier function. Journal of Productivity Analysis, 19（2-3）: 179-190

Grifell T E, Lovell C A K. 1997. The sources of productivity change in Spanish banking. European Journal of Operational Research, 98（2）: 364-380

Honaldle B W.1981. A capacity- building framework:a search for concept and purpose. Public Administration Review, 41 (5): 575-580

Karagiannis G, Tzouvelekas V, Xepapadeas A. 2003. Measuring irrigation water efficiency with a stochastic production frontier. Environmental and Resource Economics, 26（1）: 57-72

Kodde D A, Palm F C. 1986. Wald criteria for jointly testing equality and inequality restrictions. Econometrica: Journal of The Econometric Society, 54（5）: 1243-1248

Kowalski J G, Paraskevopoulos C C. 1990. The impact of location on urban land prices. Journal of Urban Economics, （27）: 16-24

La Fountain C. 2005. Where do firms locate? Testing competing models of agglomeration. Journal of Urban Economics, 58（2）: 338-366

Lansink A O, Pietola K, Bäckman S. 2002. Effciency and productivity of conventional and organic farms in Finland 1994-1997. European Review of Agricultural Economics, 29（1）: 51-65

Lee Y H, Schmidt P. 1993. A production frontier model with flexible temporal variation in technical efficiency //Fried H, Lovell C A K, Schmidt P. The measurement of productive efficiency: Techniques and applications Oxford: Oxford University Press: 237-255

Leibenstein H. 1966. Allocative efficiency vs. X- efficiency. American Economic Review, （56）:

392- 415

LeSage J，Pace R K. 2009. Introduction to Spatial Econometrics. London：Chapman & Hall/CRC

Lin J W，Chen C Y. 2010. Institutional efficiency of commonhold industrial parks using a polynomial regression model. International Journal of Human and Social Sciences，5（1）：12-16

Lin S W，Ben T M. 2009. Impact of government and industrial agglomeration on industrial land prices：A Taiwanese case study. Habitat International，（33）：412-418

Meeusen W，Van den Broeck J. 1977. Efficiency estimation from Cobb-Douglas production functions with composed error. International Economic Review，18（2）：435-444

Meng Y，Zhang F R，An P L，et al. 2008. Industrial land-use efficiency and planning in Shunyi，Beijing. Landscape and Urban Planning，（85）：40-48

Mester L J. 1993. Efficiency in the savings and loan industry. Journal of Banking & Finance，17（2）：267-286

Miller S M，Clauretie T M，Springer T M. 2006. Economies of scale and cost efficiency：A panel-data stochastic frontier analysis of real estate investment trusts. The Manchester School，74（4）：483-499

Needhama B，Louwb E，Metzemakersb P. 2013. An economic theory for industrial land policy. Land Use Policy，33（7）：227-234.

Olesen O B，Petersen N C. 1995. Chance constrained efficiency evaluation. Management Science，41（3）：442-457

Orea L，Kumbhakar S C. 2004. Efficiency measurement using a latent class stochastic frontier model. Empirical Economics，29（1）：169-183

Reinhard S，Lovell C A K，Thijssen G. 1999. Econometric estimation of technical and environmental efficiency：an application to Dutch dairy farms. American Journal of Agricultural Economics，81（1）：44-60

Richmond J. 1974. Estimating the efficiency of production. International Economic Review，15（2）：515-521

Saz-Salazar S D，Garcia-Menendez L. 2005. Public provision versus private provision of industrial land：a hedonic approach. Land Use Policy，（22）：215-223

Schmidt P，Sickles R C. 1984. Production frontiers and panel data. Journal of Business & Economic Statistics，2（4）：367-374

Schure P，Wagenvoort R. 1999. Economies of scale and efficiency in European banking：new evidence. Economic and financial reports/European Investment Bank

Sivam A. 2002. Constraints affecting the efficiency of the urban residential land market in developing countries：a case study of India. Habitat International，26（4）：523-537

Sorvari J，Antikainen R，Kosola M L，et al. 2009. Eco-efficiency in contaminated land management in Finland-Barriers and development needs. Journal of Environmental Management，（90）：1715-1727

Speelman S，D'Haese M，Buysse J，et al. 2008. A measure for the efficiency of water use and its determinants，a case study of small-scale irrigation schemes in North-West Province，South

Africa. Agricultural Systems，98（1）：31-39

Stevenson R E. 1980. Likelihood functions for generalized stochastic frontier estimation. Journal of Econometrics，13（1）：57-66

Szumigalski A R，Van Acker R C. 2006. Nitrogen yield and land use efficiency in annual sole crops and intercrops. Agronomy Journal，98（4）：1030-1040

Tulkens H. 1993. On FDH efficiency analysis：Some methodological issues and applications to retail banking，Courts and Urban Transit. Journal of Productivity Analysis，4（1/2）：183-210

Zhu J M. 2000. The impact of industrial land use policy on industrial change. Land Use Policy，（17）：21-28

附　录

附表 1　制造业行业大类容积率换算系数矩阵

行业代码	13	14	15	16	17	18	19	20	21	22	23	24	25	26	27	28	29	30	31	32	33	34	35	36	37	39	40	41	42	43
13	1.00	1.00	1.00	1.00	1.00	1.25	1.00	1.25	1.25	1.25	1.25	1.00	2.00	1.67	1.43	1.25	1.25	1.00	1.43	1.67	1.67	1.43	1.43	1.43	1.43	1.43	1.00	1.00	1.00	1.43
14	1.00	1.00	1.00	1.00	1.00	1.25	1.00	1.25	1.25	1.25	1.25	1.00	2.00	1.67	1.43	1.25	1.25	1.00	1.43	1.67	1.67	1.43	1.43	1.43	1.43	1.43	1.00	1.00	1.00	1.43
15	1.00	1.00	1.00	1.00	1.00	1.25	1.00	1.25	1.25	1.25	1.25	1.00	2.00	1.67	1.43	1.25	1.25	1.00	1.43	1.67	1.67	1.43	1.43	1.43	1.43	1.43	1.00	1.00	1.00	1.43
16	1.00	1.00	1.00	1.00	1.00	1.25	1.00	1.25	1.25	1.25	1.25	1.00	2.00	1.67	1.43	1.25	1.25	1.00	1.43	1.67	1.67	1.43	1.43	1.43	1.43	1.43	1.00	1.00	1.00	1.43
17	1.00	1.00	1.00	1.00	1.00	1.25	1.00	1.25	1.25	1.25	1.25	1.00	2.00	1.67	1.43	1.25	1.25	1.00	1.43	1.67	1.67	1.43	1.43	1.43	1.43	1.43	1.00	1.00	1.00	1.43
18	0.80	0.80	0.80	0.80	0.80	1.00	0.80	1.00	1.00	1.00	1.00	0.80	1.60	1.33	1.14	1.00	1.00	0.80	1.14	1.33	1.33	1.14	1.14	1.14	1.14	1.14	0.80	0.80	0.80	1.14
19	1.00	1.00	1.00	1.00	1.00	1.25	1.00	1.25	1.25	1.25	1.25	1.00	2.00	1.67	1.43	1.25	1.25	1.00	1.43	1.67	1.67	1.43	1.43	1.43	1.43	1.43	1.00	1.00	1.00	1.43
20	0.80	0.80	0.80	0.80	0.80	1.00	0.80	1.00	1.00	1.00	1.00	0.80	1.60	1.33	1.14	1.00	1.00	0.80	1.14	1.33	1.33	1.14	1.14	1.14	1.14	1.14	0.80	0.80	0.80	1.14
21	0.80	0.80	0.80	0.80	0.80	1.00	0.80	1.00	1.00	1.00	1.00	0.80	1.60	1.33	1.14	1.00	1.00	0.80	1.14	1.33	1.33	1.14	1.14	1.14	1.14	1.14	0.80	0.80	0.80	1.14
22	0.80	0.80	0.80	0.80	0.80	1.00	0.80	1.00	1.00	1.00	1.00	0.80	1.60	1.33	1.14	1.00	1.00	0.80	1.14	1.33	1.33	1.14	1.14	1.14	1.14	1.14	0.80	0.80	0.80	1.14
23	0.80	0.80	0.80	0.80	0.80	1.00	0.80	1.00	1.00	1.00	1.00	0.80	1.60	1.33	1.14	1.00	1.00	0.80	1.14	1.33	1.33	1.14	1.14	1.14	1.14	1.14	0.80	0.80	0.80	1.14
24	1.00	1.00	1.00	1.00	1.00	1.25	1.00	1.25	1.25	1.25	1.25	1.00	2.00	1.67	1.43	1.25	1.25	1.00	1.43	1.67	1.67	1.43	1.43	1.43	1.43	1.43	1.00	1.00	1.00	1.43
25	0.50	0.50	0.50	0.50	0.50	0.63	0.50	0.63	0.63	0.63	0.63	0.50	1.00	0.83	0.71	0.63	0.63	0.50	0.71	0.83	0.83	0.71	0.71	0.71	0.71	0.71	0.50	0.50	0.50	0.71
26	0.60	0.60	0.60	0.60	0.60	0.75	0.60	0.75	0.75	0.75	0.75	0.60	1.20	1.00	0.86	0.75	0.75	0.60	0.86	1.00	1.00	0.86	0.86	0.86	0.86	0.86	0.60	0.60	0.60	0.86
27	0.70	0.70	0.70	0.70	0.70	0.88	0.70	0.88	0.88	0.88	0.88	0.70	1.40	1.17	1.00	0.88	0.88	0.70	1.00	1.17	1.17	1.00	1.00	1.00	1.00	1.00	0.70	0.70	0.70	1.00

续表

行业代码	13	14	15	16	17	18	19	20	21	22	23	24	25	26	27	28	29	30	31	32	33	34	35	36	37	39	40	41	42	43
28	0.80	0.80	0.80	0.80	0.80	1.00	0.80	1.00	1.00	1.00	1.00	0.80	1.60	1.33	1.14	1.00	1.00	0.80	1.14	1.33	1.33	1.14	1.14	1.14	1.14	1.14	0.80	0.80	0.80	1.14
29	0.80	0.80	0.80	0.80	0.80	1.00	0.80	1.00	1.00	1.00	1.00	0.80	1.60	1.33	1.14	1.00	1.00	0.80	1.14	1.33	1.33	1.14	1.14	1.14	1.14	1.14	0.80	0.80	0.80	1.14
30	1.00	1.00	1.00	1.00	1.00	1.25	1.00	1.25	1.25	1.25	1.25	1.00	2.00	1.67	1.43	1.25	1.25	1.00	1.43	1.67	1.67	1.43	1.43	1.43	1.43	1.43	1.00	1.00	1.00	1.43
31	0.70	0.70	0.70	0.70	0.70	0.88	0.70	0.88	0.88	0.88	0.88	0.70	1.40	1.17	1.00	0.88	0.88	0.70	1.00	1.17	1.17	1.00	1.00	1.00	1.00	1.00	0.70	0.70	0.70	1.00
32	0.60	0.60	0.60	0.60	0.60	0.75	0.60	0.75	0.75	0.75	0.75	0.60	1.20	1.00	0.86	0.75	0.75	0.60	0.86	1.00	1.00	0.86	0.86	0.86	0.86	0.86	0.60	0.60	0.60	0.86
33	0.60	0.60	0.60	0.60	0.60	0.75	0.60	0.75	0.75	0.75	0.75	0.60	1.20	1.00	0.86	0.75	0.75	0.60	0.86	1.00	1.00	0.86	0.86	0.86	0.86	0.86	0.60	0.60	0.60	0.86
34	0.70	0.70	0.70	0.70	0.70	0.88	0.70	0.88	0.88	0.88	0.88	0.70	1.40	1.17	1.00	0.88	0.88	0.70	1.00	1.17	1.17	1.00	1.00	1.00	1.00	1.00	0.70	0.70	0.70	1.00
35	0.70	0.70	0.70	0.70	0.70	0.88	0.70	0.88	0.88	0.88	0.88	0.70	1.40	1.17	1.00	0.88	0.88	0.70	1.00	1.17	1.17	1.00	1.00	1.00	1.00	1.00	0.70	0.70	0.70	1.00
36	0.70	0.70	0.70	0.70	0.70	0.88	0.70	0.88	0.88	0.88	0.88	0.70	1.40	1.17	1.00	0.88	0.88	0.70	1.00	1.17	1.17	1.00	1.00	1.00	1.00	1.00	0.70	0.70	0.70	1.00
37	0.70	0.70	0.70	0.70	0.70	0.88	0.70	0.88	0.88	0.88	0.88	0.70	1.40	1.17	1.00	0.88	0.88	0.70	1.00	1.17	1.17	1.00	1.00	1.00	1.00	1.00	0.70	0.70	0.70	1.00
39	0.70	0.70	0.70	0.70	0.70	0.88	0.70	0.88	0.88	0.88	0.88	0.70	1.40	1.17	1.00	0.88	0.88	0.70	1.00	1.17	1.17	1.00	1.00	1.00	1.00	1.00	0.70	0.70	0.70	1.00
40	1.00	1.00	1.00	1.00	1.00	1.25	1.00	1.25	1.25	1.25	1.25	1.00	2.00	1.67	1.43	1.25	1.25	1.00	1.43	1.67	1.67	1.43	1.43	1.43	1.43	1.43	1.00	1.00	1.00	1.43
41	1.00	1.00	1.00	1.00	1.00	1.25	1.00	1.25	1.25	1.25	1.25	1.00	2.00	1.67	1.43	1.25	1.25	1.00	1.43	1.67	1.67	1.43	1.43	1.43	1.43	1.43	1.00	1.00	1.00	1.43
42	1.00	1.00	1.00	1.00	1.00	1.25	1.00	1.25	1.25	1.25	1.25	1.00	2.00	1.67	1.43	1.25	1.25	1.00	1.43	1.67	1.67	1.43	1.43	1.43	1.43	1.43	1.00	1.00	1.00	1.43
43	0.70	0.70	0.70	0.70	0.70	0.88	0.70	0.88	0.88	0.88	0.88	0.70	1.40	1.17	1.00	0.88	0.88	0.70	1.00	1.17	1.17	1.00	1.00	1.00	1.00	1.00	0.70	0.70	0.70	1.00

注：行业代码对应行业大类见附表2

附表2　2001～2011年北京市制造业分行业工业总产值

（单位：亿元）

行业代码	行业大类	2001	2002	2003	2004	2005	2006	2007	2008	2009	2010	2011
13	农副食品加工业	55.47	60.43	86.93	115.12	135.72	139.25	185.90	232.15	241.52	282.76	321.40
14	食品制造业	64.09	70.38	75.34	96.25	138.66	148.20	140.80	148.43	166.96	192.60	221.27
15	饮料制造业	64.70	77.08	80.47	89.80	103.95	116.18	124.14	136.15	157.00	166.08	196.61

中国城市工业用地利用效率研究

续表

行业代码	行业大类	2001	2002	2003	2004	2005	2006	2007	2008	2009	2010	2011
16	烟草加工业	10.61	12.94	13.69	14.60	16.81	18.89	24.61	29.67	0.00	0.00	0.00
17	纺织业	46.80	44.19	58.41	53.82	69.20	65.14	70.85	64.20	62.08	71.82	85.97
18	纺织服装鞋帽制造业	48.45	49.94	57.90	63.07	80.40	84.27	88.22	98.19	92.13	107.91	112.53
19	皮革、毛皮、羽绒及其制品业	4.79	3.89	4.50	4.08	8.39	6.96	6.38	8.11	7.60	8.95	9.50
20	木材加工及竹、藤、棕、草制品业	7.14	11.91	8.88	10.99	10.32	12.42	15.86	15.02	14.09	17.00	13.06
21	家具制造业	16.77	15.83	17.00	19.26	28.37	37.63	44.61	47.55	49.26	57.96	57.86
22	造纸及纸制品业	19.88	25.50	27.48	31.69	41.25	48.02	65.04	71.27	63.98	67.69	66.73
23	印刷业、记录媒介的复制	46.89	55.49	63.09	67.32	80.68	93.51	100.01	119.95	121.70	131.79	119.80
24	文教体育用品制造业	11.24	11.08	11.03	11.06	13.22	16.34	16.37	16.56	14.59	14.92	13.00
25	石油加工、炼焦及核燃料加工业	240.02	278.80	208.95	275.00	592.51	540.37	601.73	753.18	682.09	825.15	902.48
26	化学原料及化学制品制造业	129.49	147.25	270.15	376.28	236.93	257.52	318.01	306.74	255.90	358.30	371.15
27	医药制造业	63.60	86.39	106.25	125.26	131.07	150.10	202.30	263.92	313.08	372.76	452.88
28	化学纤维制造业	2.52	1.14	1.07	1.96	6.98	6.41	3.99	3.57	2.80	2.73	0.00
29	橡胶制品业	9.28	8.77	9.70	12.14	19.48	23.69	21.25	23.34	22.73	27.11	26.15
30	塑料制品业	27.53	29.91	33.74	41.41	59.35	63.27	69.50	76.85	79.88	91.79	85.46
31	非金属矿物制品业	91.46	116.49	123.89	150.78	193.82	234.64	258.46	296.54	344.44	392.48	445.17
32	黑色金属冶炼及压延加工业	289.52	292.57	376.16	476.60	546.88	547.05	612.66	596.68	471.53	432.83	183.15
33	有色金属冶炼及压延加工业	16.24	22.44	28.32	30.89	47.30	54.01	66.99	67.84	52.85	71.57	94.75
34	金属制品业	57.81	70.74	72.31	88.30	119.79	144.82	193.20	210.76	184.61	233.45	251.36
35	通用设备制造业	63.93	71.39	110.68	160.36	237.11	292.52	347.77	409.22	377.94	547.70	597.94
36	专用设备制造业	87.20	114.10	130.41	164.52	232.05	300.93	331.92	434.43	423.10	502.35	565.60

续表

行业代码	行业大类	2001	2002	2003	2004	2005	2006	2007	2008	2009	2010	2011
37	交通运输设备制造业	160.95	236.13	456.11	710.45	817.68	1003.59	1057.36	1153.30	1663.82	2177.75	2495.62
39	电气机械及器材制造业	99.21	104.37	146.20	183.20	222.28	260.67	333.70	387.16	596.37	699.14	775.08
40	通信设备、计算机及其他电子设备制造业	948.24	893.14	942.58	1127.79	1775.51	2234.24	2663.13	2385.88	2095.46	2229.10	2026.15
41	仪器仪表及文化、办公用机械制造业	44.18	65.61	84.51	109.85	158.21	183.87	215.68	211.35	205.39	227.91	242.33
42	工艺品及其他制造业	47.89	24.48	7.21	6.61	33.16	42.77	89.46	82.14	96.25	100.87	138.00
43	废弃资源和废旧材料回收加工业	0.00	0.00	0.00	0.00	2.20	2.95	3.10	4.38	5.49	10.92	9.16

附表3 2001～2011年天津市制造业分行业工业总产值

（单位：亿元）

行业代码	行业大类	2001	2002	2003	2004	2005	2006	2007	2008	2009	2010	2011
13	农副食品加工业	84.9	87.66	107.43	130.24	130.01	149.92	192.22	289.86	328.94	381.9	515.93
14	食品制造业	53.49	57.2	56.83	71.84	85.17	88.96	101.30	227.54	233.18	333.13	678.38
15	饮料制造业	45.9	48.83	50.08	55.12	65.35	72.27	95.14	98.78	98.48	107.42	152.04
16	烟草加工业	4.52	8.01	8.67	9.28	7.11	11.47	13.40	16.54	19.04	26.43	32.35
17	纺织业	69.56	71.34	76.09	71.55	82.08	70.83	77.97	67.67	60.67	82	85.76
18	纺织服装鞋帽制造业	73.59	77.03	78.07	82.52	89.18	71.81	71.96	75.26	160.15	184.14	231.06
19	皮革、毛皮、羽绒及其制品业	30.51	26.77	30.04	29.93	32.61	29.82	27.90	23.55	20.31	21.95	24.78
20	木材加工及竹、藤、棕、草制品业	12.51	12.74	14.14	16.75	21.28	20.12	15.74	14.03	17.35	16.78	17.18
21	家具制造业	22.58	30.84	37.05	34.8	41.41	36.94	34.44	32.87	39.36	50.46	54.51
22	造纸及纸制品业	33.04	32.98	37.81	44.81	50.15	51.51	51.49	58.33	83.11	128.11	146.76
23	印刷业、记录媒介的复制	29.89	27.82	17.95	17.16	17.06	23.17	27.99	32.05	34.63	38.45	40.02
24	文教体育用品制造业	21.3	26.09	29.73	26.21	28.85	30.56	35.33	37.4	40	49.05	51.05

续表

行业代码	行业大类	2001	2002	2003	2004	2005	2006	2007	2008	2009	2010	2011
25	石油加工、炼焦及核燃料加工业	69.39	149.32	201.59	231.07	373.94	453.79	519.26	413	465.57	943.67	1257.77
26	化学原料及化学制品制造业	325.73	263.3	316.67	375.29	340.23	400.25	489.63	691.7	568.4	909.06	1154.91
27	医药制造业	74.75	83.22	103.62	127.06	139.7	166.35	183.71	212.22	248.27	293.48	330.19
28	化学纤维制造业	6.62	7.03	9.27	11.99	6.67	2.56	3.49	23.4	6.29	6.64	9.33
29	橡胶制品业	40.3	43.13	50.89	49.51	48.74	63.10	84.35	89.97	109.73	129.29	127.22
30	塑料制品业	55.55	59.56	72.03	82.55	110.56	146.36	171.67	160.26	229.13	271.65	269.51
31	非金属矿物制品业	46.98	50.67	64.34	83.57	95.47	100.33	137.70	154.88	195.17	258.64	287.68
32	黑色金属冶炼及压延加工业	259.43	284.37	430.14	668.33	838.93	1159.41	1693.84	2136.65	2617.55	2740.86	3542.55
33	有色金属冶炼及压延加工业	41.78	53.5	54.03	87.95	96.23	148.44	172.51	202.09	247.99	454.09	618.06
34	金属制品业	121.79	134.14	166.03	226.33	241.46	270.80	343.77	438.06	522	679.05	830.58
35	通用设备制造业	91.87	102	127.68	172.88	232.62	280.81	424.02	657.96	634.83	728.83	857.05
36	专用设备制造业	48.68	56.28	69.38	82.99	121.36	145.60	204.82	459.21	474.56	504.02	605.65
37	交通运输设备制造业	152.65	187.72	314.46	419.71	585.79	800.29	1043.14	1348.31	1498.06	1924.43	2131.42
39	电气机械及器材制造业	157.24	166.64	196.36	257.42	333.88	456.39	542.24	717.24	623.07	663.85	813.96
40	通信设备、计算机及其他电子设备制造业	667.05	829.36	886.52	1349.04	1616.84	2045.26	1980.99	1719.49	1485.34	1721.31	2045.06
41	仪器仪表及文化、办公用机械制造业	25.76	28.09	39.29	48.38	51.05	103.20	98.62	116.69	119.09	150.75	131.06
42	工艺品及其他制造业	31.81	31.05	30.99	26.6	28.09	30.40	39.66	68.14	58.56	73.51	94.15
43	废弃资源和废旧材料回收加工业	0	0	0	1.91	7.5	11.85	22.56	37.64	140.43	75.64	129.6

附表4　2001～2011年全国各省份容积率指数（基准行业为石油加工、炼焦及核燃料加工业）

地区	2001	2002	2003	2004	2005	2006	2007	2008	2009	2010	2011
北京	1.631	1.602	1.582	1.564	1.588	1.610	1.617	1.587	1.572	1.555	1.546
天津	1.602	1.608	1.574	1.578	1.568	1.561	1.521	1.493	1.473	1.461	1.458
河北	1.500	1.491	1.460	1.436	1.418	1.418	1.412	1.411	1.410	1.411	1.410
山西	1.331	1.322	1.283	1.260	1.256	1.259	1.255	1.239	1.271	1.278	1.283
内蒙古	1.537	1.572	1.555	1.522	1.523	1.510	1.502	1.474	1.484	1.490	1.474
辽宁	1.401	1.410	1.397	1.387	1.415	1.422	1.430	1.406	1.436	1.426	1.489
吉林	1.452	1.455	1.448	1.441	1.491	1.502	1.497	1.509	1.510	1.509	1.558
黑龙江	1.841	1.836	1.885	1.892	1.921	1.930	1.913	1.914	1.937	1.941	1.935
上海	1.547	1.557	1.567	1.575	1.572	1.561	1.569	1.563	1.565	1.558	1.547
江苏	1.592	1.595	1.601	1.598	1.587	1.577	1.569	1.561	1.557	1.552	1.543
浙江	1.617	1.622	1.628	1.612	1.607	1.600	1.592	1.574	1.579	1.570	1.553
安徽	1.557	1.555	1.530	1.502	1.497	1.490	1.488	1.487	1.500	1.499	1.508
福建	1.700	1.717	1.712	1.698	1.697	1.689	1.680	1.673	1.675	1.666	1.666
江西	1.477	1.476	1.459	1.444	1.447	1.436	1.435	1.436	1.465	1.459	1.452
山东	1.604	1.649	1.587	1.573	1.563	1.558	1.555	1.547	1.549	1.538	1.558
河南	1.565	1.565	1.545	1.527	1.529	1.529	1.529	1.537	1.546	1.539	1.526
湖北	1.543	1.521	1.512	1.475	1.484	1.499	1.500	1.490	1.514	1.510	1.514
湖南	1.557	1.519	1.496	1.494	1.481	1.481	1.472	1.483	1.504	1.499	1.504
广东	1.718	1.729	1.703	1.695	1.676	1.674	1.657	1.653	1.652	1.644	1.621
广西	1.545	1.558	1.540	1.516	1.509	1.507	1.498	1.515	1.516	1.502	1.489
海南	1.610	1.594	1.576	1.566	1.564	1.469	1.339	1.333	1.336	1.342	1.315

续表

地区	2001	2002	2003	2004	2005	2006	2007	2008	2009	2010	2011
重庆	1.496	1.489	1.457	1.458	1.454	1.449	1.448	1.451	1.465	1.471	1.491
四川	1.597	1.595	1.572	1.553	1.549	1.545	1.551	1.556	1.573	1.569	1.632
贵州	1.529	1.532	1.513	1.483	1.458	1.460	1.451	1.457	1.522	1.485	1.488
云南	1.672	1.665	1.632	1.572	1.529	1.491	1.469	1.484	1.497	1.481	1.525
陕西	1.556	1.551	1.514	1.483	1.449	1.414	1.419	1.411	1.424	1.419	1.409
甘肃	1.338	1.367	1.348	1.308	1.263	1.251	1.250	1.264	1.290	1.299	1.287
青海	1.317	1.311	1.330	1.313	1.297	1.283	1.279	1.284	1.303	1.312	1.284
宁夏	1.387	1.403	1.420	1.402	1.404	1.387	1.388	1.374	1.390	1.376	1.372
新疆	1.428	1.440	1.405	1.359	1.325	1.317	1.341	1.308	1.331	1.322	1.300

附表5 2001~2011年全国各省份容积率指数（基准行业为通信设备、计算机及其他电子设备制造业）

地区	2001	2002	2003	2004	2005	2006	2007	2008	2009	2010	2011
北京	0.816	0.801	0.791	0.782	0.794	0.805	0.808	0.793	0.786	0.777	0.773
天津	0.801	0.804	0.787	0.789	0.784	0.780	0.761	0.747	0.737	0.730	0.729
河北	0.750	0.746	0.730	0.718	0.709	0.709	0.706	0.706	0.705	0.705	0.705
山西	0.665	0.661	0.642	0.630	0.628	0.630	0.628	0.620	0.635	0.639	0.642
内蒙古	0.768	0.786	0.778	0.761	0.761	0.755	0.751	0.737	0.742	0.745	0.737
辽宁	0.700	0.705	0.699	0.694	0.707	0.711	0.715	0.703	0.718	0.713	0.745
吉林	0.726	0.728	0.724	0.720	0.745	0.751	0.749	0.755	0.755	0.755	0.779
黑龙江	0.920	0.918	0.942	0.946	0.960	0.965	0.956	0.957	0.969	0.970	0.968
上海	0.773	0.778	0.783	0.787	0.786	0.780	0.784	0.782	0.783	0.779	0.774

续表

地区	2001	2002	2003	2004	2005	2006	2007	2008	2009	2010	2011
江苏	0.796	0.798	0.800	0.799	0.794	0.789	0.784	0.780	0.778	0.776	0.771
浙江	0.808	0.811	0.814	0.806	0.803	0.800	0.796	0.787	0.790	0.785	0.777
安徽	0.778	0.777	0.765	0.751	0.748	0.745	0.744	0.744	0.750	0.750	0.754
福建	0.850	0.859	0.856	0.849	0.849	0.844	0.840	0.836	0.837	0.833	0.833
江西	0.739	0.738	0.729	0.722	0.724	0.718	0.717	0.718	0.732	0.730	0.726
山东	0.802	0.825	0.793	0.786	0.781	0.779	0.778	0.774	0.774	0.769	0.779
河南	0.782	0.782	0.773	0.763	0.764	0.765	0.764	0.768	0.773	0.769	0.763
湖北	0.772	0.761	0.756	0.738	0.742	0.749	0.750	0.745	0.757	0.755	0.757
湖南	0.778	0.759	0.748	0.747	0.741	0.741	0.736	0.741	0.752	0.749	0.752
广东	0.859	0.864	0.851	0.847	0.838	0.837	0.829	0.827	0.826	0.822	0.811
广西	0.773	0.779	0.770	0.758	0.755	0.754	0.749	0.758	0.758	0.751	0.744
海南	0.805	0.797	0.788	0.783	0.782	0.734	0.669	0.667	0.668	0.671	0.658
重庆	0.748	0.744	0.729	0.729	0.727	0.725	0.724	0.726	0.732	0.736	0.746
四川	0.798	0.798	0.786	0.776	0.774	0.773	0.776	0.778	0.786	0.785	0.816
贵州	0.765	0.766	0.756	0.742	0.729	0.730	0.725	0.728	0.761	0.742	0.744
云南	0.836	0.832	0.816	0.786	0.765	0.746	0.735	0.742	0.748	0.740	0.762
陕西	0.778	0.776	0.757	0.742	0.725	0.707	0.710	0.705	0.712	0.710	0.705
甘肃	0.669	0.683	0.674	0.654	0.632	0.625	0.625	0.632	0.645	0.649	0.643
青海	0.658	0.656	0.665	0.656	0.648	0.641	0.639	0.642	0.651	0.656	0.642
宁夏	0.694	0.701	0.710	0.701	0.702	0.693	0.694	0.687	0.695	0.688	0.686
新疆	0.714	0.720	0.703	0.679	0.663	0.658	0.670	0.654	0.666	0.661	0.650

附表6　苏南工业行业标准用地换算系数矩阵

行业代码	13	14	15	17	18	19	20	22	24	25	26	27	28	29	30	31	32	33	34	35	36	37	39	40	41
13	1.00	1.00	1.00	1.00	1.00	1.00	1.14	1.13	1.00	1.51	1.21	0.93	0.93	1.05	0.98	1.23	1.30	1.27	1.18	1.17	1.17	1.17	1.17	0.77	0.89
14	1.00	1.00	1.00	1.14	1.00	1.00	1.14	1.13	1.00	1.51	1.21	0.93	0.93	1.05	0.98	1.23	1.30	1.27	1.18	1.17	1.17	1.17	1.17	0.77	0.89
15	1.00	1.00	1.00	1.14	1.00	1.00	1.14	1.13	0.99	1.51	1.20	0.93	0.93	1.05	0.98	1.23	1.30	1.26	1.17	1.17	1.17	1.17	1.17	0.77	0.89
17	0.89	0.89	0.89	1.00	0.89	0.89	1.00	0.99	0.88	1.29	1.05	0.81	0.81	0.93	0.87	1.08	1.12	1.08	1.02	1.01	1.01	1.01	1.01	0.67	0.79
18	1.00	1.00	1.00	1.14	1.00	1.00	1.14	1.13	1.00	1.51	1.21	0.93	0.93	1.05	0.98	1.23	1.30	1.27	1.18	1.17	1.17	1.17	1.17	0.77	0.89
19	1.00	1.00	1.00	1.14	1.00	1.00	1.14	1.13	1.00	1.51	1.21	0.93	0.93	1.05	0.98	1.23	1.30	1.27	1.18	1.17	1.17	1.17	1.17	0.77	0.89
20	0.89	0.89	0.89	1.00	0.89	0.89	1.00	0.99	0.88	1.29	1.05	0.81	0.81	0.93	0.87	1.08	1.12	1.08	1.02	1.01	1.01	1.01	1.01	0.67	0.79
22	0.90	0.90	0.90	1.01	0.90	0.90	1.01	1.00	0.89	1.30	1.06	0.82	0.82	0.94	0.88	1.09	1.13	1.10	1.03	1.02	1.02	1.02	1.02	0.68	0.80
24	1.01	1.01	1.01	1.15	1.01	1.01	1.15	1.13	1.00	1.52	1.21	0.94	0.94	1.06	0.99	1.24	1.31	1.27	1.18	1.17	1.17	1.17	1.17	0.78	0.90
25	0.76	0.76	0.76	0.83	0.76	0.76	0.83	0.82	0.76	1.00	0.85	0.65	0.65	0.78	0.74	0.88	0.88	0.84	0.82	0.81	0.81	0.81	0.81	0.54	0.67
26	0.87	0.87	0.87	0.96	0.87	0.87	0.96	0.95	0.86	1.21	1.00	0.77	0.77	0.90	0.85	1.03	1.05	1.02	0.97	0.96	0.96	0.96	0.96	0.64	0.77
27	1.14	1.14	1.14	1.27	1.14	1.14	1.27	1.26	1.14	1.58	1.31	1.00	1.01	1.18	1.11	1.35	1.37	1.32	1.27	1.25	1.25	1.25	1.25	0.83	1.01
28	1.13	1.13	1.13	1.26	1.13	1.13	1.26	1.25	1.13	1.57	1.30	0.99	1.00	1.17	1.10	1.34	1.37	1.32	1.26	1.25	1.25	1.25	1.25	0.83	1.00
29	0.95	0.95	0.96	1.08	0.95	0.95	1.08	1.07	0.95	1.41	1.13	0.87	0.88	1.00	0.94	1.16	1.22	1.18	1.10	1.10	1.10	1.10	1.10	0.73	0.85
30	1.02	1.02	1.02	1.16	1.02	1.02	1.16	1.15	1.01	1.52	1.22	0.94	0.94	1.07	1.00	1.25	1.31	1.28	1.19	1.18	1.18	1.18	1.18	0.78	0.91
31	0.84	0.84	0.84	0.93	0.84	0.84	0.93	0.92	0.83	1.18	0.97	0.75	0.75	0.87	0.82	1.00	1.00	0.99	0.94	0.93	0.93	0.93	0.93	0.62	0.74
32	0.85	0.85	0.86	0.94	0.85	0.85	0.94	0.93	0.85	1.14	0.96	0.73	0.74	0.88	0.83	1.00	1.00	0.96	0.93	0.92	0.92	0.92	0.92	0.61	0.75
33	0.91	0.91	0.91	0.99	0.91	0.91	0.99	0.99	0.91	1.19	1.01	0.77	0.78	0.94	0.89	1.05	1.05	1.00	0.98	0.96	0.96	0.96	0.96	0.64	0.80
34	0.90	0.90	0.90	0.99	0.90	0.91	1.00	0.99	0.90	1.25	1.03	0.79	0.80	0.94	0.88	1.07	1.09	1.05	1.00	0.99	0.99	0.99	0.99	0.66	0.80
35	0.91	0.91	0.92	1.01	0.91	0.91	1.01	1.00	0.91	1.26	1.04	0.80	0.81	0.95	0.89	1.08	1.10	1.05	1.01	1.00	1.00	1.00	1.00	0.67	0.81
36	0.91	0.91	0.92	1.01	0.91	0.91	1.01	1.00	0.91	1.26	1.04	0.80	0.81	0.95	0.89	1.08	1.10	1.05	1.01	1.00	1.00	1.00	1.00	0.67	0.81

续表

行业代码	13	14	15	17	18	19	20	22	24	25	26	27	28	29	30	31	32	33	34	35	36	37	39	40	41
37	0.91	0.91	0.92	1.01	0.91	0.91	1.01	1.00	0.91	1.26	1.04	0.80	0.81	0.95	0.89	1.08	1.10	1.05	1.01	1.00	1.00	1.00	1.00	0.67	0.81
39	0.91	0.91	0.92	1.01	0.91	0.91	1.01	1.00	0.91	1.26	1.04	0.80	0.81	0.95	0.89	1.08	1.10	1.05	1.01	1.00	1.00	1.00	1.00	0.67	0.81
40	1.37	1.37	1.38	1.53	1.37	1.37	1.53	1.52	1.37	1.91	1.58	1.20	1.21	1.42	1.34	1.63	1.66	1.60	1.53	1.51	1.51	1.51	1.51	1.00	1.21
41	1.13	1.13	1.13	1.28	1.13	1.13	1.28	1.27	1.12	1.68	1.35	1.04	1.04	1.18	1.10	1.38	1.45	1.41	1.31	1.30	1.30	1.30	1.30	0.86	1.00

注：行业代码对应行业大类名称见附表2

附表 7　苏中工业行业标准用地换算系数矩阵

行业代码	13	14	15	17	18	19	20	22	24	25	26	27	28	29	30	31	32	33	34	35	36	37	39	40	41
13	1.00	1.00	1.00	1.14	1.00	1.00	1.15	1.13	1.00	1.44	1.14	0.86	0.86	0.97	0.98	1.24	1.21	1.21	1.13	1.08	1.08	1.07	1.08	0.72	0.80
14	1.00	1.00	1.00	1.14	1.00	1.00	1.15	1.13	1.00	1.44	1.14	0.86	0.86	0.97	0.98	1.24	1.21	1.21	1.13	1.08	1.08	1.07	1.08	0.72	0.80
15	1.00	1.00	1.00	1.14	1.00	1.00	1.14	1.13	1.00	1.44	1.13	0.86	0.86	0.96	0.97	1.24	1.21	1.21	1.13	1.08	1.08	1.07	1.08	0.72	0.80
17	0.89	0.89	0.89	1.00	0.89	0.89	1.01	0.99	0.89	1.22	0.98	0.73	0.73	0.84	0.86	1.08	1.03	1.03	0.98	0.92	0.92	0.91	0.92	0.62	0.70
18	1.00	1.00	1.00	1.14	1.00	1.00	1.15	1.13	1.00	1.44	1.14	0.86	0.86	0.97	0.98	1.24	1.21	1.21	1.13	1.08	1.08	1.07	1.08	0.72	0.80
19	1.00	1.00	1.00	1.14	1.00	1.00	1.15	1.13	1.00	1.44	1.14	0.86	0.86	0.97	0.98	1.24	1.21	1.21	1.13	1.08	1.08	1.07	1.08	0.72	0.80
20	0.88	0.88	0.88	0.99	0.88	0.88	1.00	0.98	0.88	1.22	0.97	0.73	0.73	0.84	0.86	1.08	1.02	1.02	0.97	0.92	0.92	0.91	0.92	0.62	0.70
22	0.90	0.90	0.90	1.01	0.90	0.90	1.02	1.00	0.90	1.23	0.99	0.75	0.75	0.85	0.88	1.10	1.04	1.04	0.99	0.93	0.93	0.92	0.93	0.63	0.71
24	1.00	1.00	1.00	1.14	1.00	1.00	1.15	1.13	1.00	1.44	1.14	0.86	0.86	0.97	0.98	1.24	1.21	1.21	1.13	1.08	1.08	1.07	1.08	0.73	0.80
25	0.86	0.86	0.86	0.93	0.86	0.86	0.94	0.92	0.86	1.00	0.85	0.62	0.62	0.76	0.82	0.99	0.84	0.84	0.85	0.77	0.77	0.76	0.77	0.53	0.64
26	0.96	0.96	0.97	1.06	0.96	0.96	1.07	1.05	0.97	1.21	1.00	0.74	0.74	0.88	0.93	1.14	1.02	1.02	1.00	0.92	0.92	0.91	0.92	0.63	0.73
27	1.35	1.35	1.35	1.47	1.35	1.35	1.49	1.46	1.36	1.64	1.37	1.00	1.00	1.21	1.30	1.57	1.37	1.37	1.36	1.25	1.25	1.23	1.25	0.85	1.00
28	1.35	1.35	1.35	1.47	1.35	1.35	1.49	1.46	1.36	1.64	1.37	1.00	1.00	1.21	1.30	1.57	1.37	1.37	1.36	1.25	1.25	1.23	1.25	0.85	1.00
29	1.07	1.07	1.07	1.20	1.07	1.07	1.21	1.19	1.08	1.43	1.15	0.86	0.86	1.00	1.04	1.29	1.20	1.20	1.15	1.08	1.08	1.07	1.08	0.73	0.83

续表

行业代码	13	14	15	17	18	19	20	22	24	25	26	27	28	29	30	31	32	33	34	35	36	37	39	40	41
30	1.03	1.03	1.03	1.16	1.03	1.03	1.17	1.15	1.03	1.46	1.15	0.87	0.87	0.98	1.00	1.27	1.23	1.23	1.15	1.09	1.09	1.08	1.09	0.73	0.82
31	0.83	0.83	0.83	0.93	0.83	0.83	0.93	0.92	0.83	1.11	0.90	0.67	0.67	0.78	0.80	1.00	0.94	0.94	0.89	0.84	0.84	0.83	0.84	0.57	0.65
32	1.02	1.02	1.03	1.11	1.02	1.02	1.12	1.10	1.03	1.19	1.01	0.74	0.74	0.91	0.98	1.18	1.00	1.00	1.01	0.92	0.92	0.90	0.92	0.63	0.75
33	1.02	1.02	1.03	1.11	1.02	1.02	1.12	1.10	1.03	1.19	1.01	0.74	0.74	0.91	0.98	1.18	1.00	1.00	1.01	0.92	0.92	0.90	0.92	0.63	0.75
34	0.97	0.97	0.97	1.06	0.97	0.97	1.07	1.05	0.97	1.21	1.00	0.74	0.74	0.88	0.93	1.14	1.02	1.00	1.00	0.93	0.93	0.91	0.93	0.63	0.73
35	1.08	1.08	1.08	1.18	1.08	1.08	1.19	1.17	1.09	1.30	1.09	0.80	0.80	0.97	1.04	1.26	1.10	1.10	1.09	1.00	1.00	0.99	1.00	0.68	0.81
36	1.08	1.08	1.08	1.18	1.08	1.08	1.19	1.17	1.09	1.30	1.09	0.80	0.80	0.97	1.04	1.26	1.10	1.10	1.09	1.00	1.00	0.99	1.00	0.68	0.81
37	1.11	1.11	1.11	1.21	1.11	1.11	1.22	1.20	1.12	1.32	1.11	0.81	0.81	0.99	1.06	1.28	1.11	1.11	1.11	1.02	1.02	1.00	1.02	0.69	0.82
39	1.08	1.08	1.08	1.18	1.08	1.08	1.19	1.17	1.09	1.30	1.09	0.80	0.80	0.97	1.04	1.26	1.10	1.10	1.09	1.00	1.00	0.99	1.00	0.68	0.81
40	1.57	1.57	1.58	1.73	1.57	1.57	1.74	1.72	1.59	1.94	1.61	1.18	1.18	1.42	1.51	1.85	1.63	1.63	1.60	1.48	1.48	1.46	1.48	1.00	1.18
41	1.29	1.29	1.30	1.45	1.29	1.29	1.46	1.44	1.30	1.73	1.39	1.04	1.04	1.21	1.25	1.56	1.45	1.45	1.39	1.30	1.30	1.29	1.30	0.88	1.00

注：行业代码对应行业大类名称见附表2

附表 8 苏北工业行业标准用地换算系数矩阵

行业代码	13	14	15	17	18	19	20	22	24	25	26	27	28	29	30	31	32	33	34	35	36	37	39	40	41
13	1.00	1.00	1.00	1.14	1.00	1.00	1.17	1.13	1.03	1.44	1.14	0.88	0.88	0.97	1.01	1.27	1.23	1.23	1.13	1.10	1.10	1.05	1.10	0.75	0.83
14	1.00	1.00	1.00	1.14	1.00	1.00	1.17	1.13	1.03	1.44	1.14	0.88	0.88	0.97	1.01	1.27	1.23	1.23	1.13	1.10	1.10	1.05	1.10	0.75	0.83
15	1.00	1.00	1.00	1.14	1.00	1.00	1.17	1.13	1.03	1.44	1.13	0.88	0.88	0.96	1.00	1.27	1.23	1.23	1.13	1.10	1.10	1.05	1.10	0.74	0.82
17	0.89	0.89	0.89	1.00	0.89	0.89	1.04	0.99	0.92	1.22	0.98	0.76	0.76	0.84	0.89	1.11	1.05	1.05	0.98	0.94	0.94	0.90	0.94	0.64	0.72
18	1.00	1.00	1.00	1.14	1.00	1.00	1.17	1.13	1.03	1.44	1.14	0.88	0.88	0.97	1.01	1.27	1.23	1.23	1.13	1.10	1.10	1.05	1.10	0.75	0.83
19	1.00	1.00	1.00	1.14	1.00	1.00	1.17	1.13	1.03	1.44	1.14	0.88	0.88	0.97	1.01	1.27	1.23	1.23	1.13	1.10	1.10	1.05	1.10	0.75	0.83
20	0.86	0.86	0.86	0.97	0.86	0.86	1.00	0.96	0.88	1.20	0.95	0.74	0.74	0.82	0.86	1.08	1.03	1.03	0.95	0.92	0.92	0.88	0.92	0.63	0.70

续表

行业代码	13	14	15	17	18	19	20	22	24	25	26	27	28	29	30	31	32	33	34	35	36	37	39	40	41
22	0.90	0.90	0.90	1.01	0.90	0.90	1.05	1.00	0.93	1.23	0.99	0.77	0.77	0.85	0.91	1.12	1.07	1.07	0.99	0.96	0.96	0.91	0.96	0.66	0.74
24	0.97	0.97	0.98	1.11	0.97	0.97	1.15	1.10	1.00	1.42	1.12	0.87	0.87	0.95	0.98	1.24	1.22	1.22	1.12	1.08	1.08	1.04	1.08	0.74	0.81
25	0.86	0.86	0.86	0.93	0.86	0.86	0.97	0.92	0.90	1.00	0.85	0.65	0.65	0.76	0.86	1.02	0.87	0.87	0.85	0.80	0.80	0.74	0.80	0.56	0.66
26	0.96	0.96	0.96	1.06	0.96	0.96	1.11	1.05	1.00	1.21	1.00	0.77	0.77	0.88	0.97	1.17	1.05	1.05	1.00	0.95	0.95	0.89	0.95	0.66	0.76
27	1.26	1.26	1.27	1.39	1.26	1.26	1.45	1.38	1.32	1.57	1.30	1.00	1.00	1.15	1.27	1.54	1.36	1.36	1.30	1.24	1.24	1.16	1.24	0.85	0.99
28	1.26	1.26	1.27	1.39	1.26	1.26	1.45	1.38	1.32	1.57	1.30	1.00	1.00	1.15	1.27	1.54	1.36	1.36	1.30	1.24	1.24	1.16	1.24	0.85	0.99
29	1.07	1.07	1.07	1.20	1.07	1.07	1.24	1.19	1.11	1.43	1.15	0.89	0.89	1.00	1.08	1.33	1.23	1.23	1.15	1.11	1.11	1.05	1.11	0.76	0.86
30	0.99	0.99	1.00	1.13	0.99	0.99	1.17	1.12	1.03	1.43	1.13	0.88	0.88	0.96	1.00	1.26	1.23	1.23	1.13	1.09	1.09	1.05	1.09	0.74	0.82
31	0.80	0.80	0.81	0.90	0.80	0.80	0.93	0.89	0.83	1.09	0.88	0.68	0.68	0.76	0.81	1.00	0.94	0.94	0.88	0.85	0.85	0.80	0.85	0.58	0.65
32	0.97	0.97	0.97	1.06	0.97	0.97	1.11	1.05	1.02	1.15	0.97	0.74	0.74	0.87	0.98	1.16	1.00	1.00	0.97	0.92	0.92	0.85	0.92	0.64	0.75
33	0.97	0.97	0.97	1.06	0.97	0.97	1.11	1.05	1.02	1.15	0.97	0.74	0.74	0.87	0.98	1.16	1.00	1.00	0.97	0.92	0.92	0.85	0.92	0.64	0.75
34	0.96	0.96	0.97	1.06	0.96	0.96	1.11	1.05	1.01	1.21	1.00	0.77	0.77	0.88	0.97	1.18	1.05	1.05	1.00	0.96	0.96	0.89	0.96	0.66	0.76
35	1.03	1.03	1.03	1.13	1.03	1.03	1.18	1.12	1.08	1.26	1.05	0.81	0.81	0.93	1.03	1.25	1.10	1.10	1.05	1.00	1.00	0.93	1.00	0.69	0.81
36	1.03	1.03	1.03	1.13	1.03	1.03	1.18	1.12	1.08	1.26	1.05	0.81	0.81	0.93	1.03	1.25	1.10	1.10	1.05	1.00	1.00	0.93	1.00	0.69	0.81
37	1.15	1.15	1.15	1.25	1.15	1.15	1.31	1.24	1.21	1.36	1.14	0.88	0.88	1.02	1.15	1.37	1.18	1.18	1.14	1.08	1.08	1.00	1.08	0.75	0.89
39	1.03	1.03	1.03	1.13	1.03	1.03	1.18	1.12	1.08	1.26	1.05	0.81	0.81	0.93	1.03	1.25	1.10	1.10	1.05	1.00	1.00	0.93	1.00	0.69	0.81
40	1.48	1.48	1.48	1.63	1.48	1.48	1.70	1.62	1.54	1.87	1.54	1.18	1.18	1.35	1.48	1.80	1.61	1.61	1.53	1.46	1.46	1.37	1.46	1.00	1.16
41	1.24	1.24	1.24	1.39	1.24	1.24	1.44	1.38	1.29	1.69	1.35	1.04	1.04	1.17	1.25	1.55	1.45	1.45	1.35	1.30	1.30	1.23	1.30	0.88	1.00

注：行业代码对应行业大类名称见附表 2